Hans-Georg Schumann

# AntMe!

Spielend programmieren lernen mit
Visual Basic und den Ameisen

Hans-Georg Schumann

AntMe!

Spielend programmieren lernen mit
Visual Basic und den Ameisen

Hans-Georg Schumann: AntMe! – Spielend programmieren lernen mit Visual Basic und den Ameisen
Microsoft Press Deutschland, Konrad-Zuse-Str. 1, D-85716 Unterschleißheim
Copyright © 2009 by Microsoft Press Deutschland

15 14 13 12 11 10 9 8 7 6 5 4 3 2 1

11 10 09

ISBN 978-3-86645-523-8

© Microsoft Press Deutschland
(ein Unternehmensbereich der Microsoft Deutschland GmbH)
Konrad-Zuse-Str. 1, D-85716 Unterschleißheim
Alle Rechte vorbehalten

Fachlektorat: Dirk Louis, Saarbrücken
Korrektorat: Judith Klein, Siegen
Layout und Satz: Gerhard Alfes, mediaService, Siegen (www.media-service.tv)
Umschlaggestaltung: Hommer Design GmbH, Haar (www.HommerDesign.com)
Gesamtherstellung: Kösel, Krugzell (www.KoeselBuch.de)

Inhaltsverzeichnis

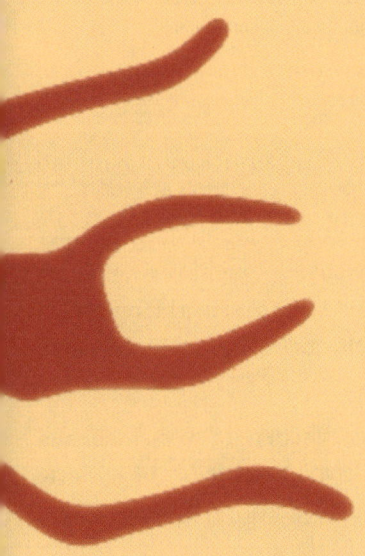

Vorwort

Die Ameise Paula (Name von der Redaktion geändert) hatte ein Problem. Zuerst ging alles ganz gut los. Mit ihren Schwestern wartete Paula geduldig in ihrem Bau bis das Startsignal kam. Paula rannte sofort los, denn sie wusste: Die Konkurrenz schläft nicht. Endlich erspähte Sie einen schönen, großen Berg voll leckerer Zuckerstücke. Der Plan war einfach: soviel Futter greifen wie möglich, und ab nach Hause in den Bau damit, als Vorrat für schlechte Zeiten und als Vorteil im Wettbewerb mit anderen Ameisenvölkern.

Also packt Paula einen riesigen Zuckerwürfel auf ihren Rücken und will gerade in Richtung Heimat starten, da passiert es: Sie klebt fest. Magisch wird sie vom Zuckerhaufen angezogen. Sie kommt nicht vom Fleck. Ihr kleines Gehirn sucht verzweifelt nach der Ursache, aber alles was Paula fühlt, alles was sie denken kann, dreht sich nur um eine Sache; ihr einziger Wunsch ist: »Ich muß zurück zum Zucker! Zum Zucker! Zum Zucker!«

Leicht verzweifelt ist auch Anna (Name von der Redaktion erfunden), denn sie ist sozusagen die Trainerin von Paula. Momentan sitzt sie vor dem Rechner bei einem Programmier-Workshop auf der Games Convention in Leipzig und hat soeben ein kleines Computerprogramm geschrieben, welches das Verhalten von Paula steuert. Aber obwohl sie Paula eindeutig befohlen hat »Nimm(Zucker)« und »GeheZuZiel(Bau)«, klebt die arme Arbeitsameise hilflos am Zuckerberg. Doch es naht Hilfe in Form von Tom (Name überhaupt nicht von der Redaktion geändert, aber eigentlich heißt er Thomas). Tom ist Tutor im AntMe!-Team und Miterfinder des Ameisenspiels.

»Überleg' doch mal!« sagt Tom (Anna, die seit 10 Minuten angestrengt überlegt, guckt ein wenig irritiert), »überleg doch mal – die Ameise macht genau das, was Du ihr befiehlst. So ist das bei jedem Computerprogramm. Und Du hast ihr gesagt, dass sie immer sofort zum Zucker rennen soll, wenn sie Zucker sieht. Immer!«

»Aber doch nicht, wenn sie schon einen Zuckerwürfel trägt! Dann soll sie zurück zum Bau und das Teil abladen«, knirscht Anna, aber im nächsten Moment strahlen ihre Augen: »Und ich habe vergessen, ihr genau das zu sagen! Sie muss entscheiden, ob sie zum Zuckerhaufen geht oder zum Bau, und zwar abhängig davon, ob sie schon eine Last trägt! Welchen Befehl verwende ich denn, damit die Ameise Entscheidungen treffen kann?« Tom lacht und fängt an zu erklären. Nach einiger Zeit wuselt Annas Ameisenvolk zufrieden umher und sammelt Zucker in rauhen Mengen. Paula ist gerettet.

Seit mittlerweile zwei Jahren erlebe ich diese Geschichte immer wieder, in verschiedenen Variationen. Denn das Lernspiel »AntMe!« demonstriert eindrucksvoll, was jeder begeisterte Programmierer schon längst weiß: Programmieren ist kreativ, herausfordernd, spannend – und wenn man die anfängliche Angst vor der vermeintlich schwierigen Materie abgelegt hat – auch gar nicht schwer zu lernen.

Und so kommt es, dass AntMe! bereits zehntausende von Fans hat, die gemeinsam neue Ameisenvölker programmieren, im Internet Tips und Tricks austauschen und sogar Meisterschaften ausrichten. Und mit dem vorliegenden Buch fällt der Einstieg noch leichter – also los, Paula zählt auf Sie!

Uwe Baumann, Produktmanager Developer Tools

Microsoft Deutschland GmbH
München im Oktober 2008

Einleitung

Spielend programmieren lernen? Sicher kann Programmieren Spaß machen, aber soll der Weg bis in die Hallen eines guten Programmierers nicht ziemlich holprig und steinig sein? Normalerweise kommt der Spaß doch eigentlich zuletzt?

Normalerweise. Aber was ist normal? Was ist mit Ameisen? Wie wäre es, wenn die Sie auf dem Weg ins Programmiererparadies begleiten? Ameisen finden immer ihren Weg, Sie müssten ihnen nur folgen (und aufpassen, dass sie keine zertreten).

Anders ausgedrückt: Sie bekommen es hier mit einem Simulationsspiel zu tun, in dem Sie durch geschicktes Programmieren das Verhalten von Ameisen regeln, wie sie ihre Nahrung suchen und finden und wie sie mit feindlichen Wanzen umgehen. Sie schließen mit einem netten Ameisenvölkchen Bekanntschaft und lernen dabei zuerst einmal, mit Hilfe von visuellen Elementen, also Bildsymbolen, ein Programm für die Ameisen zu erstellen.

Im fortgeschrittenen Stadium kommen Sie dann um das Schreiben von Text nicht herum. Das ist ähnlich, als würde man z.B. eine Email oder SMS schreiben. Nur stehen dort keine schönen Grüße, sondern klare Befehle. Die stammen aus der Programmiersprache, in der Sie den Text verfassen. Das bedeutet dann schon richtig Arbeit. Aber keine Angst, ins Schwitzen kommen Sie nur wegen der Ameisen, die Ihnen dann schon sehr ans Herz gewachsen sein dürften.

Sie haben schon von *AntMe!* gehört? Umso besser, dann sind Sie ja bereits für die nächsten Kapitel hochmotiviert. Sie kennen *AntMe!* noch gar nicht (so richtig)? Dann wird es höchste Zeit. Gleich auf der nächsten Seite können Sie loskrabbeln – äh, loslegen.

Wie ist das Buch aufgebaut?

- Im ersten Teil gibt es nur ein Kapitel, in dem Sie sich mit dem *AntMe! Visual Editor* beschäftigen. Dabei kommen Sie in die richtige Programmier-Stimmung.

- Der zweite Teil umfasst vier Kapitel. Hier lernen Sie den Umgang mit einem Programmiersystem und der Sprache Visual Basic, erstellen ein kleines Ratespiel und u.a. eine Ameisenklasse. Dabei erfahren Sie, was *Objektorientierte Programmierung* ist.

- Im dritten Teil geht es über ebenfalls vier Kapitel dann um das *AntMe!*-Spiel selbst. Hier verändern Sie den Programmtext und können so den Spielverlauf an Ihre Bedürfnisse anpassen. Dabei reifen Sie allmählich zu einem Fast-Profi heran.

Grundsätzlich ist es möglich, in jedem Teil unserer Fahrt durch die Programmierung zuzusteigen. Sie müssen also nicht mit Kapitel 1 anfangen. Wenn Sie sich um die spielerische Vorfreude bringen wollen und ungeduldig auf die erste Programmzeile warten, können sie auch mit Kapitel 2 beginnen. Haben Sie bereits Programmierkenntnisse und trauen sich zu, gleich in Kapitel 6 aufzuspringen, dann versuchen Sie's. Bedenken Sie dabei aber: Sie haben für das ganze Buch gezahlt. Was spricht dagegen, es auch als Ganzes zu genießen?

Auf der DVD zum Buch finden Sie:

- den *AntMe! Visual Editor* (im Ordner *Visual Editor*)

- das komplette Programmiersystem *Visual Basic Express Edition* (im Ordner *VBExpress*)

- die passende *DirectX*-Sammlung für Optimierung u.a. von Grafik und Sound (im Ordner *DirectX*)

- das komplette *AntMe!*-Projekt zum Selberprogrammieren (im Ordner *AntMe!*)

- alle Programmbeispiele aus diesem Buch (im Ordner *Projekte*)

Danksagung

Ich muss gestehen, dass viele gute Ideen zum *AntMe!*-Projekt in diesem Buch nicht von mir stammen. Ich habe sie von den Programmierern übernommen, die auch schon für das ganze Projekt verantwortlich sind. Deshalb danke ich hier vor allem Tom Wendel und Wolfgang Gallo. Auch der Visual Editor kam mir gerade recht und verhalf mir zu einem hoffentlich gelungenen Einstiegskapitel in die Welt von *AntMe!* Dafür möchte ich mich bei Andy Dunkel, Fabian Ginter und Christian Späth bedanken. Nicht vergessen möchte ich Dirk Louis, der das ganze Buch sorgfältig durchgesehen hat und dem ich eine ganze Reihe Verbesserungstipps verdanke.

Mein besonderer Dank gilt außerdem Uwe Baumann, der hier noch vor mir für dieses Buch das Wort ergriffen hat. Er war es, der mich antme-fizierte.

1

Der AntMe! Visual Editor

Spielen Sie gern? Mit Ameisen im Garten? Eher nicht, aber die Ameisen, um die es hier geht, sind für Sie harmlos. Hier können Sie mit der Maus eine ganze Ameisenkolonie kontrollieren. Als Werkzeug dient Ihnen der *AntMe! Visual Editor*. So lernen Sie etwas über den Umgang mit Zucker, Obst und Wanzen – und natürlich auch etwas über die Grundstrukturen eines Programmprojekts.

Worum es geht

Bevor Sie auch nur einen Finger krumm machen, wollen Sie natürlich wissen, auf was Sie sich da eigentlich einlassen. Wie schon gesagt, geht es um Ameisen. Sie kommen aus einem Ameisenhaufen und begeben sich sogleich auf die Suche nach Nahrung. Zurzeit besteht das Angebot aus Äpfeln und Zucker. Damit das Ganze nicht zu friedlich abläuft, gibt es noch die Wanzen, die den Ameisen nach dem Leben trachten.

Sie haben nun die Aufgabe, dafür zu sorgen, dass die Ameisen ihr Futter finden, es heil nach Hause (also zum Ameisenbau) befördern und den Wanzen entweder aus dem Wege gehen oder sich zusammentun, um sie zu bekämpfen.

Bei dem ganzen Spiel gibt es Punkte für das Sammeln von Nahrung und die Beseitigung von Wanzen. Minuspunkte für gestorbene Ameisen gibt es nicht, aber Sie sollten schon allein aus humanitären Gründen daran interessiert sein, dass möglichst wenige Ameisen sterben. (Oder sagt man: Aus formiculären Gründen?)

Interessiert? Dann brauchen wir als Erstes den *Visual Editor* aus dem gleichnamigen Ordner von der DVD. Am besten richten Sie auf Ihrer Festplatte einen eigenen Ordner für Ihre Ameisenprojekte ein. Dorthin kopieren Sie dann den kompletten Inhalt des Ordners *Visual Editor*.

Am besten geht das, wenn Sie die DVD einlegen und nachdem das Programm *StartDVD* gestartet ist auf den Eintrag *AntMe! Visual Editor* klicken. Daraufhin öffnet sich der entsprechende Ordner auf der DVD. Markieren sie alle Dateien und kopieren Sie sie in einen Ordner Ihrer Wahl auf der Festplatte.

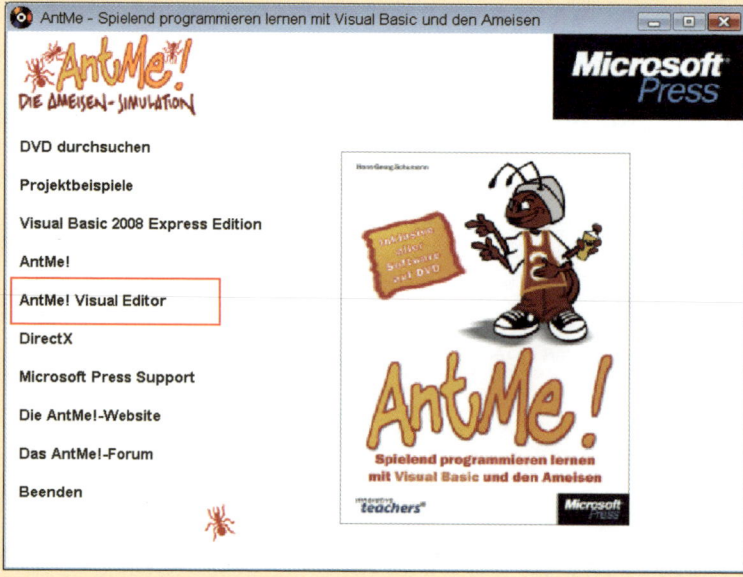

Öffnen des Editors

Wenn alles auf Ihrer Festplatte angekommen ist, wechseln Sie in den Ordner *Visual Editor* und doppelklicken Sie auf das Symbol *AntMe Visual Editor*.

 Es dauert nicht lange und Sie landen in einer Umgebung, die Ihnen einige Blöcke mit Symbolen anbietet, die so genannten *Funktionsblöcke*. Das sind Ihre »Bauklötzchen«, damit stellen Sie sich Ihr erstes Projekt zusammen. Links ist sozusagen der Baukasten, rechts die Baufläche. Das ist das *Editorfenster*. Ein Block mit der Aufschrift »Start« liegt schon bereit. Er ist dort fest verankert, lässt sich nicht verschieben und auch nicht löschen.

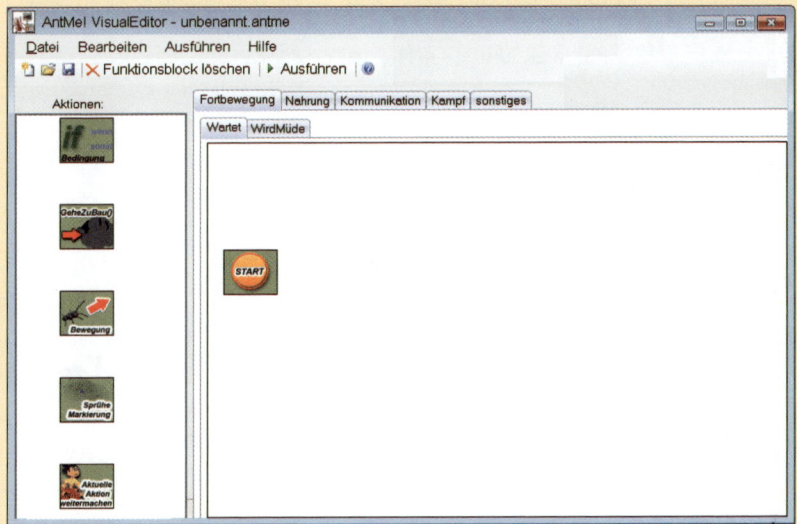

Die Aufschrift *Start* macht neugierig darauf, was passiert, wenn man das Projekt jetzt schon mal startet. Dazu klicken Sie auf *Ausführen/AntMe Programm ausführen* oder darunter auf die Schaltfläche *Ausführen*.

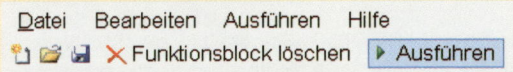

AntMe! Bändige deine Ameisen heißt es jetzt in der Titelleiste des neuen Fensters, das aufgeht. Davon bekommen Sie aber nur kurz etwas zu sehen, denn da ist schon ein zweites Fenster, das sich über das erste legt.

DirectX

Es kann sein, dass sich Ihnen ein solches Meldungsfenster in den Weg stellt:

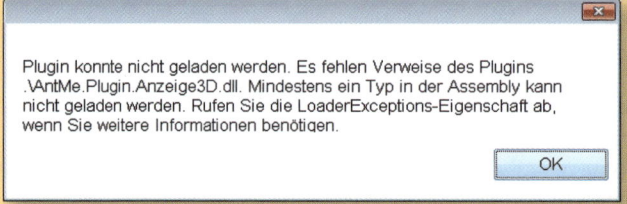

Dann ist ihre DirectX-Version für *AntMe!* nicht aktuell genug. *DirectX* ist unter Windows u.a. für Sound und Grafik zuständig, also auch dafür, dass die 3D-Darstellung problemlos gelingt. Auf der DVD finden Sie im Ordner *DirectX* alles, um Ihre DirectX-Version zu aktualisieren.

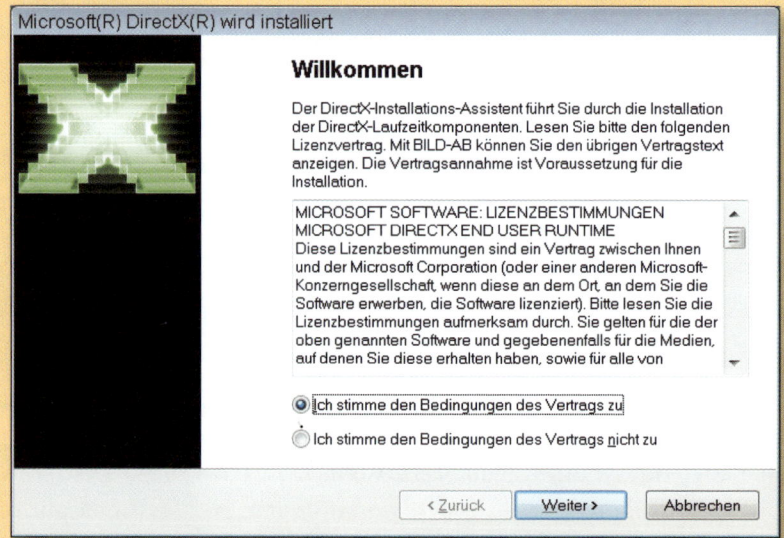

Möglicherweise stört Sie aber auch ein anderes Meldungsfenster – ähnlich wie dieses:

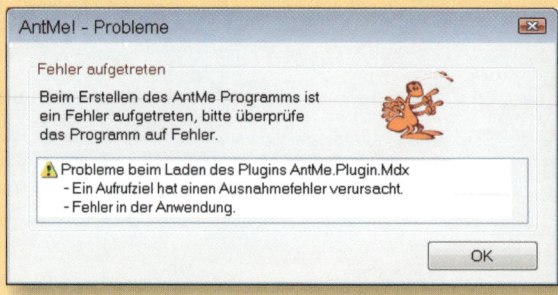

Das könnte daran liegen, dass die für *AntMe!* benötigte .NET-Version nicht aktuell genug ist. In diesem Fall sollten Sie zuerst das komplette Paket von Visual Basic (im Ordner *VBExpress* auf der DVD) installieren. Die brauchen Sie ab dem nächsten Kapitel ohnehin.

Ein anderer Grund kann der sein, dass die Grafik Ihres PCs keine 3D-Darstellung beherrscht oder der Treiber für den Grafikchip nicht aktuell genug ist.

Wenn Sie nicht allzu ungeduldig sind, können Sie sich etwas Zeit nehmen, den Text auf der *Willkommen*-Seite zu lesen. Oder ist Ihre Neugier auf die Ameisen stärker? Dann kann es ja losgehen.

Ein (fast) einsamer Ameisenbau

Sollte das Spiel nicht sofort starten, können Sie das mit einem Mausklick auf die kleine Schaltfläche mit dem Dreieck ganz oben im Fenster (unter dem Text *Programm*) erledigen.

 Möglicherweise werden Sie einen Moment durch ein Hinweisfenster für die 3D-Steuerung aufgehalten.

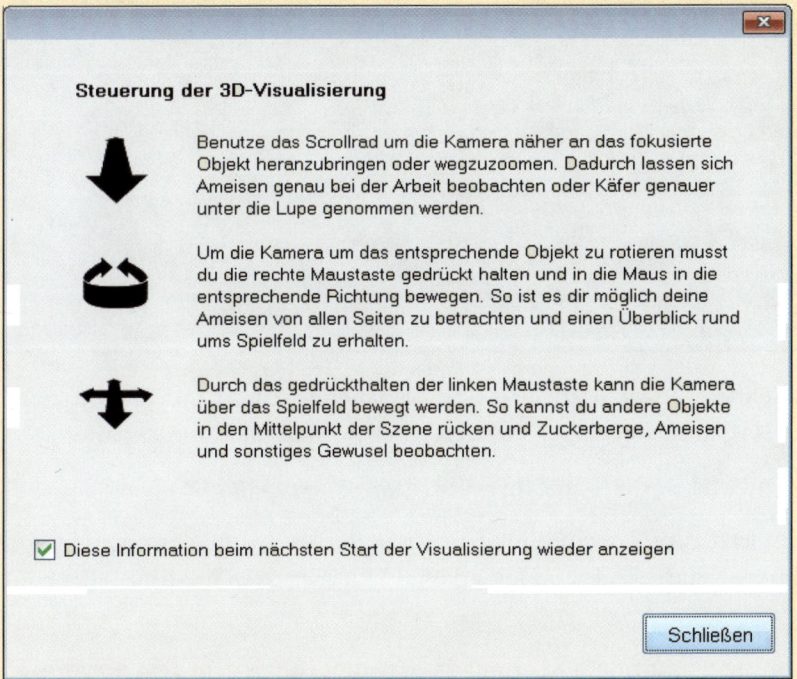

Am besten, Sie lesen sich den Text einmal durch. Dann entfernen Sie das Häkchen vor dem Text *Diese Information beim nächsten Start der Visualisierung wieder anzeigen.*

Nach einem Klick auf *Schließen* landen Sie endlich in einer etwas kargen Landschaft mit einem Ameisenbau, ein paar (grünen) Äpfeln und einigen Zuckerhäufchen – dem *Spielfeld*.

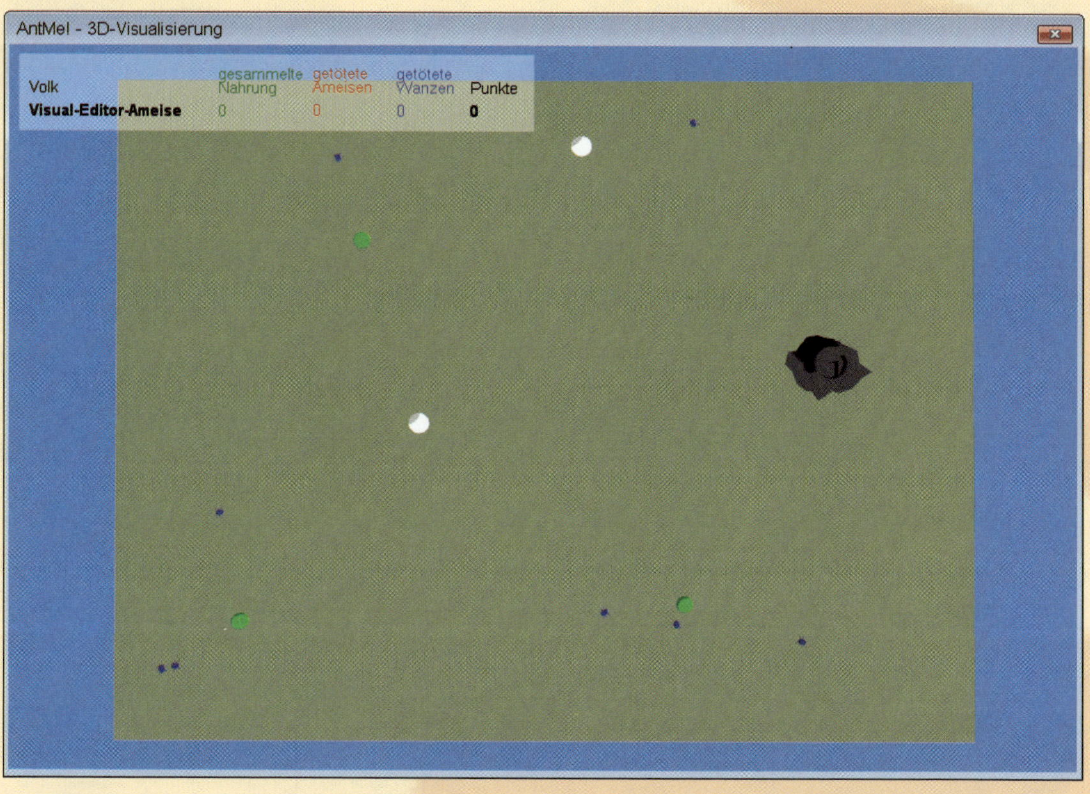

AntMe! - 3D-Visualisierung

Volk	gesammelte Nahrung	getötete Ameisen	getötete Wanzen	Punkte
Visual-Editor-Ameise	0	0	0	**0**

Was da herumkrabbelt, erkennen Sie vielleicht erst nach genauerem Hinsehen. Es sind keine Ameisen, sondern (besonders gefährliche?) blaue Wanzen. Aber wo sind die Hauptakteure?

Die hocken noch in ihrem Bau und warten – auf Ihre *Anweisungen*. Denn der Boss sind Sie.

Und als der begeben Sie sich jetzt zum Visual Editor-Fenster, in dem rechts noch immer einsam ein Funktionsblock für »Start« ausharrt, während links davon einige weitere Funktionsblöcke auf ihren Einsatz lauern.

Zuvor müssen Sie dieses Spiel noch mit einem Klick auf das Quadrat (unter dem Text *Programm*) beenden *und* die Steuerzentrale mit Klick auf das X-Symbol oben rechts schließen.

Drei Fenster

Wie Sie bemerkt haben, sind hier drei Hauptfenster im Spiel:

* Das erste ist das *Editorfenster*, hier bauen Sie mit den Funktionsblöcken Ihr Spielprojekt zusammen.

* Das zweite nenne ich *Spielzentrale*, hier lassen sich verschiedene Einstellungen vornehmen, und von hier wird das eigentliche *AntMe!*-Spiel gestartet oder angehalten.

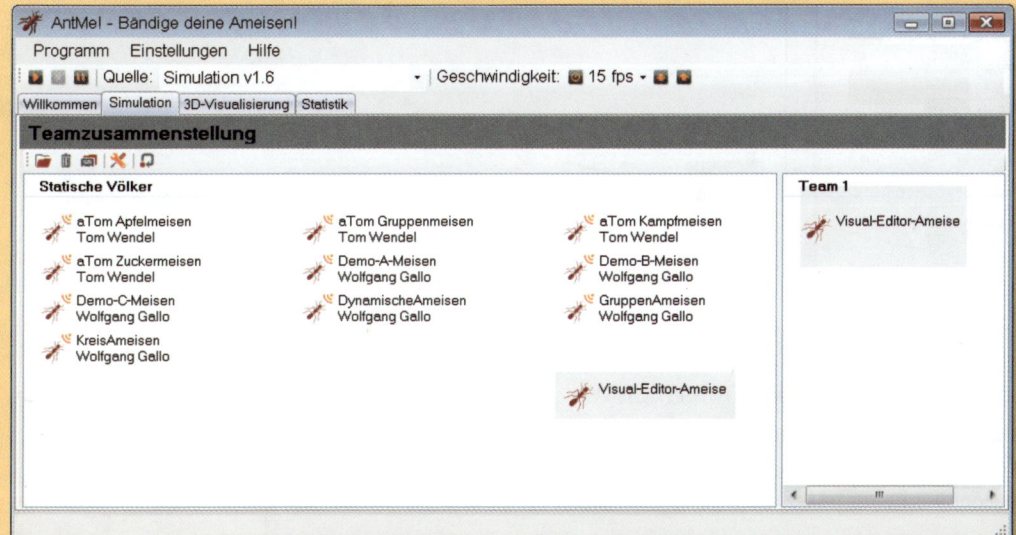

* Das dritte Fenster schließlich ist das *Spielfeld*, auf dem tummeln sich Ameisen und Wanzen, dort liegen Zucker und Obst herum.

Achten Sie darauf, dass *beide* Fenster geschlossen sind, also Spielzentrale *und* Spielfeld, ehe Sie mit dem Editor weiter arbeiten. (Dazu können Sie auch nur auf das X-Symbol im Fenster der Spielzentrale klicken.)

Bringen Sie die Ameisen zum Laufen

Wir brauchen jetzt einen Block, der die Ameisen in *Bewegung* bringt. Klicken Sie dort auf den Block mit dem dazu passenden Text und ziehen Sie ihn ins rechte Feld (neben den *Start*-Block).

Bevor der neue »Bewegungs«-Block an seinem Platz landet, öffnet sich ein Dialogfeld. Hier können Sie die Richtung selbst bestimmen, in die die Ameisen ausschwärmen sollen. Empfehlenswert aber ist es, die Ameisen hier in eine zufällige Richtung starten zu lassen.

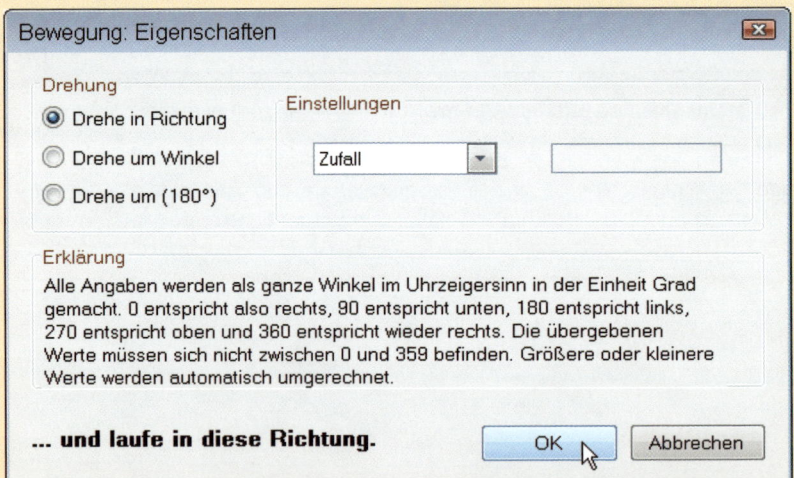

Akzeptieren Sie die Vorgaben und schließen Sie das Dialogfeld mit einem Klick auf *OK*.

Anschließend sehen Sie, wo der frisch eingefügte Funktionsblock angekommen ist.

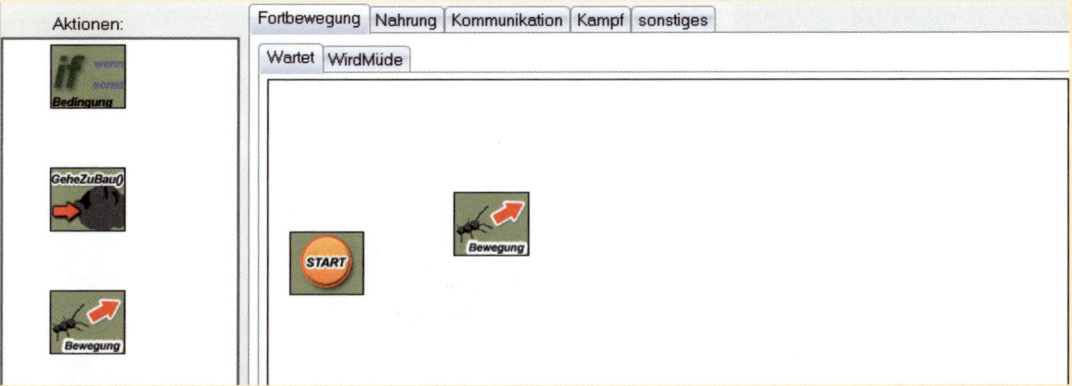

Und nun gilt es, die beiden Funktionsblöcke miteinander zu verknüpfen. Wenn Sie mit der Maus sanft über einen Funktionsblock fahren, verändert er sich, er bekommt an einigen Stellen kleine Ösen. Hier spannen wir unseren »Verbindungsfaden«.

Klicken Sie auf eine Öse des »Start«-Blocks, halten Sie die Maustaste gedrückt und ziehen Sie den nun sichtbaren Pfeil auf den »Bewegungs«-Block. Dort haken Sie ihn in eine Öse ein:

Das ist schon alles – fürs Erste. Nun wollen Sie wissen, was Ihre ganze »Häkelarbeit« bewirkt hat. Dazu müssen Sie den Prozess wiederholen, der Sie vorhin zum Bild mit dem einsamen Ameisenhaufen geführt hat. Klicken Sie also auf *Ausführen*.

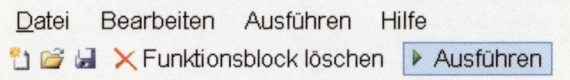

Und schon bald sehen Sie im Spielfenster, was Sie angerichtet haben: Die Ameisen kommen aus ihrem Bau und bewegen sich (in verschiedene Richtungen), sie schwärmen aus.

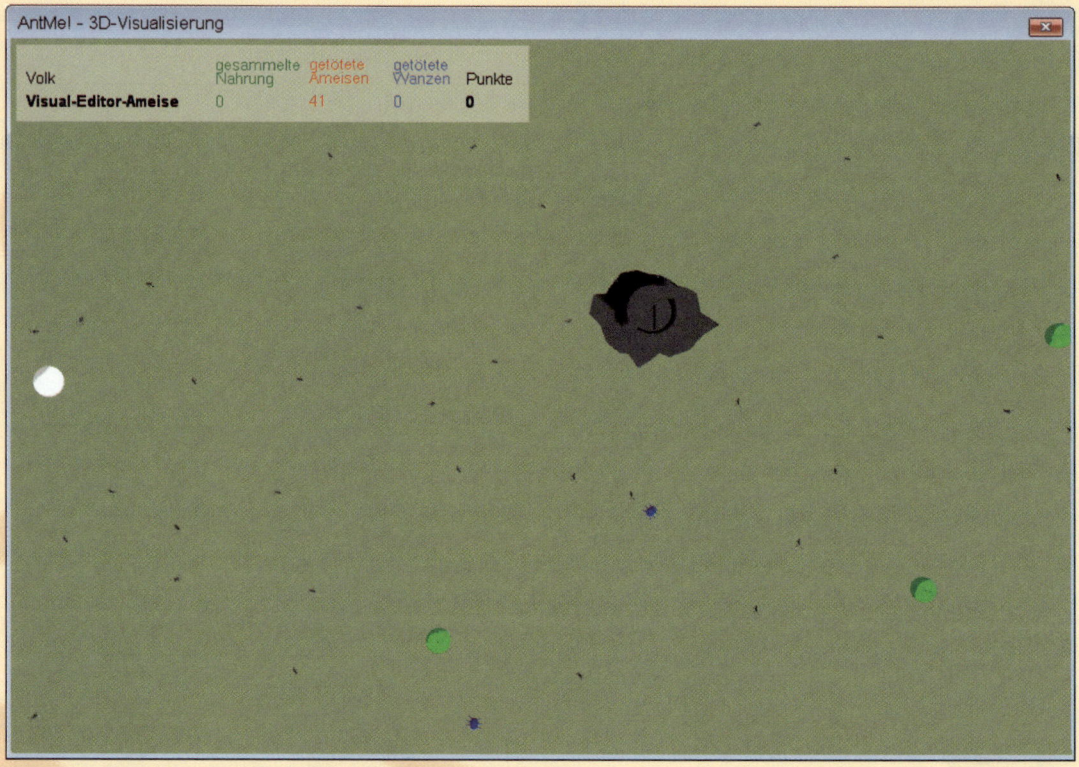
AntMe! - 3D-Visualisierung
Volk
gesammelte Nahrung
getötete Ameisen
getötete Wanzen
Punkte
Visual-Editor-Ameise
0
41
0
0

Mit dem Scrollrad Ihrer Maus können Sie sich näher an das Geschehen heranzoomen.

Wenn Sie länger zuschauen, verfinstert sich Ihre anfangs noch gute Miene allerdings wieder. Die Kerle lassen einfach alles liegen und sich sogar von den Wanzen ins Jenseits befördern. So kann es nicht weitergehen. Die Ameisen müssen lernen, Zucker und Äpfel zu beachten. Außerdem sollten Sie den Wanzen lieber erst einmal aus dem Weg gehen.

Damit beenden wir das Spiel und schließen die Spielzentrale.

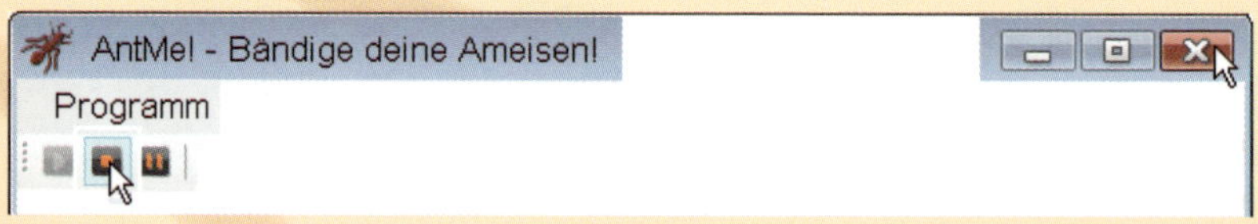
AntMe! - Bändige deine Ameisen!
Programm

Auf zum Zucker

Kehren wir zurück zum Visual Editor, wo wir nun nach einem Funktionsblock Ausschau halten, der uns bei der Steuerung des Nahrungsverhaltens dienlich sein kann. Dazu müssen wir erst die Registerkarte wechseln. Klicken Sie dazu auf den Reiter *Nahrung* (in der oberen Reihe).

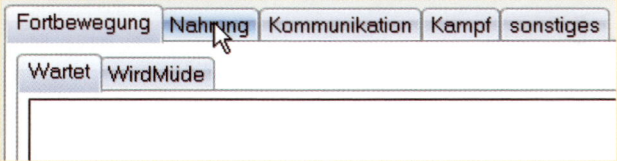

Auch hier erwartet Sie ein »Start«-Block. Dazu gibt es in einer neuen Reihe von Reitern Angebote für den Umgang mit Zucker und Obst.

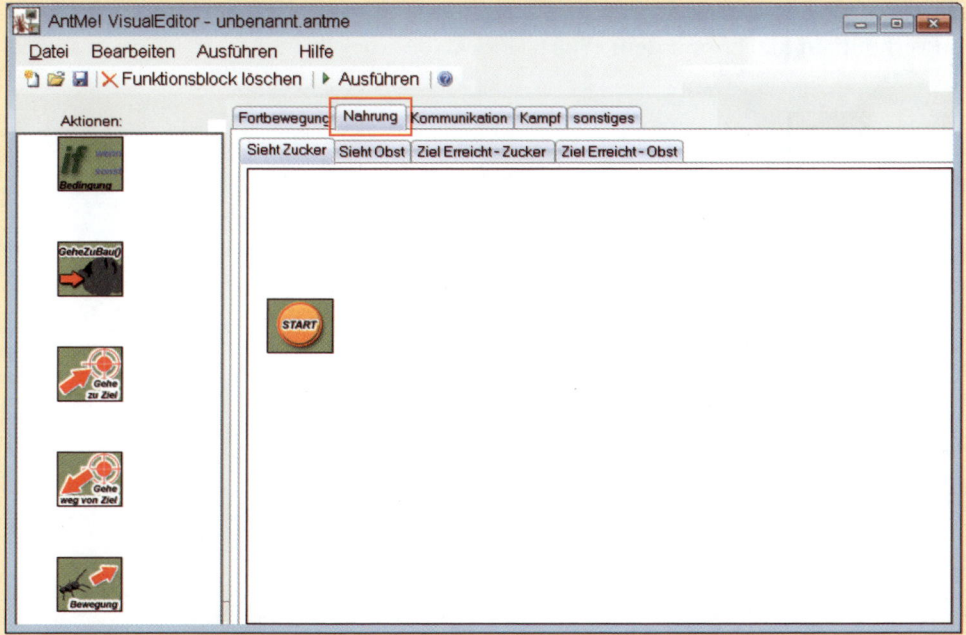

Für uns am meisten geeignet erscheint mir »Gehe zu Ziel«, denn der Zucker ist ja das aktuelle Ziel der Ameisen. Klicken Sie auf diesen Block und ziehen Sie ihn ins rechte Feld.

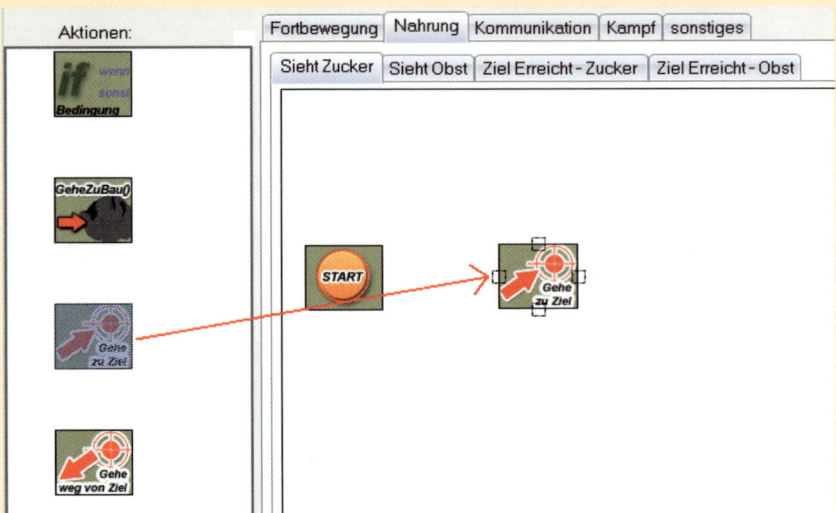

Anschließend verknüpfen Sie ihn mit dem »Start«-Block.

Mal sehen, was sich nun geändert hat. Dazu muss das Spiel erneut gestartet werden (wie das geht, wissen Sie ja inzwischen). Und nun schauen wir mal zu, ob die Ameisen vom Zucker Notiz nehmen.

Tatsächlich: Sie laufen auf einen Zuckerberg zu, aber dann bleiben sie einfach daran »hängen«. Also immer noch nicht das, was wir eigentlich wollen. Also Spielstopp und zurück in den Visual Editor.

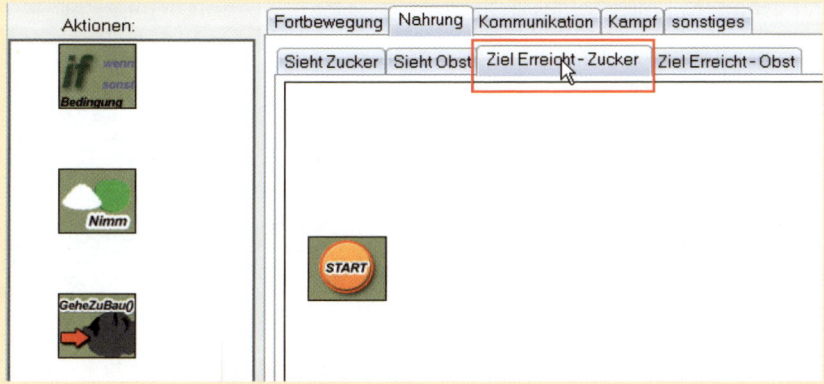

In der Registerkarte *Nahrung* wechseln wir zur Unterregisterkarte *Ziel Erreicht – Zucker*. Dort finden wir auch gleich den passenden Funktionsblock: »Nimm«. Fügen Sie den rechts ein und verknüpfen Sie ihn mit dem »Start«-Block.

Das ist noch nicht alles. Denn wenn die Ameisen den Zucker nur aufnehmen, ändert sich für uns als Betrachter nichts. Die Ameisen bleiben weiterhin an derselben Stelle am Zucker »kleben«. Deshalb fügen wir einen weiteren Funktionsblock hinzu: Es ist der Block »Gehe zu Bau«. Fügen Sie ihn ein und verknüpfen Sie ihn mit dem »Nimm«-Block.

Nun hat die Ameise einen klaren Auftrag: Sie verlässt den Bau, wenn sie auf Zucker trifft, nimmt sie, soviel sie davon tragen kann und macht sich zurück auf den Weg nach Hause, um ihren Nahrungsbeitrag dort abzuliefern.

 Wenn Sie wollen, können Sie Ihr Projekt jetzt auch mal speichern: Klicken Sie dazu auf *Datei/Speichern* und geben Sie im Dialogfeld einen Namen Ihrer Wahl ein, z.B. *MyAnt1*. Dann bestätigen Sie mit Klick auf die Schaltfläche *Speichern*.

Und nun schauen wir uns an, ob alles nach Plan läuft. Starten Sie ihr Spiel und lassen Sie den Ameisen ruhig mal etwas Zeit.

Entweder-oder

Enttäuscht? Irgendwie geschieht nicht das, was Sie erwartet haben. Die Ameisen haben ihr Verhalten um keinen Deut geändert. So jedenfalls sieht es doch aus! Was stimmt denn nicht?

Gehen wir noch einmal durch, aus welchen Funktionsblöcken sich unser Projekt bisher zusammensetzt:

- In der Abteilung *Fortbewegung* erhalten die Ameisen die Anweisung: »Geht geradeaus in eine zufällige Richtung.«

- In der Abteilung *Nahrung* kommen zwei Anweisungen hinzu. »Wenn ihr Zucker seht, geht hin und nehmt etwas davon. Dann geht zurück zum Bau.«

Irgendwie sind alle diese Anweisungen noch nicht klar genug, denn offenbar wiederholt sich der Prozess immerzu: Sobald eine Ameise mit Zucker zum Ameisenbau aufbricht, sieht sie wieder bzw. immer noch den Zucker und bemüht sich, die Anweisung »Gehe zu Ziel« auszuführen.

Jede Ameise braucht also eine zusätzliche Anweisung, etwa in der Art »Gehe weiter zurück und lass den restlichen Zucker erst mal liegen. Kannst ja später wiederkommen.«

Dazu gehen wir nochmal zur Registerkarte für *Nahrung/Sieht Zucker*. Dort entsteht jetzt eine neue Baustelle. Schauen wir uns erst einmal das Baumaterial an, welches uns hier zur Verfügung steht. »Lasse Nahrung fallen« wäre wohl eher etwas, wenn es um Flucht geht, beispielsweise vor einer Wanze. Aber der Block mit dem »Weitermachen« könnte interessant sein. Probieren wir den aus, schieben Sie ihn ins rechte Feld.

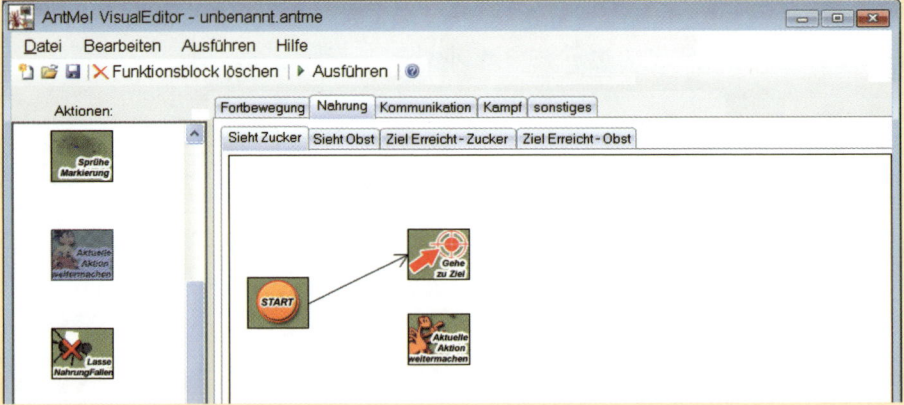

Beim Versuch, eine zweite Verknüpfung zwischen dem »Start«-Block und dem neuen Element herzustellen, verschwindet die Verbindung zum Funktionsblock »Gehe zum Ziel«.

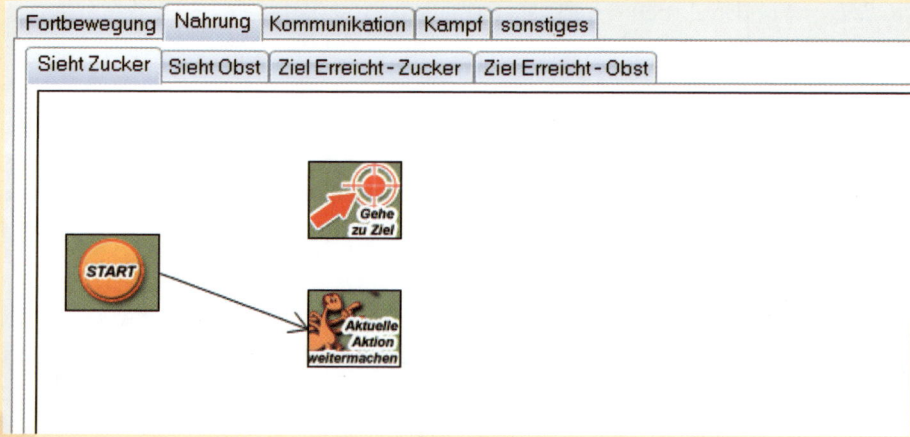

So klappt es nicht, wir brauchen ein Zwischenstück, einen Block, der eine *Verzweigung* ermöglicht. Und den gibt es auch. Er hat ein großes »If« als Aufschrift, dazu steht dort noch kleiner das Wort »Bedingung«. Mal sehen, was es damit auf sich hat.

Beim Versuch, den Block ins rechte Feld zu transportieren, öffnet sich ein Dialogfeld. Hier stellen Sie die gezeigten Werte ein:

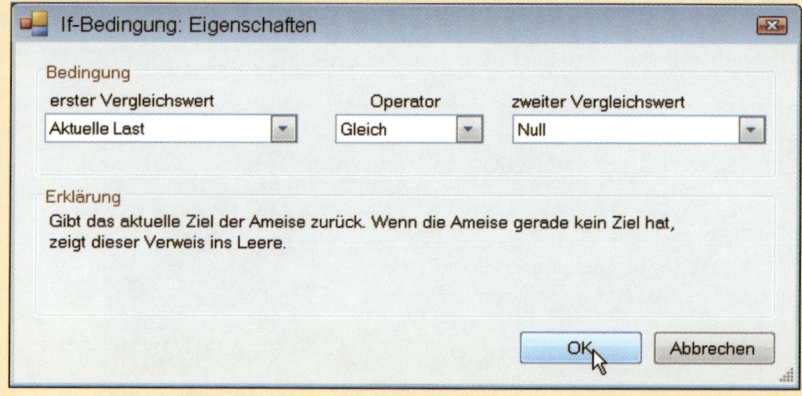

Dann klicken Sie auf *OK*. Und der »If«-Block landet im rechten Feld.

Was bedeuten die eingestellten Werte? Für eine Ameise gibt es zwei Möglichkeiten, zwischen denen sie sich entscheiden muss:

- Entweder sie hat noch keinen Zucker genommen, dann wendet sie sich diesem zu (»Gehe zu Ziel«).

- Oder sie hat sich schon einen Zuckervorrat aufgeladen, dann geht sie damit zum Bau zurück und bleibt bei der aktuellen Aktion (»Weitermachen«).

Und das wird über eine so genannte »If«-Struktur geregelt, für die es eine Bedingung geben muss, die so formuliert wird:

- Wenn die *Aktuelle Last = 0*, also aktuell *keine* Last zu tragen ist, nur dann gilt der Funktionsblock »Gehe zu Ziel«.

- *Sonst* ist nur der Funktionsblock »Aktuelle Aktion weitermachen« gültig.

Nachdem das geklärt ist, verbinden Sie jetzt den »Start«-Block mit dem »If«-Block. Dieser Block hat Ösen für die Verknüpfung mit zwei weiteren Blöcken. Verbinden Sie die obere Öse (*wenn*) mit dem Block »Gehe zu Ziel«, die untere Öse (*sonst*) mit dem »Weitermachen«-Block.

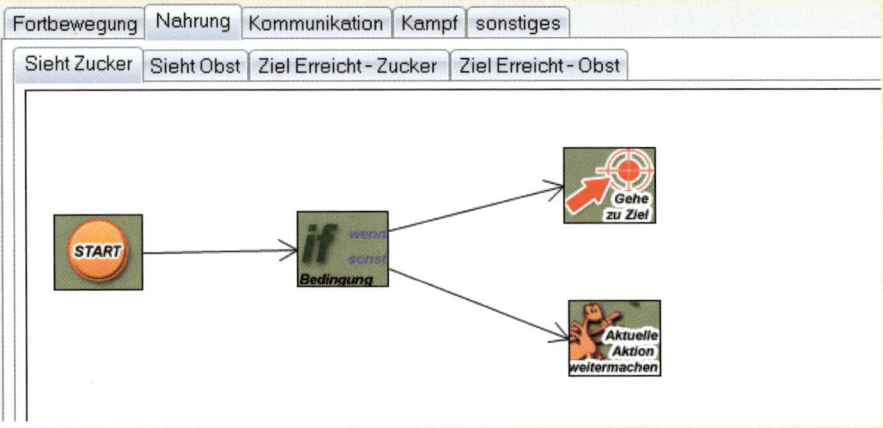

Und jetzt sollte es endlich klappen mit dem Zuckerholen – oder? Probieren Sie's aus!

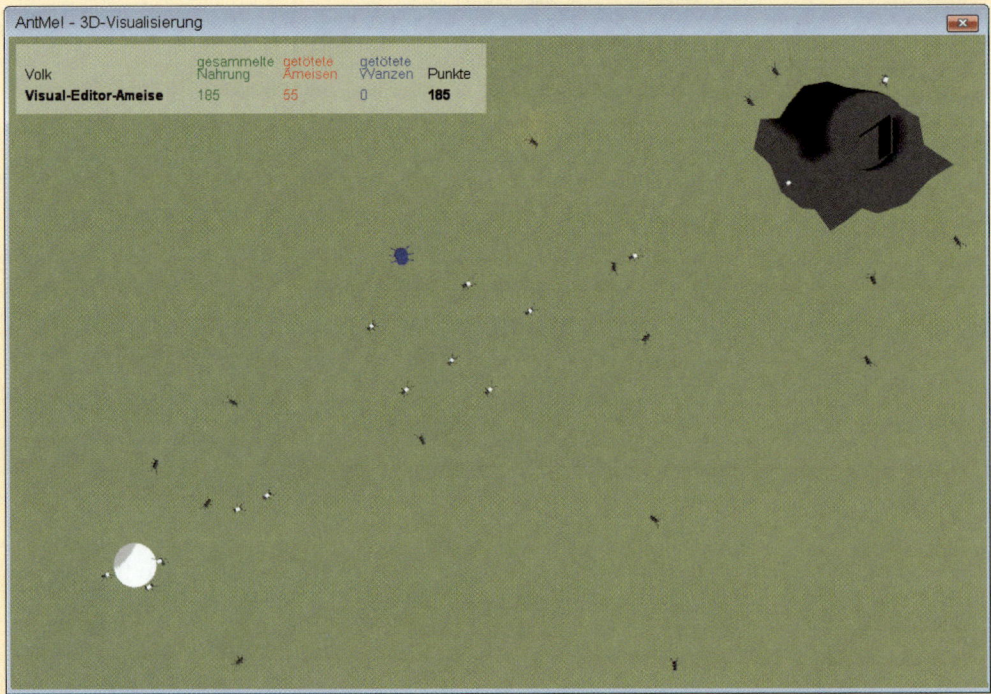

Obwohl die Wanzen immer wieder mal dazwischenfunken, gelingt es doch einer ganzen Reihe von Ameisen, ihre Ladung Zucker sicher nach Hause zu bringen.

 Hier wäre es sinnvoll, die ganze bisher getane Arbeit über *Datei/Speichern* wieder mal zu sichern.

Noch mehr Nahrung

Nachdem das Zuckerproblem fürs Erste gelöst ist, laufen die Ameisen aber immer noch an den leckeren Äpfeln vorbei. Deshalb kümmern wir uns jetzt darum, dass bald auch Obst zum Speiseplan der Ameisen zählt.

Im ersten Moment sieht es vielleicht so aus, als wären hierzu die gleichen Schritte nötig wie beim Zucker. Doch während man den in kleinen Portionen transportieren kann, geht das bei einem Apfel nur am Stück. Wird das nicht für eine einzelne Ameise zu schwer? Mal sehen, ob und wie wir dieses Problem in den Griff bekommen.

Wechseln Sie in die Registerkarte *Nahrung/Sieht Obst*. Stellen Sie dort die gleiche Gruppe von Blöcken zusammen wie beim Zucker. (Erinnern Sie sich noch an die Einstellung für die Bedingungen: *Aktuelle Last/Gleich/Null*?)

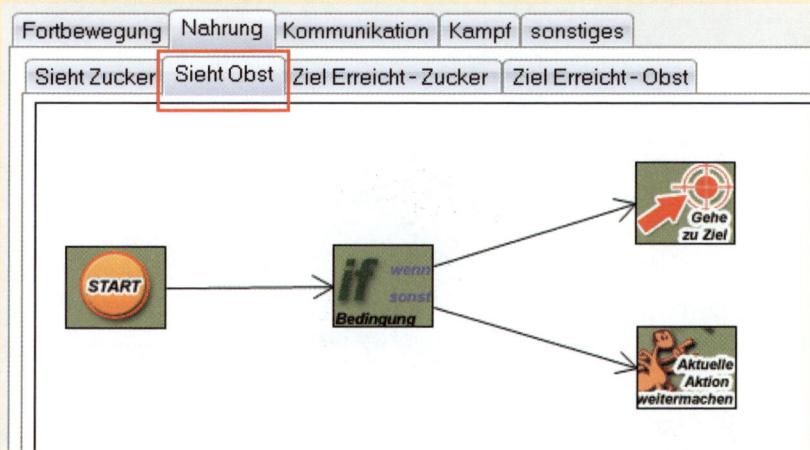

Die nächste Registerkarte ist *Nahrung/Ziel Erreicht-Obst*. Auch dort gehört die gleiche Anordnung hin wie beim Erreichen des Zuckers.

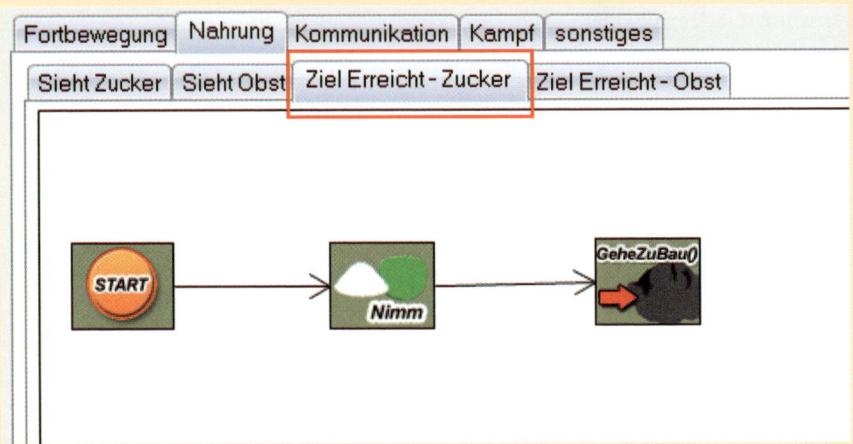

Und dann lassen Sie das Spiel laufen.

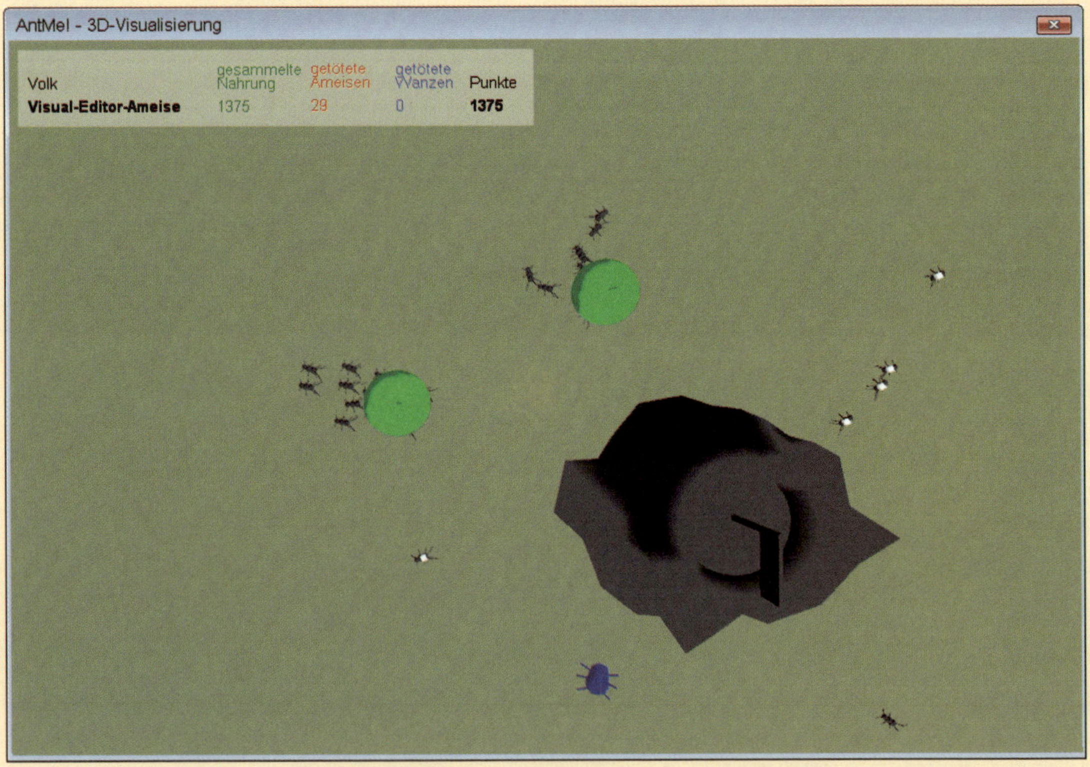

Offenbar sind die Ameisen gar nicht dumm. Erst beginnt eine mit dem Transport der schwierigen Last, dann gesellen sich immer mehr hinzu und helfen mit, bis schließlich das kostbare Gut im Ameisenbau landet.

Achtung Wanzen!

Nun müssen unsere Ameisen nicht verhungern, doch ihr Leben läuft weiterhin nicht ohne Gefahren ab. Das liegt an den lebensbedrohlichen (blauen) Wanzen. Die lassen sich nicht wegzaubern, aber es gibt grundsätzlich zwei Möglichkeiten, die besser sind als es dem Zufall zu überlassen, ob unsere Ameisen von ihnen gekillt werden:

- Wenn eine Ameise eine Wanze sieht, läuft sie in eine andere Richtung weiter.

- Wenn genügend Ameisen zusammen sind, können sie gemeinsam eine Wanze besiegen und ins Jenseits schicken.

Beginnen wir mit der ersten Möglichkeit, die meistens die beste ist (und nichts mit Feigheit zu tun haben muss).

Dazu wechseln wir in die Registerkarte *Kampf/SiehtFeind-Wanze*. Dort schauen wir uns im linken Feld um, was es dort an Funktionsblöcken im Angebot gibt.

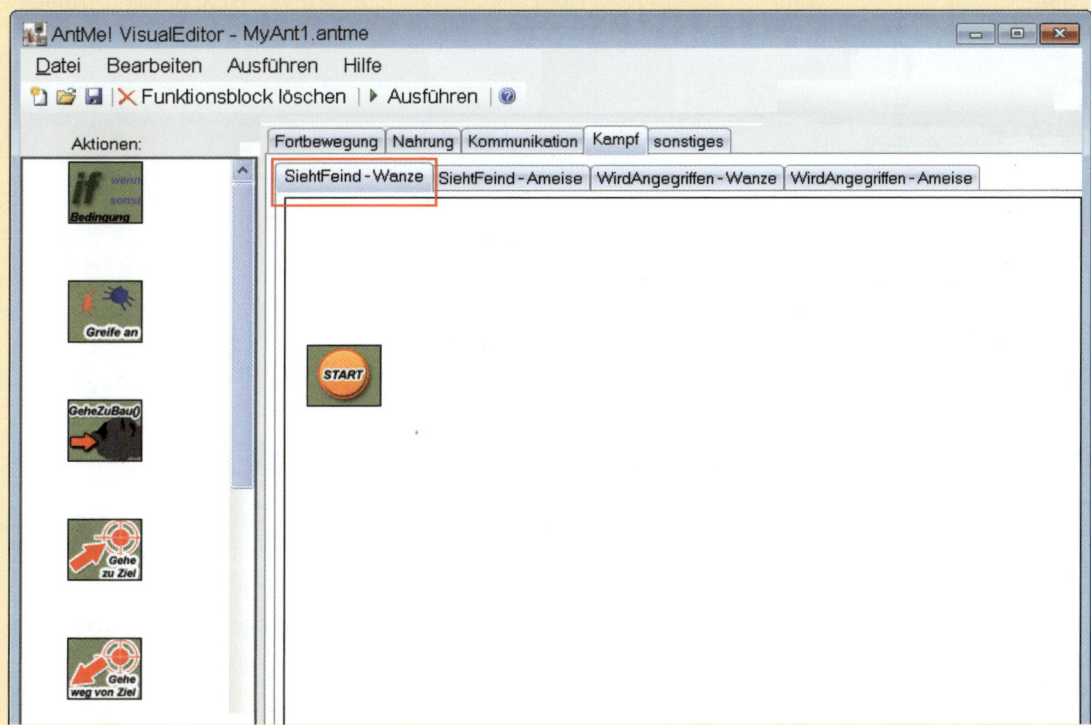

»Greife an« ist Ihnen sicher sofort ins Auge gefallen. Aber denken Sie dran: Was *Sie* leicht mit einem Teil Ihrer Schuhsohle erledigen können (nämlich eine Wanze zu plätten), kostet eine normale Ameise das Leben. Daher suchen wir eine Fluchtmethode. Wie wär's mit »Gehe weg von Ziel«? Denn das Ziel ist ja hier eine feindliche Wanze. Probieren Sie es aus, ziehen Sie den Block auf die rechte Seite und verbinden Sie ihn mit dem »Start«-Block.

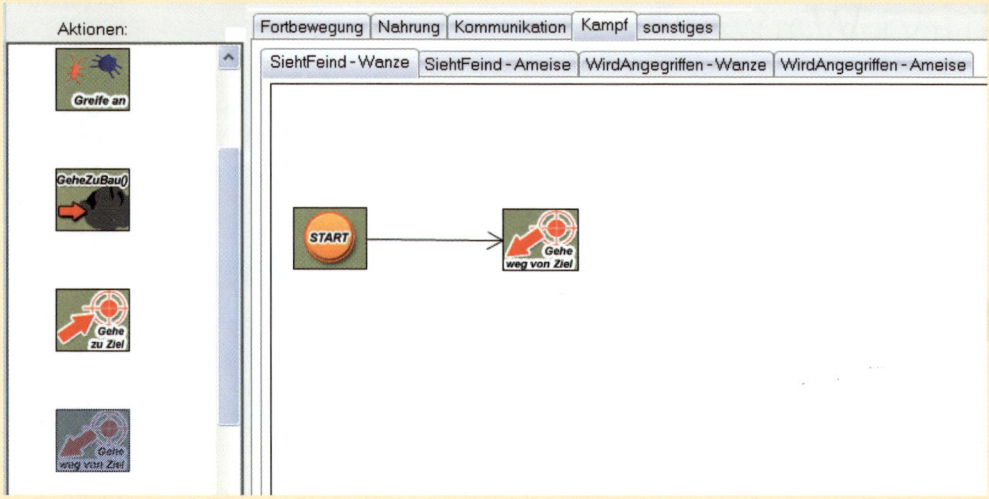

Und schon können wir ausprobieren, ob die Ameisen versuchen, den Wanzen auszuweichen. Wenn Sie das Spiel eine Weile beobachten, werden Sie feststellen, dass die Anzahl der gestorbenen Ameisen drastisch abgenommen hat. Als Beispiel zwei Spielstände, bei denen die Nahrungspunkte die gleichen sind:

Auf in den Kampf?

Reizvoller ist der Versuch, unsere Ameisen dazu zu bringen, sich gegenseitig zu helfen, wie sie es ja schon beim Tragen von Äpfeln getan haben. Ziehen Sie also zuerst den Funktionsblock »Greife an« ins rechte Feld.

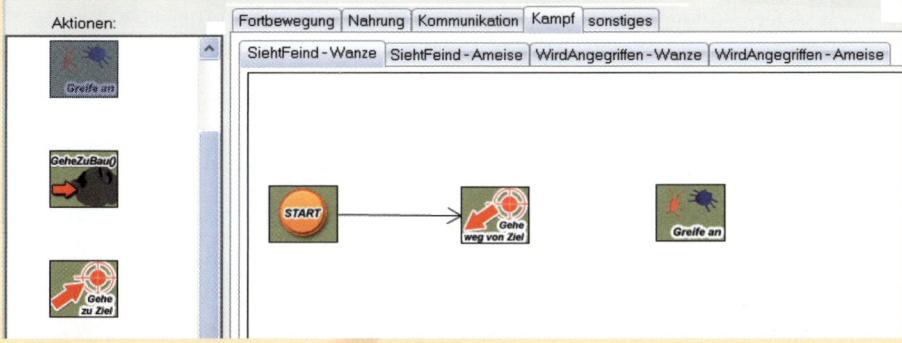

Nun haben wir aber wieder so eine Situation, in der eine Entscheidung getroffen werden muss. Dazu brauchen wir eine »If«-Struktur. Ziehen Sie den entsprechenden Block von links ins rechte Feld. Im sich öffnenden Dialogfeld stellen Sie folgende Werte ein:

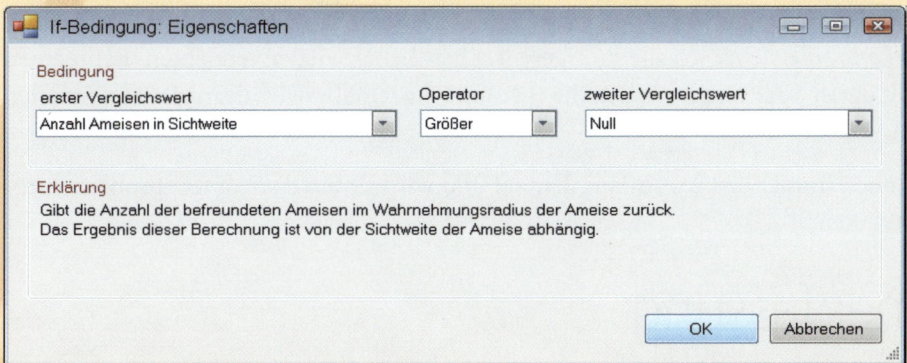

Entweder-oder

Auch hier eine kurze Erläuterung dieser Einstellungen. Wieder gibt es zwei Möglichkeiten zur Entscheidung:

- Entweder es sind mehr Ameisen in der Gegend, in der sich die Wanze aufhält, dann wagt sie ein Kämpfchen, in der Hoffnung, dass möglichst viele andere Ameisen hinzukommen und mitmischen (»Greife an«).

- Oder es ist keine Ameise in greifbarer Nähe, dann sucht die eine Ameise das Weite (»Gehe weg von Ziel«).

- Die Bedingung für die »If«-Struktur lässt sich dann so formulieren:

- Wenn die *Anzahl Ameisen in Sichtweite* > 0 ist, also man mindestens zu zweit ist, nur dann gilt der Funktionsblock »Greife an«.

- *Sonst* tritt der Funktionsblock » Gehe weg von Ziel« in Kraft.

Eine Alternative wäre der Wert *Wanzen in Sichtweite* statt *Null* (0). Oder wenn Sie auf Nummer Sicher gehen wollen, stellen Sie eine größere Zahl wie z.B. 5 oder gar 10 ein.

Nun müssen wir nur noch die Blockstruktur richtig miteinander verknüpfen und schon können wir kontrollieren, ob sich die Lage der Ameisen gebessert hat.

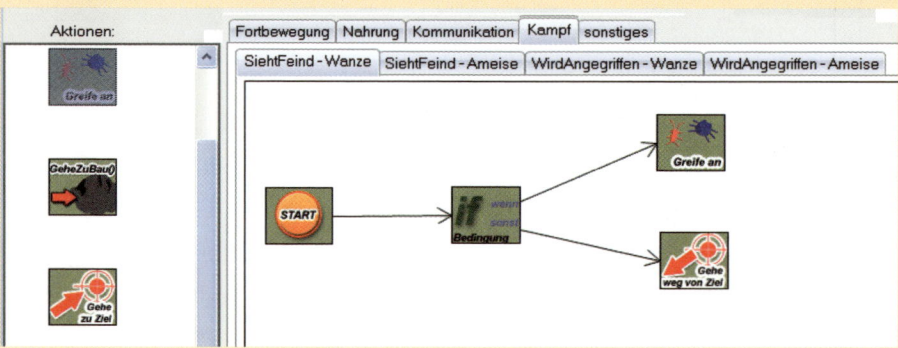

Wie Sie sehen können, stellen sich nun viele Ameisen wieder einem Kampf, oft jedoch sind sie unterlegen und damit steigt die Todesrate wieder an. Aus dieser Sicht erscheint es fraglich, ob wir auf diese Variante (die sicherlich die mutigere ist) hier lieber wieder verzichten. Bei meinen Experimenten mit dieser Spielversion haben die meisten Wanzen überlebt, dran glauben mussten vorwiegend die Ameisen.

Aber wir sind ja noch immer erst im Anfangskapitel und wir werden das Wanzenproblem nicht aus den Augen verlieren.

Zusammenfassung

Nun kennen Sie den *AntMe! Visual Editor*, haben ein Volk von Ameisen aus ihrem Bau gelockt und dafür gesorgt, dass die sich um die Aufnahme von Nahrung kümmern und Wanzen möglichst aus dem Wege gehen. Damit haben Sie sich als fürsorglicher Ameisenvater bzw. fürsorgliche Ameisenmutter erwiesen.

Natürlich gibt es noch einiges zu optimieren. Und daran, dass die Ameisen im Kampf mit den Wanzen ständig den Kürzeren ziehen, lässt sich sicher noch etwas ändern. Dazu ist aber etwas mehr nötig als reines »Blöckeschieben«. Deshalb werden wir hier den Visual Editor wieder verlassen. Was Sie nicht daran hindern soll, selbst noch weiter damit zu experimentieren.

Auf jeden Fall können Sie sich spätestens jetzt denken, was »Ant Me!« bedeutet – oder es erfühlen. Wenn nicht, hier die freie deutsche Übersetzung: »Ameisiere mich!«

Im nächsten Kapitel brauchen wir dann etwas mehr Werkzeug, nämlich ein komplettes Programmiersystem.

2

Start mit Visual Basic

Ich hoffe, Sie hatten im letzten Kapitel Ihren Spaß. Es soll auch nicht das letzte Mal gewesen sein, aber jetzt wird es erst mal ernst. Ich begrüße hier auch diejenigen, die sich nicht mit dem Visual Editor aufhalten wollten und das erste Kapitel übersprungen haben, um gleich ins Programmieren einzusteigen. Dabei lernen Sie mit Visual Basic eine Arbeitsumgebung kennen, die es in sich hat.

Wozu programmieren?

Leider sind die Möglichkeiten eines komfortablen Werkzeugs wie dem *AntMe! Visual Editor* begrenzt, es gibt eine Reihe von Einstellungen, die sich dort nicht vornehmen lassen. Wie schnell man an Grenzen stößt, haben wir im letzten Kapitel gesehen.

Wir benötigen also Mittel, die flexibler sind als Funktionsblöcke. Die sind weitgehend in sich abgeschlossene Module, wir aber brauchen etwas »Offenes«. In diesem Buch soll es ja darum gehen, dass Sie das Programmieren lernen, um schließlich in der Lage zu sein, auch eigene Projekte außerhalb von *AntMe!* zu verwirklichen.

Was heißt eigentlich Programmieren?

Wenn Sie eine Reihe von Anweisungen in Textform aufschreiben, so entsteht daraus ein *Programm*. Der Wortschatz stammt weitgehend aus einer gesprochenen Sprache, in der Regel Englisch. Das Programm muss dann nur noch so umgewandelt werden, dass der Computer es verstehen und ausführen kann.

Für den Programmtext, auch *Quelltext* genannt, wird ein *Editor* benötigt, ein Textprogramm, deutlich einfacher als z.B. Word. Die Übersetzung für den PC übernimmt ein *Compiler*, er ist eine Art Dolmetscher, weil ein Computer natürlich Ihre Sprache nicht versteht (und Sie nicht die seine).

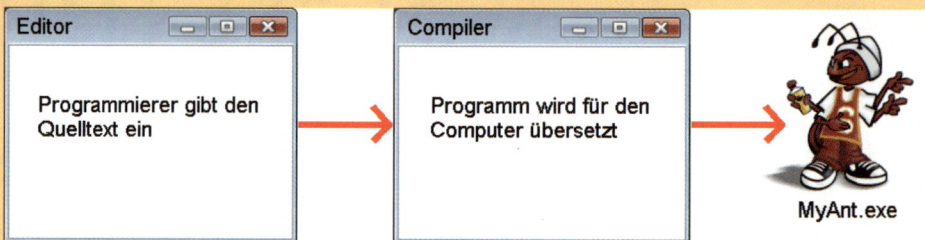

Weil man beim Programmieren Fehler macht, müssen Programme immer wieder getestet und überarbeitet werden. Dabei hilft einem ein Werkzeug, das möglichst sinnvolle Hilfen bei der Fehlersuche gibt. In Programmiererkreisen werden Fehler als »Bugs« (= Wanzen) bezeichnet. Und das Werkzeug, das Ihnen helfen soll, möglichst fehlerfrei zu programmieren, heißt *Debugger*.

Alles zusammen, in ein Paket gepackt, nennt man dann *Entwicklungsumgebung*. Und genau so etwas finden Sie auf der DVD zu diesem Buch: *Visual Basic Express Edition*.

Installation von Visual Basic

Um programmieren zu können, brauchen Sie also Werkzeug, sozusagen eine eigene Werkbank. Dort können Sie basteln, bohren und feilen, hämmern und schrauben. So wie mancher auf seine Werkzeugmarke schwört, gibt es natürlich auch Verfechter verschiedener Systeme. Weil es nicht nur eine Programmiersprache gibt, haben sich Gemeinden von Programmierern gebildet, von denen nicht wenige »ihre« Programmiersprache als Heiligtum betrachten.

Sie als Anfänger müssen das nehmen, was Sie hier kriegen. Und das ist die Sprache *Visual Basic* von Microsoft. Sie bekommen Sie kostenlos, eingepackt in ein attraktives Entwicklungspaket, zu dem es mit *Visual C#* und *Visual C++* zwei weitere Sprachen gibt (die sich ebenfalls kostenlos aus dem Internet herunterladen lassen). Jede dieser Sprachen hat ihre Stärken und Schwächen. Während C# (gesprochen »c-sharp«) und C++ (gesprochen »c-plusplus«) vielseitiger und mächtiger als Visual Basic sind, ist diese Sprache für Anfänger besonders gut geeignet.

Wenn Sie erst mal programmieren können, dürfte Ihnen ein Umstieg auf eine andere Sprache Ihrer Wahl nicht schwer fallen. Lassen Sie uns also hier mit Visual Basic beginnen.

Zuerst müssen wir unsere Arbeitsumgebung einrichten. Das Installationsprogramm liegt auf der DVD im Ordner *VBExpress* und heißt *setup.exe*. Es lässt sich über das Programm *StartDVD* aufrufen, das in der Regel automatisch nach dem Einlegen der DVD startet.

1. Klicken Sie dort den Eintrag *Visual Basic 2008 Express Edition* an. Oder Sie starten das Programm *setup.exe* direkt mit Doppelklick auf das Symbol.

Es kann eine Weile dauern, bis dieses Dialogfeld erscheint:

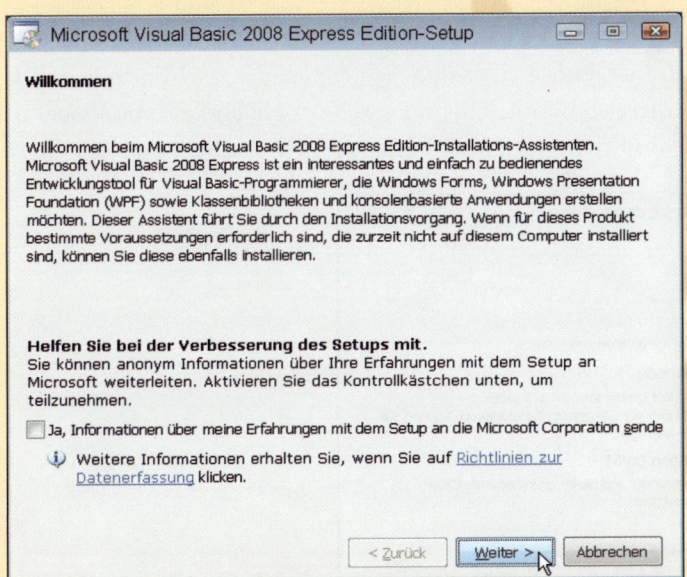

2. Klicken Sie auf die Schaltfläche *Weiter*.

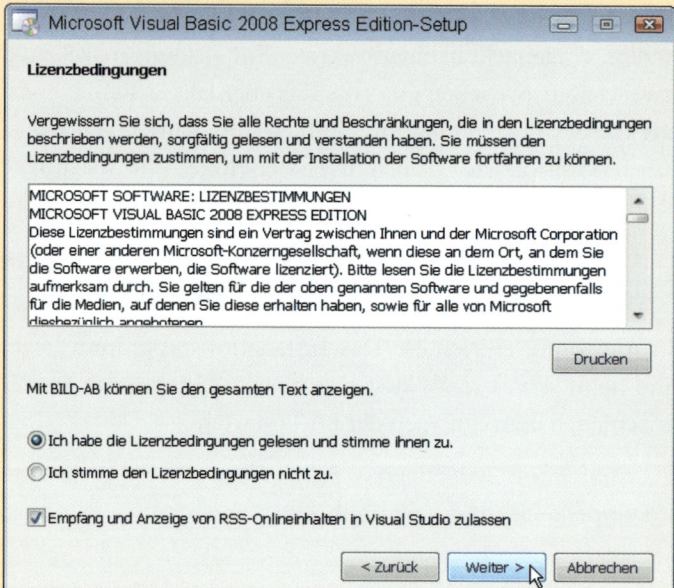

3. Im folgenden Dialogfeld können Sie sich die Lizenzbedingungen durchlesen, dann sorgen Sie dafür, dass der Eintrag *Ich habe die Lizenzbedingungen gelesen und stimme ihnen zu* markiert ist. Dann klicken Sie erneut auf *Weiter*.

4. Als Nächstes können Sie auswählen, welche Pakete zusätzlich installiert werden sollen. Wenn genug Platz auf Ihrer Festplatte ist, entscheiden Sie sich für alles. Das Mindeste sollte die *MSDN Express Library* sein, in dieser Bibliothek befindet sich das *Hilfesystem* von Visual Basic. Sollte ein Paket schon auf Ihrem PC vorhanden sein, wird es nicht noch einmal installiert.

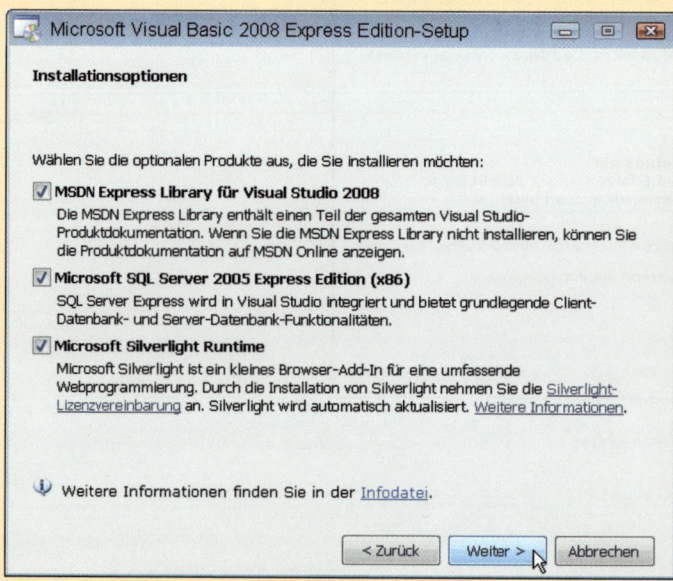

Klicken Sie dann auf *Weiter*.

5. Sie können jetzt den Ort festlegen, an dem Ihr Programmiersystem untergebracht werden soll (oder die Vorgabe stehen lassen). Dazu klicken Sie auf *Durchsuchen*, um einen geeigneten Platz zu finden. Sie können auch einen Namen eintippen, das Verzeichnis wird automatisch angelegt.

6. Und dann kann es losgehen: Klicken Sie auf *Installieren*.

Im nächsten Fenster können Sie mitverfolgen, wie weit die Installation fortgeschritten ist.

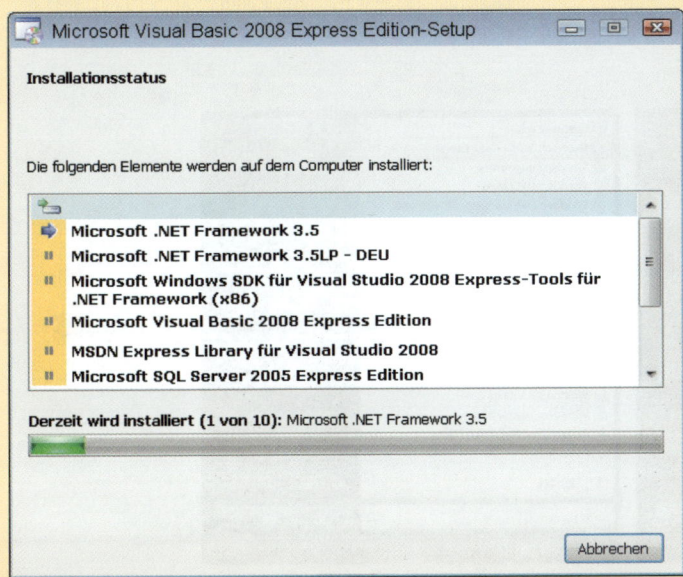

Möglicherweise stimmen die »Produkte«, die bei Ihnen installiert werden, nicht mit denen im Buch überein. Je nach Aktualität eines Systems können manche oder viele Elemente dort bereits vorhanden sein.

7. Am Schluss klicken Sie auf die Schaltfläche *Beenden*.

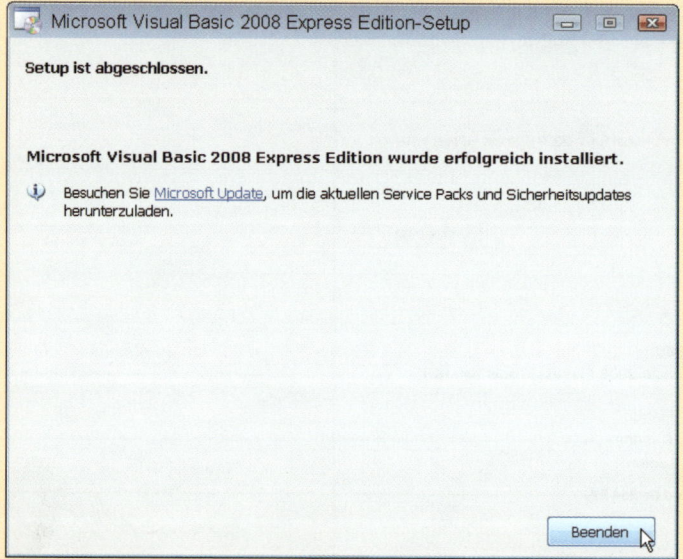

Visual Basic starten

Die Entwicklungsumgebung ist installiert, nun sollten wir uns auch gleich mal darin umsehen. Starten Sie Visual Basic – z.B. über das *Start*-Menü und *Alle Programme/Microsoft Visual Basic Express Edition*.

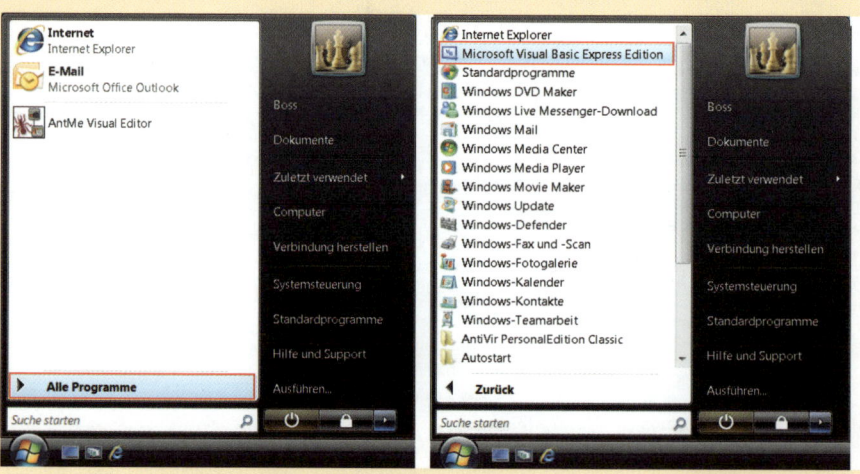

(Möglicherweise steht bei Ihnen dieser Eintrag woanders und es sieht wohl auch etwas anders aus.)

 Sollte das Programm nicht starten, müssen Sie im Ordner *C:\Programme\Microsoft Visual Studio\Common7\IDE* nach der Datei *vbexpress.exe* suchen.

Visual Basic lässt sich bei seinem ersten Auftritt ein bisschen Zeit. Doch endlich baut sich das Fenstersystem der Anwendung auf, mit dem Sie künftig einen Großteil Ihrer Freizeit verbringen werden.

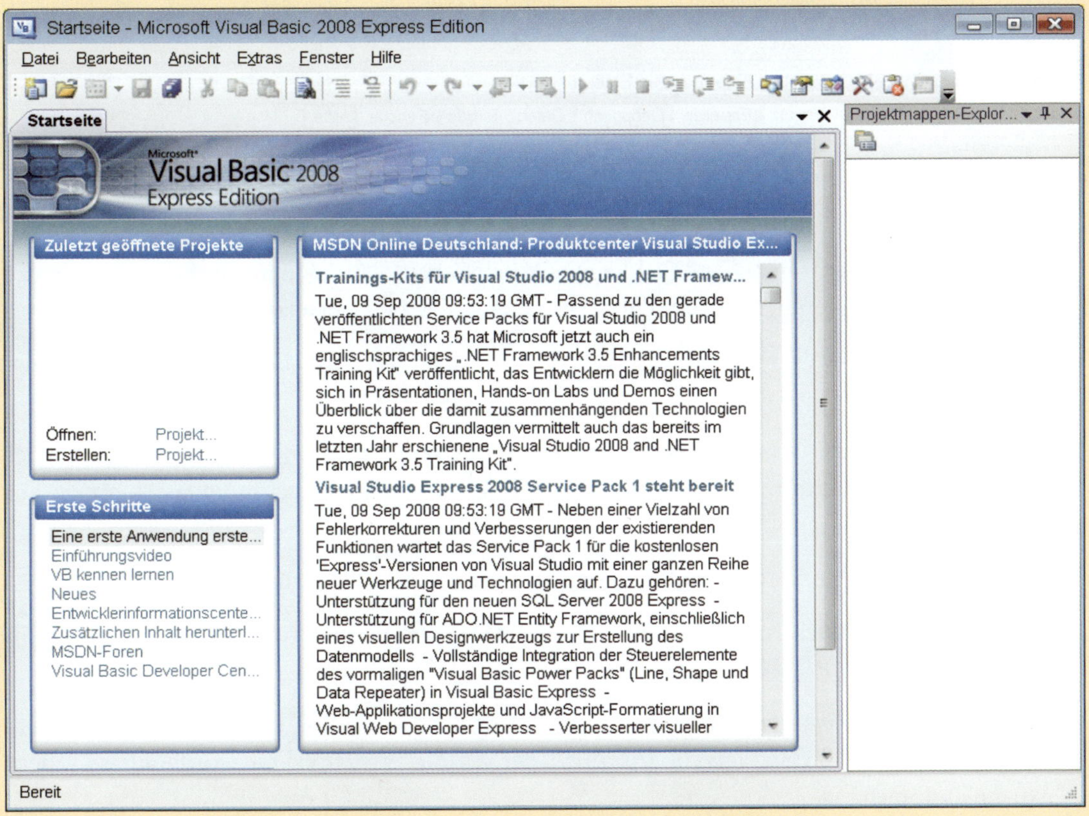

Die Startseite informiert Sie über Aktuelles zum Thema Visual Basic und Verwandtschaft, wenn Sie mit dem Internet verbunden sind. So erfahren Sie zum Beispiel rechtzeitig, ob ein Update für Ihre Version vorliegt.

 Es empfiehlt sich, das dann auch bald nachzuinstallieren. So sind Sie immer auf dem neuesten Stand.

Ein kleiner Rundgang

Lassen Sie uns jetzt ein wenig durch Ihre neue Werkstatt bummeln, mal schauen, was sich da an Werkzeug tummelt. Vieles davon werden Sie jetzt und in nächster Zeit nicht benötigen, aber es ist ein gutes Gefühl zu wissen, dass man Reserven hat. Später, wenn Sie einige Erfahrungen mit dem Programmieren haben und wenn Sie dann größere Projekte planen, werden Sie in dieser Werkstatt auf viele nützliche Hilfsmittel zugreifen können. Wir schauen uns jetzt nur das an, was für Sie als Einsteiger von Bedeutung ist. Einiges davon bekommen Sie allerdings erst später zu sehen, wenn Sie am ersten Projekt arbeiten.

Beginnen wir mit den Menüs, die für Sie zunächst wichtig sind:

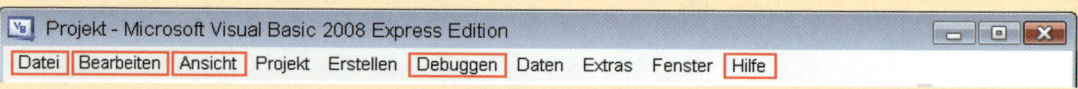

- Über das *Datei*-Menü lassen sich Projekte oder einzelne Dateien speichern, laden (öffnen), ausdrucken, neu erstellen. Man kann hier auch Visual Basic beenden.

- Das *Bearbeiten*-Menü bietet Möglichkeiten, Arbeitsschritte rückgängig zu machen, Teile des Programms zu kopieren, nach Textteilen zu suchen oder sie zu ersetzen.

- Über das *Ansicht*-Menü lassen sich zusätzliche Fenster und Symbolleisten ein- oder ausblenden.

- Das *Debuggen*-Menü wird erst verfügbar, wenn ein Programmprojekt vorhanden ist. Hier können Sie ein Programm starten und es auch in Einzelschritten ausführen lassen, um es auf Fehler zu kontrollieren.

- Über das *Hilfe*-Menü können Sie vielfältige Hilfsinformationen abrufen.

Kommen wir zu den wichtigsten Bereichen, in die das große Fenster von Visual Basic aufgeteilt ist, wenn Sie an einem Projekt arbeiten.

- Das *Formular* ist sozusagen die »Grundplatte«, auf der Sie die Programmelemente verteilen. Es lässt sich nach Bedarf vergrößern. Auch der *AntMe! Visual Editor* wurde auf so einem Formular aufgebaut.

- Im *Projektmappen-Explorer* finden Sie die Liste aller Dateien, die am Projekt beteiligt sind. Mit der Maus können Sie hier einzelne Dateien für die Bearbeitung auswählen.

- Im *Eigenschaftenfenster* sind alle Eigenschaften des Formulars oder eines anderen Elementes aufgeführt. Dazu gehören z.B. die Größe oder das Aussehen. Fast alles lässt sich hier ändern.

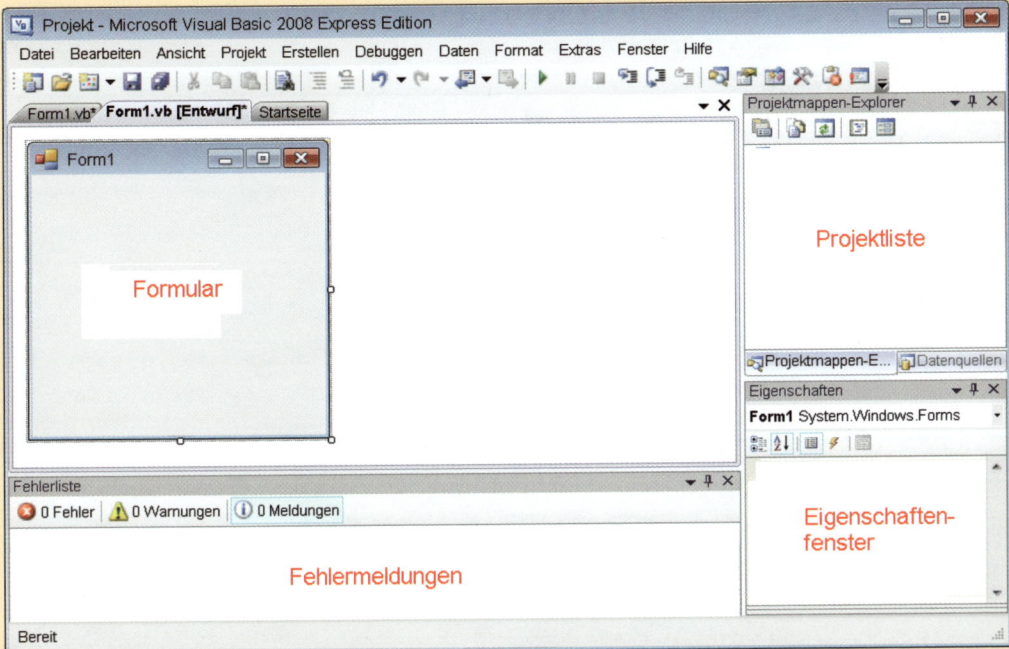

- Die *Fehlerliste* bekommen Sie nur zu sehen, wenn Sie etwas falsch gemacht haben, also ein Programm nicht laufen will (oder kann). Hier steht auch, an welcher Stelle Visual Basic welchen Fehler vermutet.

Wie gesagt, einiges von dem hier kurz vorgestellten »Werkzeug« wird Ihnen erst später begegnen. Aber dann haben Sie schon mal etwas davon gehört.

Das erste Projekt

Seien Sie nun nicht enttäuscht, dass wir uns nicht gleich wieder den Ameisen widmen (die Sie im ersten Kapitel so lieb gewonnen haben). Aber Sie haben in diesem Buch erst eine kurze Strecke zurückgelegt. Wir werden uns um die Ameisen noch sehr ausführlich kümmern (und das Wiedersehen wird umso herzlicher sein).

Um das Programmieren zu lernen, müssen wir weit früher beginnen, uns sozusagen hinunter zu den Wurzeln, zur Basis begeben. Und von da aus klettern wir dann nach und nach aufwärts.

Sind Sie bereit? Dann klicken Sie auf *Datei* und dann auf *Neues Projekt*, um ein Dialogfeld zu öffnen, in dem Ihnen verschiedene Typen angeboten werden. Für uns interessant ist nur *Windows Forms-Anwendung*.

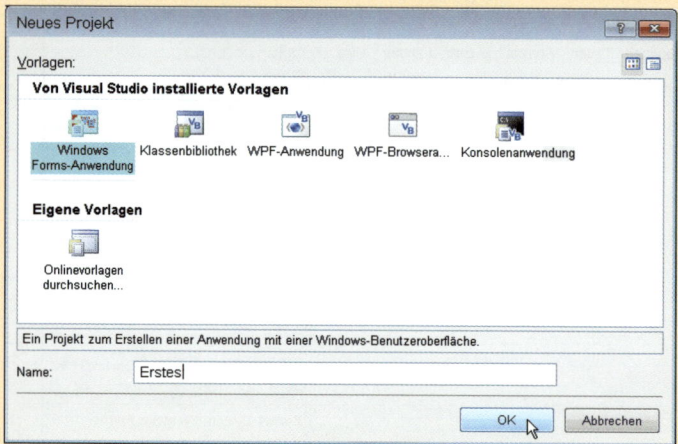

Markieren Sie also das entsprechende Symbol, dann geben Sie einen Namen ein, z.B. »Erstes« (oder lassen Sie die Vorgabe stehen). Zur Bestätigung klicken Sie abschließend auf *OK*.

Das Hauptfenster ändert sich nun, ein neues Feld taucht auf.

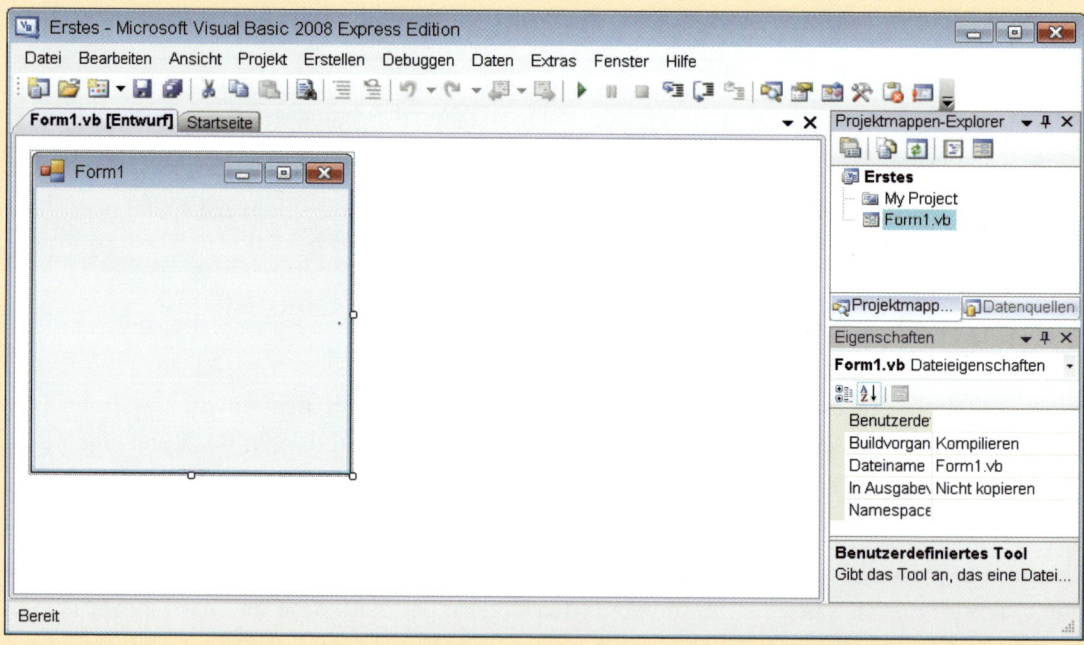

Und schon haben Sie Ihr erstes eigenes Programmprojekt erstellt. Sie glauben es nicht? Na, dann klicken Sie mal auf *Debuggen* und *Debugging starten* oder einfach auf das kleine grüne Dreieck (ein ähnliches Symbol kennen Sie vom *AntMe! Visual Editor*).

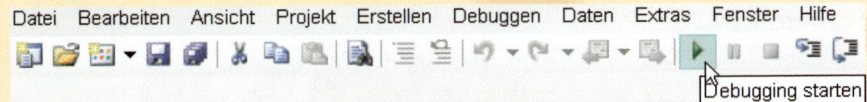

Da ist doch was: Ein zwar nur kleines Fensterchen, mit Titelleiste und Schaltflächen zum Verändern der Größe und zum Schließen. Man kann sogar unten rechts am Fenster ziehen, um es größer oder kleiner zu machen. Wenn Sie sich satt gesehen haben, klicken Sie auf das kleine X oben rechts und beenden Sie das Programm wieder.

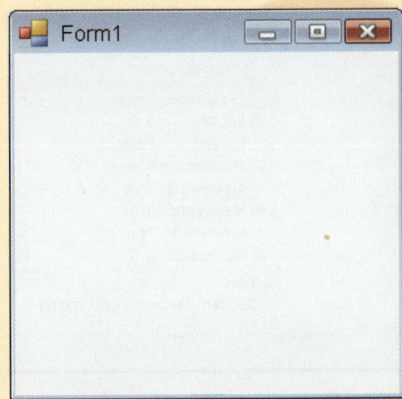

Die Toolbox

Dieses Projekt ist Ihnen doch zu mickrig? Kann ich verstehen, deshalb sollten wir auch gleich ein bisschen mehr tun. Wirklich programmiert haben wir nämlich noch immer nicht.

Das Fenster, das wir vorhin kurz »in Aktion« gesehen haben, ist das *Formular*: Die Arbeitsfläche, in die wir Elemente wie z.B. Schaltflächen, Dialogfelder oder Menüs einbauen können. Allesamt werden als *Komponenten* bezeichnet.

Um zu erfahren, welche Komponenten Visual Basic zu bieten hat, klicken Sie jetzt auf *Ansicht/ Toolbox*. Kurz darauf hat sich links eine Liste geöffnet, in der die Komponenten namentlich aufgeführt sind. Und das Feld mit dem Formular hat höflich Platz gemacht.

Welches von den angebotenen Steuerelementen sollen wir nehmen? »Zeiger«? Wie wär's mit »Button«? Zu deutsch: »Knopf«. Probieren wir aus, was es damit auf sich hat. Klicken Sie auf den Eintrag *Button*. Wenn Sie wollen, können Sie ihn dann nach rechts ins Formular ziehen – so wie Sie es bereits vom *AntMe! Visual Editor* kennen. Müssen Sie aber nicht.

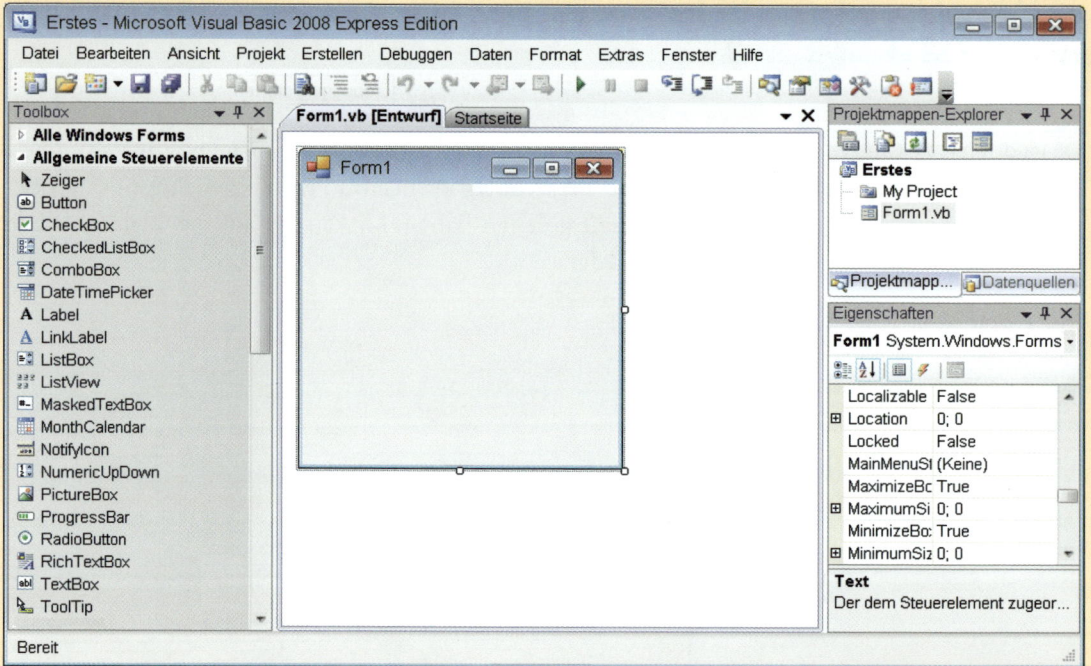

Einfaches Klicken auf den Eintrag reicht. Anschließend zeigen Sie mit der Maus irgendwo ins Formular, drücken wieder die Maustaste und ziehen dann dort so lange, bis dabei eine mittelgroße *Schaltfläche* mit dem Text »Button1« herauskommt. Größe und Lage lassen sich jederzeit mit der Maus wieder ändern.

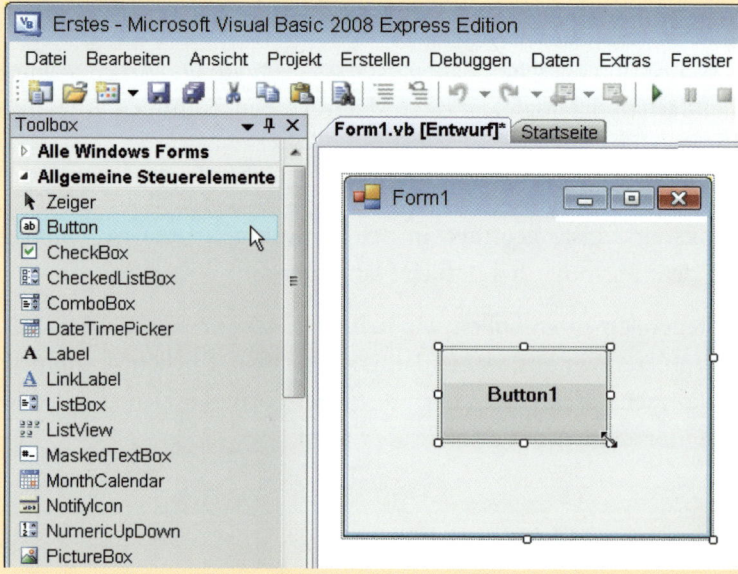

Würden Sie das Ganze nun über *Debuggen/Debugging starten* oder mit Klick auf das grüne Dreieck starten, hätten Sie ein Formular mit einer Schaltfläche, auf die man drücken kann. Mehr aber nicht.

Der erste Quelltext

Deshalb sollten wir dafür sorgen, dass der »Button« auch etwas zu tun bekommt. Sorgen Sie dafür, dass Ihr Testprogramm beendet ist. *Doppelklicken* (!) Sie auf die Schaltfläche im Formular und Sie landen in einer neuen Registerkarte.

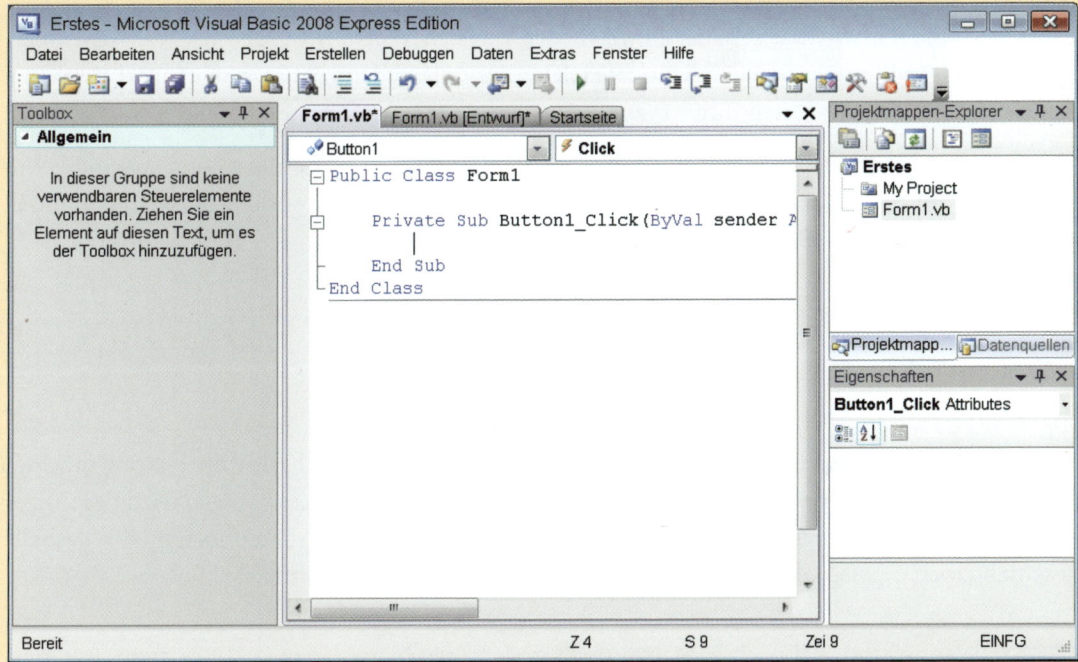

Das ist der Editor für den Programmtext, auch *Quelltext* genannt. Um dort ein bisschen mehr Platz zu haben, können Sie das ganze Fenster auf die ganze Bildschirmfläche vergrößern, oder Sie schließen die Toolbox.

 Sie können die Toolbox (wie jedes andere Zusatzfenster) jederzeit wieder über das *Ansicht*-Menü und den Eintrag *Toolbox* öffnen.

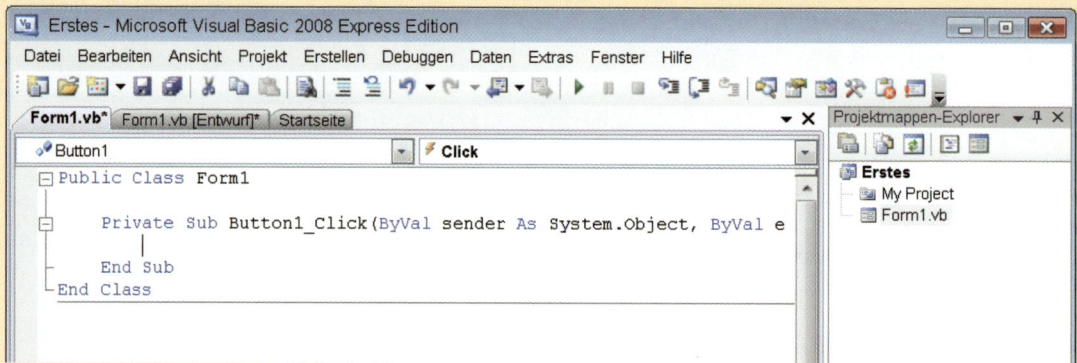

Und jetzt schauen wir mal genauer hin. Mit den meisten Wörtern werden Sie wahrscheinlich nichts anfangen können, doch eines möchte ich herausgreifen, denn es hat anscheinend etwas mit unserer Schaltfläche (englisch Button) zu tun: `Button1_Click`.

Damit lässt sich doch etwas anfangen. Und tatsächlich ist dieser Text für die Aktion zuständig, die beim Klick auf die Schaltfläche (mit dem Namen `Button1`) ausgelöst werden soll. Man nennt das ganze Gebilde auch *Methode*. Und so sieht das Gerüst aus:

```
Sub Button1_Click

End Sub
```

`Sub` ist die Abkürzung für »Subroutine«, was ich mal frei mit »Methode« übersetzen möchte. Dahinter steht der Name der Methode – hier `Button1_Click` – und abgeschlossen wird das Ganze mit `End Sub`. Das Wichtigste jedoch ist das, was *dazwischen* steht. Das ist hier noch nichts, deshalb geschieht auch nichts, wenn Sie im laufenden Programm auf die Schaltfläche klicken.

 Weggelassen habe ich alles, was noch in der Zeile hinter `Button1_Click` steht. Das sind unter anderem so genannte *Parameter*, Werte, die die Methode übernimmt und intern verarbeitet. Dieser lange »Textschwanz« wurde von Visual Basic automatisch angefügt. Lassen Sie ihn so stehen und kümmern Sie sich nicht weiter darum. Lassen Sie sich auch nicht irritieren, dass in im Code unten diese erste Zeile in zwei Zeilen umgebrochen ist. Das liegt an der geringen Breite der Buchseite.

Irgendetwas zwischen `Sub` und `End Sub` zu schreiben bringt natürlich nichts. Versuchen Sie es mal damit:

```
Private Sub Button1_Click(ByVal sender As System.Object, ByVal e As System.EventArgs)
Handles Button1.Click
  Text = "Hallo"
End Sub
```

Ein einfaches »Hallo« hätte nicht genügt, die Zeile Text = "Hallo" bewirkt, dass der Titelleiste des Formulars der kleine Text »Hallo« *zugewiesen* wird. Das Gleichheitszeichen (=) ist hier also ein so genanntes *Zuweisungszeichen*: Die Titelleiste erhält den Text »Hallo«. Probieren Sie selbst aus, was passiert. Starten Sie das Programm und klicken Sie dann auf die Schaltfläche.

Sehen Sie das kleine »Hallo« oben im Titel des Formulars? Damit haben Sie Ihrem Projekt Leben eingehaucht und dafür den ersten Quelltext eingegeben. Dies ist auch der wesentliche Unterschied zum Programmieren mit dem Visual Editor aus dem ersten Kapitel. Dort wurden nur Elemente zusammengesetzt, hier muss zu jeder Komponente auch mindestens eine Anweisungszeile *geschrieben* werden, damit etwas passiert.

Spätestens jetzt wäre es an der Zeit, das Projekt zu speichern, wenn Sie es aufheben wollen. Nach Klick auf *Datei/Alle speichern* erwartet Sie dieses Dialogfeld:

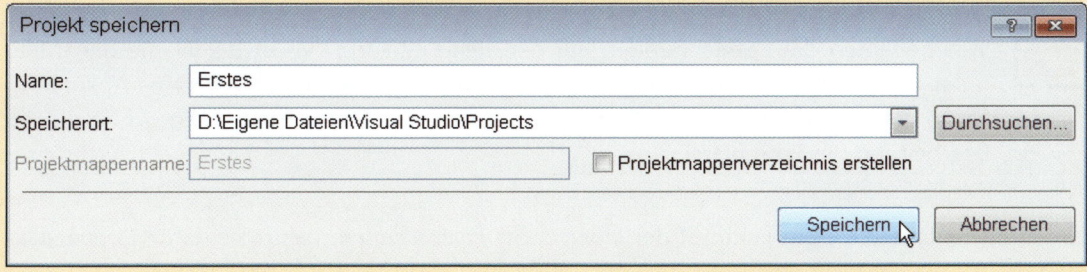

Untergebracht wird ihr Projekt in dem Ordner, der hinter *Speicherort* steht, Hier haben Sie die Möglichkeit, diesen zu ändern, wenn Sie wollen.

Passen Sie den Namen und den Speicherort gegebenenfalls an und klicken Sie dann auf *Speichern*.

Wieder öffnen können Sie das Projekt über *Datei/Projekt öffnen*. Im Dialogfeld Projekt öffnen suchen Sie eine Datei mit der Kennung *vbproj* (eine Abkürzung für »Visual Basic Project«) und klicken darauf.

Bringen Sie das Formular in Form

Lassen Sie uns diesen Erstversuch noch etwas verfeinern. Man könnte dafür sorgen, dass schon beim Start die unschönen Bezeichnungen »Button1« und »Form1« verschwunden sind und stattdessen dort zwei passendere Bezeichnungen stehen.

Wechseln Sie vom Quelltexteditor zum Editor für das Formular.

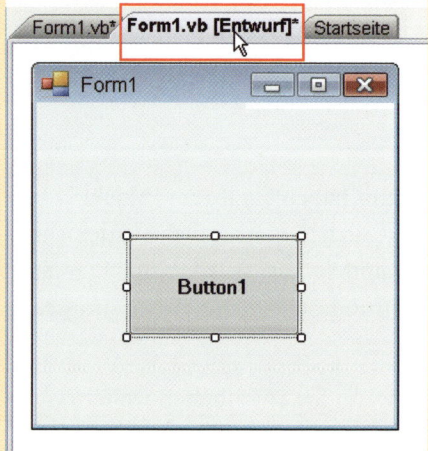

 Was bedeuten die Bezeichnungen auf den Reitern? *Form1.vb* ist der Name der Datei, unter der Ihr Quelltext abgespeichert wird. Dabei ist die Kennung »vb« eine Abkürzung für Visual Basic. Der Zusatz *Entwurf* erscheint nur im Editor für den Entwurf bzw. die Bearbeitung des Formulars.

Unten rechts finden Sie ein Feld mit der Überschrift *Eigenschaften*. Wenn Sie dafür sorgen, dass die Schaltfläche markiert ist, stehen dort die Eigenschaften von *Button1*, dem Namen, den Visual Basic dieser Komponente gegeben hat. Den sollten wir auch nicht ändern, sondern nur die Eigenschaft *Text*.

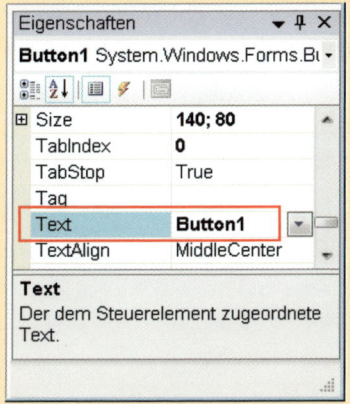 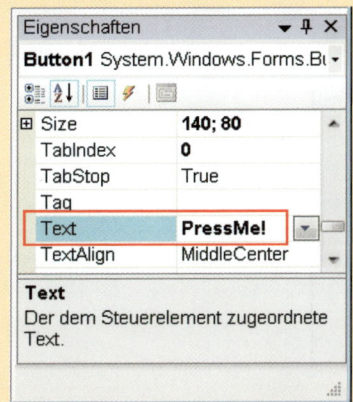

Suchen Sie diesen Eintrag, klicken Sie auf die Fläche dahinter und tippen Sie etwas ein, z.B. »DrückMich!« oder »PressMe!« (oder »AntMe!«?). Dann wandern Sie mit der Maus und klicken auf eine freie Stelle im Formular, anschließend können Sie auch den Text für den Titel des Formulars ändern.

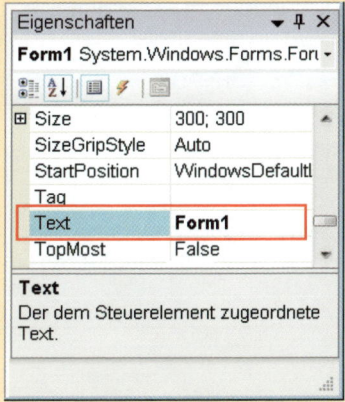 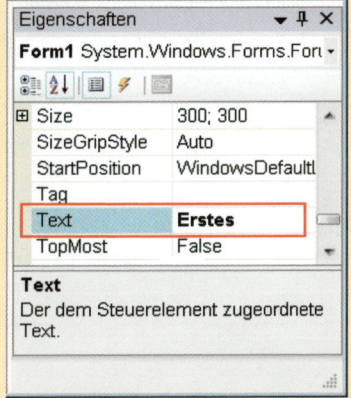

 Sollten Sie das Fensterchen für die Einstellung der Eigenschaften nicht sehen können, lässt es sich jederzeit über das *Ansicht*-Menü und den Eintrag *Eigenschaftenfenster* öffnen.

Anschließend hat sich auch das Formular angepasst. Bei mir sieht es nun so aus:

(Ich habe mir erlaubt, die Schrift für die Schaltfläche noch ein bisschen zu vergrößern.)

Eigenschaften

Auch wenn es im ersten Moment unwesentlich erscheint, ob nun das Formular einen anderen Titel, die Schaltfläche eine andere Aufschrift hat: Sie haben kennen gelernt, wie man eine *Eigenschaft* ändert. Wenn Sie sich im Eigenschaftenfenster einer Komponente umschauen, werden Sie feststellen, dass Sie dort u.a. auch die Schriftart und -größe von Text (*Font*), aber auch die Lage (*Location*) und die Größe (*Size*) z.B. einer Schaltfläche einstellen können.

Wenn Sie wollen, probieren Sie ruhig einige Einstellungen aus. Wenn etwas schief läuft, lässt es sich in der Regel leicht korrigieren. Wirklich kaputt geht dabei nichts. Dennoch sollten Sie die ursprüngliche Fassung Ihres Projekts vorher speichern – für alle Fälle.

Die Finger weg lassen sollten Sie vom *Namen* einer Komponente. Der lässt sich zwar auch ändern, das hat aber Auswirkungen auf den Quelltext. Denn dort müssen Sie dafür sorgen, dass dann z.B. statt `Button1` überall der neue Name steht.

Zusammenfassung

Damit beenden wir unseren ersten Einstieg ins Programmieren. Ich gebe zu: Viel mehr als eine einzige Zeile Quelltext ist dabei nicht herausgekommen, der meiste Text wird bereits von Visual Basic zur Verfügung gestellt.

 Das Projekt *Erstes* finden Sie übrigens auf der DVD im Ordner *Projekte\Kap02*.

Aber auch wenn Ihr Erstlingswerk unter der neuen Entwicklungsumgebung ein bisschen mickrig aussehen mag, hier haben Sie schon einige wichtige Elemente der Programmierung kennen gelernt:

- Basis ist ein *Formular*, auf dem sich Komponenten anordnen lassen (es gibt ja noch einiges mehr als Schaltflächen). Das Formular lässt sich natürlich beliebig vergrößern.

- Einer Komponente ist (mindestens) eine *Methode* zugeordnet, in der sich festlegen lässt, was z.B. bei einem Mausklick auf eine Schaltfläche (`Button_Click`) passieren soll.

- Außerdem besitzt eine Komponente verschiedene *Eigenschaften*, die sich nach Bedarf einstellen lassen.

Mit diesem Wissen gerüstet gehen wir in die nächste Runde. Im folgenden Kapitel erstellen wir ein schon etwas anspruchsvolleres Projekt.

3

Ein kleines Ratespiel

Ein eigenes Spiel wie *AntMe!* zu programmieren, ist gar nicht so einfach. Wahrscheinlich kämen Sie auch gar nicht auf die Idee, jetzt schon an so etwas zu denken. Aber Ihr Ziel sollte es schon sein, soweit zu kommen, dass Sie einmal der Lage sind, eigene Ideen z.B. in einem Spielprojekt umzusetzen.

Noch mehr Komponenten

Auf jeden Fall können wir hier schon mal klein anfangen. Das Spiel, das wir hier programmieren wollen, muss ja gar nicht besonders aufwändig sein. Es muss nur Spaß machen. Und das tun bisweilen durchaus auch einfache Spiele (▶ *Zraten1*).

Hier soll eine zufällige Zahl erzeugt werden. Den Bereich legen wir zwischen 1 und 1000 fest. Die Aufgabe der Spieler ist es nun, diese Zahl mit möglichst wenigen Versuchen zu erraten.

 Das Projekt *Zraten* finden Sie in mehreren Entwicklungsstufen auf der DVD im Ordner *Projekte\Kap03*. Ein Hinweis auf die zugehörige Version steht im jeweiligen Textzusammenhang, wie z.B. weiter oben: ▶ *Zraten1*.

Zuerst müssen Sie dazu ein neues Projekt erzeugen. Das geht über *Datei/Neues Projekt*, womit Sie ein Dialogfeld öffnen und dort als Vorlage *Windows-Anwendung* wählen und als Projektnamen z.B. »Zraten« eingeben.

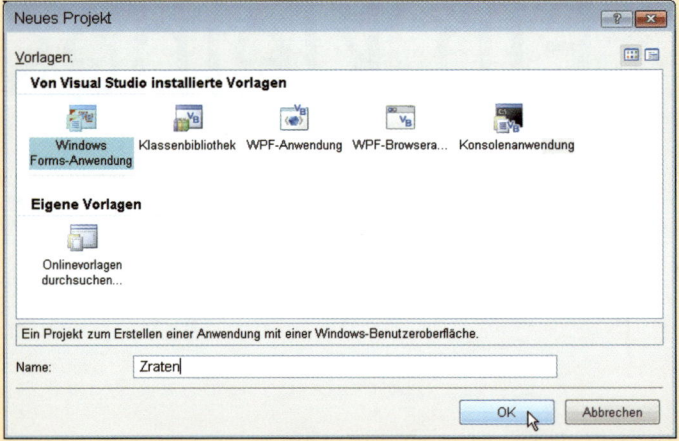

Kurze Zeit später befinden Sie sich wieder im Formulareditor oder auch Formular-Designer . Eine Schaltfläche allein wird diesmal nicht reichen. Am besten orientieren Sie sich bei der Bestückung des Formulars an der folgenden Tabelle:

Komponente	Name	Text	Font
Formular	Form1	Zahlenraten	
Anzeigefeld	Label1	Errate eine Zahl zwischen 1 und 1000	Arial/12
Textfeld	TextBox1	(leer)	Arial/36
Schaltfläche	Button1	OK	Arial/14

Das Formular (*Form1*) bekommt den Titel »Zahlenraten«, die Schaltfläche (*Button1*) dient dazu, einen Ratevorgang zu bestätigen. Zusätzlich benötigen wir ein Textfeld (*TextBox1*), um eine Zahl eingeben zu können. Und ein Anzeigefeld (*Label1*), das uns darüber informiert, was wir tun sollen.

Bevor wir mehr Einzelheiten klären, sollten Sie erst einmal alle erforderlichen Komponenten im Formular unterbringen. Machen Sie das Formular ein bisschen größer. Dann sorgen Sie (über *Ansicht/Toolbox*) dafür, dass die Toolbox sichtbar ist. Klicken Sie dann jeweils auf den entsprechenden Namen und ziehen Sie jede Komponente im Formular auf.

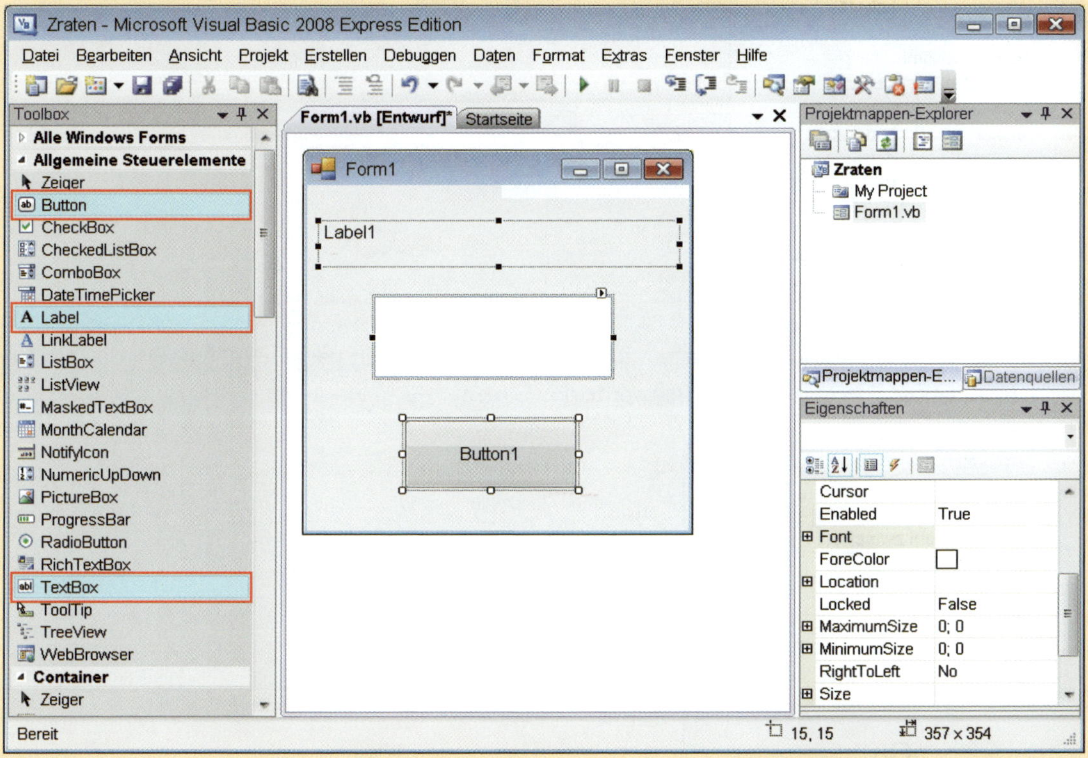

Wenn Sie wollen, können Sie gleich die Lage (*Location*) und Größe (*Size*) festlegen. Das geht außer mit der Maus im Formular-Designer auch über die Eigenschaften im Eigenschaftenfenster.

Autosize

Das Anzeigefeld scheint sich etwas schwer zu tun, Ihrem Größenwunsch zu folgen? Suchen Sie im Eigenschaftenfenster nach dem Eintrag *Autosize*. Dahinter stellen Sie von *True* auf *False* um. Eine solche Komponente passt ihre Größe normalerweise dem darin stehenden Text an. Sie wollen aber Ihre eigene Größe festlegen. Deshalb schalten Sie die Automatik mit *False* aus.

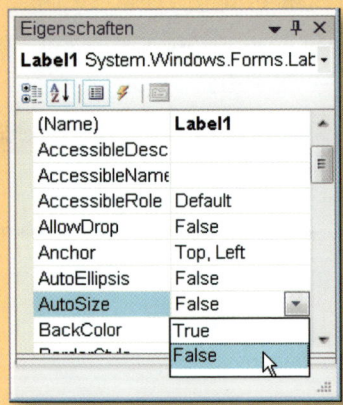

Ebenfalls über das Eigenschaftenfenster geben Sie nun jeweils den passenden Text ein und stellen die Schriftgröße (*Font*) ein. Schließlich sollte das Ganze etwa so aussehen:

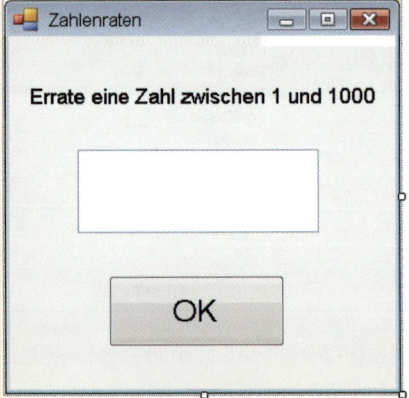

If...Then

Sie können schon mal einen Probelauf machen, wenn Sie wollen. Spektakuläres aber wird nicht passieren. Deshalb widmen wir uns jetzt dem Quelltext. Dazu müssen wir aber vorher geklärt haben, was wir eigentlich wollen. Oder besser: Was genau soll denn das Programm tun?

Beim Probelauf haben Sie wahrscheinlich festgestellt, dass sich im Textfeld (*TextBox1*) schon etwas eingeben lässt. Diese Eingabe soll aufgenommen und ausgewertet werden. Dann könnte das Programm mit einer »Richtig«- oder »Falsch«-Meldung reagieren, je nachdem, ob die Zahl geraten wurde oder nicht.

Der Auslöser für die Auswertung muss die Schaltfläche (*Button1*) sein. Also doppelklicken Sie jetzt im Formular-Designer auf diese Komponente, womit Sie wieder im Quelltexteditor landen.

Hier erwartet Sie die Ihnen bereits bekannte `Button_Click`-Methode. Die füllen wir jetzt mit Text:

```
Private Sub Button1_Click(ByVal sender As System.Object, ByVal e As System.EventArgs)
Handles Button1.Click
    Eingabe = CInt(TextBox1.Text)
    If Eingabe = Zahl Then Label1.Text = "Richtig geraten!"
End Sub
```

Im ersten Schritt geht es darum, den Inhalt des Textfeldes (*TextBox1*) irgendwo aufzunehmen. Das wird durch eine *Zuweisung* erledigt. Mit `Eingabe` haben wir eine Variable, in der der Inhalt des Textfeldes gespeichert wird.

> ### Platzhalter
>
> Mit *Variable* ist ein Platzhalter gemeint, ein Stück Speicherplatz im PC, genauer eine Stelle in seinem Arbeitsspeicher (RAM). Dort lassen sich Zahlen oder Texte ablegen. Damit der PC sie auch eindeutig wieder findet, erhält der betreffende Platz einen Namen. In unserem Fall sind das die Namen `Eingabe` für die Zahl, die wir beim Raten eingeben, und `Zahl` für die Zahl, die sich der Computer für das Spiel ausdenkt

Der Inhalt des Textfeldes besteht aus Zeichen. Als solche gilt erst mal alles, was Sie mit der Tastatur auf dem Bildschirm darstellen können, also auch Ziffern. Das ist wie bei einer Telefonnummer: Sie besteht aus Ziffern, aber es ist keine Zahl, mit der man rechnen kann. Die Ziffern brauchen wir hier aber als Zahl. Die Umwandlung erledigt die Funktion `CInt`:

```
Eingabe = CInt(TextBox1.Text)
```

Der Name `CInt` ist eine starke Abkürzung von »Convert to Integer« und heißt zu Deutsch soviel wie »Wandle um in eine ganze Zahl«.

Im nächsten Schritt muss nun die eingegebene Zahl (`Eingabe`) überprüft werden, ob sie mit der Zufallszahl (ebenfalls eine Variable) übereinstimmt:

`If` `Eingabe = Zahl` **`Then`** `Label1.Text = "Richtig geraten!"`

Wenn (`If`) die von Ihnen gemachte Eingabe und die Zufallszahl *gleich* sind, dann (`Then`) soll im Anzeigefeld (*Label1*) der Text »Richtig geraten!« erscheinen.

Im letzten Kapitel haben wir einfach nur das Wort Text benutzt, hier steht Label1 davor. Hätte es da nicht eigentlich Form1.Text heißen müssen? Stimmt, aber weil die Methode Button1_Click Bestandteil von Form1 ist, kann man aus Bequemlichkeit den Zusatz Form1 weglassen. Visual Basic weiß, welcher Text gemeint ist.

Hier haben wir es mit einer so genannten *Kontrollstruktur* zu tun: Eine Bedingung wird überprüft, ist sie wahr, dann wird die nachfolgende Anweisung ausgeführt. Wenn nicht, gibt es die Möglichkeit, eine andere Anweisung auszuführen. Man nennt diese Struktur auch *Zweig* oder *Verzweigung*.

Eine verbreitete grafische Darstellung für diese Struktur ist das *Struktogramm*, das hier so aussieht:

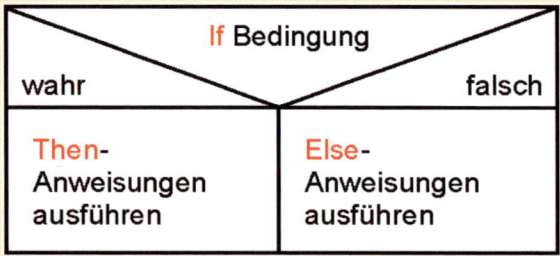

Sie kennen diese Struktur bereits vom *AntMe! Visual Editor*. Dort hatten wir es mit einem »If«-Funktionsblock zu tun. Vielleicht fragen Sie jetzt: Wo bleibt dann der *Sonst*-Zweig? Grundsätzlich ist ein solcher Zweig nicht zwingend nötig. Aber bitteschön:

If Eingabe = Zahl **Then** Label1.Text = "Richtig geraten!" **Else** Label1.Text = "Falsch geraten!"

Hier wird bei erfüllter Bedingung »Richtig geraten!« angezeigt, ist die Bedingung *nicht* erfüllt (Else), erscheint der Text »Falsch geraten!« in der Anzeigefläche.

Variablen müssen deklariert werden

Nun wäre ein erster Test angebracht. Starten Sie das Programm. Enttäuscht? Es will nicht laufen, stattdessen gibt es diese Meldung:

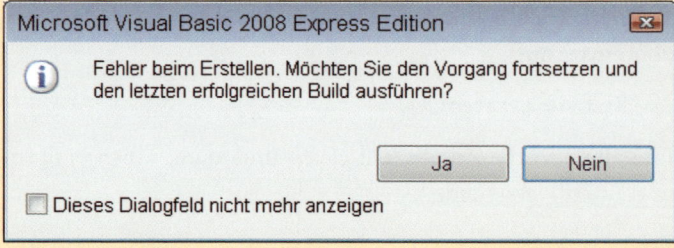

Am besten, Sie klicken auf *Nein*, dann wird das Programm abgebrochen. Und in einem neuen Fenster unterhalb des Editors erwarten Sie eine ganze Reihe von Fehlermeldungen, die nichts Gutes verheißen.

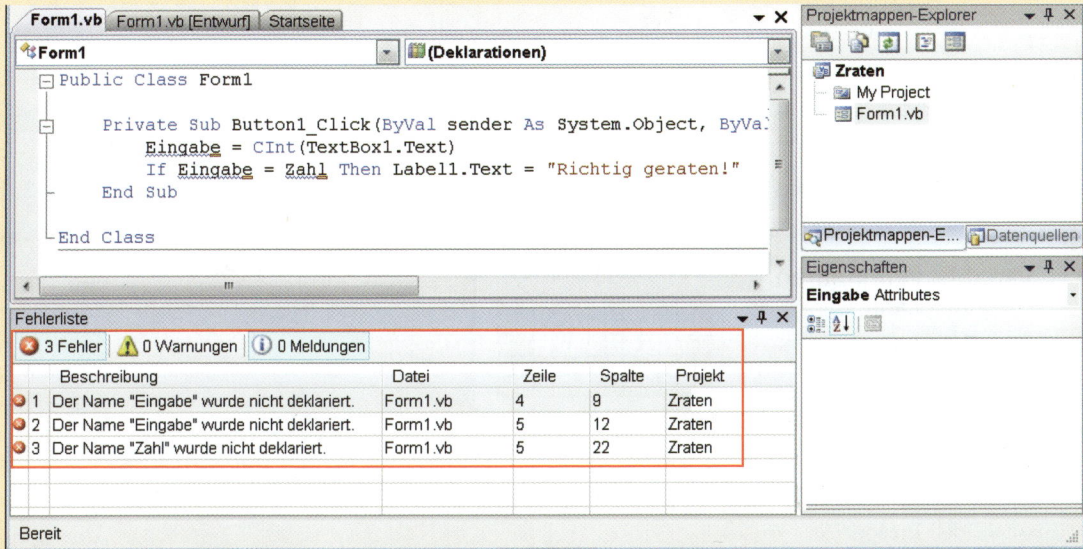

Die Namen `Eingabe` und `Zahl` wurden nicht deklariert? Was soll denn das bedeuten? Ganz einfach: Visual Basic kennt diese beiden Wörter nicht. Alles andere, was Sie an Quelltext eingetippt haben, gehört zum aktuellen Gesamtwortschatz von Visual Basic. Bloß diese beiden »Vokabeln« hat es noch nicht gelernt. Die müssen wir ihm eigenhändig beibringen (= deklarieren):

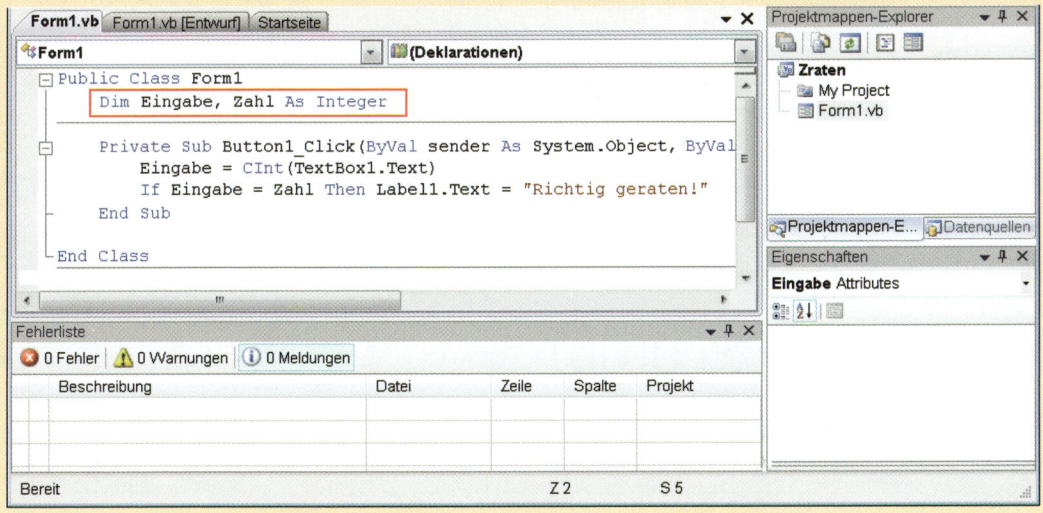

Dazu genügt eine einzige Zeile oberhalb der `Button1_Click`-Methode:

```
Dim Eingabe, Zahl As Integer
```

Eingeleitet wird die Vereinbarung mit dem Wort `Dim`, dann kommen die beiden von uns eingesetzten Namen der Variablen. Sind es mehrere, werden sie durch Komma getrennt. Dann folgt ein `As` und schließlich der Datentyp. Mit `Integer` ist hier eine ganze Zahl gemeint. Und `Dim` ist eine Abkürzung für »Dimension«. Weil sie ganz oben vereinbart wurde, gilt die betreffende Variable im ganzen Programmtext zwischen `Public Class` und `End Class`.

Deklarationen

Alle Variablen müssen also vereinbart bzw. deklariert werden. Genau genommen heißt das: Sie bekommen einen Speicherplatz zugewiesen, in der dann ihr Wert steht.

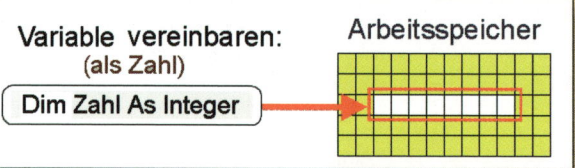

Streng genommen müsste man jede Variable einzeln vereinbaren:

```
Dim Eingabe As Integer
Dim Zahl As Integer
```

Aber weil es sich hier um Variablen desselben Typs handelt, dürfen sie auch in einer Reihe stehen, durch ein Komma getrennt:

```
Dim Eingabe, Zahl As Integer
```

Natürlich gibt es neben dem Typ `Integer` (für ganze Zahlen) auch andere Typen, z.B. `String` für Zeichenketten bzw. Text, wo dann eine Vereinbarung so aussehen könnte:

```
Dim Text As String
```

Eine Tabelle mit diesen und weiteren Datentypen finden Sie in Anhang D.

Wenn Sie einen erneuten Startversuch wagen (nachdem Sie ihr Projekt zuvor gespeichert haben), werden Sie feststellen: Das Programm läuft tatsächlich. Sie können Zahlen eingeben, und wenn Sie Glück haben, treffen Sie irgendwann auch mal die richtige. Oder?

Zu klein oder zu groß?

Das Ganze ist ein bisschen enttäuschend. Hilfreich wäre es, wenn wir beim Raten einen Hinweis bekämen, in welche Richtung wir uns orientieren sollen: Ist die eingegebene Zahl zu klein oder zu groß?

Intellisense

Bevor Sie lostippen: Bei der Eingabe Ihres Quelltextes möchte Ihnen Visual Basic helfen. *Intellisense* heißt dieses nützliche Hilfsmittel. Sobald Sie mit dem Tippen eines Wortes anfangen, bietet Intellisense Ihnen eine Auswahl an Wörtern an, die infrage kommen könnten.

Und Sie können das Angebot dann mit (Eingabe) übernehmen oder es mit (Esc) ablehnen.

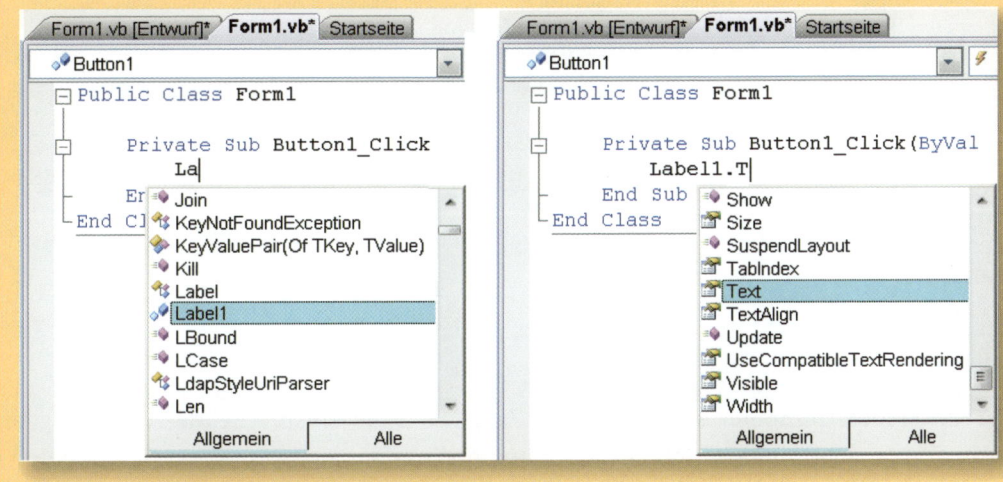

Und so erweitern Sie den Quelltext:

```
Private Sub Button1_Click(ByVal sender As System.Object, ByVal e As System.EventArgs) _
Handles Button1.Click
    Eingabe = CInt(TextBox1.Text)
    If Eingabe = Zahl Then Label1.Text = "Richtig geraten!"
    If Eingabe < Zahl Then Label1.Text = "Zu klein!"
    If Eingabe > Zahl Then Label1.Text = "Zu groß!"
End Sub
```

In einer Tabelle sieht das Ganze dann so aus:

Wenn (If)	Dann (Then)
Eingabe = Zahl	»Richtig geraten!«
Eingabe < Zahl	»Zu klein!«
Eingabe > Zahl	»Zu groß!«

Vergleiche

Bei den Zeichen = , < und > handelt es sich um *Vergleichsoperatoren* für »gleich«, »kleiner« und »größer«. Das Gleichheitszeichen (=) kennen Sie auch schon als *Zuweisungsoperator*.

Der Vollständigkeit halber sei hier schon gesagt, dass es auch noch ein paar daraus zusammengesetzte Operatoren gibt. Übersichtlicher wird es, wenn wir alle in einer Tabelle zusammenfassen:

Zeichen	Bedeutung	Zeichen	Bedeutung
=	gleich	<>	ungleich (kleiner oder größer)
<	kleiner	>=	größer oder gleich
>	größer	<=	kleiner oder gleich

Nun sind wir auf dem richtigen Weg, denn wir haben eine Orientierungshilfe, um die passende Zahl »einzukreisen«.

Ein Testversuch läuft jedoch immer noch nicht zu unserer Zufriedenheit. Die eingegebene Zahl ist ständig zu groß, lediglich bei 0 wird »Richtig geraten« gemeldet. Warum?

Offenbar denkt der Computer sich gar keine Zahl aus. Eine entsprechende Anweisung im Programm gibt es nicht. Und Computer führen nun mal nur das aus, was sie sozusagen schwarz auf weiß als Anweisung erhalten haben.

Dazu brauchen wir eine ganz neue Methode, denn würde die zufällige Zahl in der Methode Button_Click erzeugt, so würde sie mit jedem Mausklick auf diese Schaltfläche einen neuen Wert annehmen.

Wechseln Sie über den Reiter *Form1.vb [Entwurf]* zum Formular-Designer. Dort *doppel*klicken Sie auf eine freie Stelle im Formular.

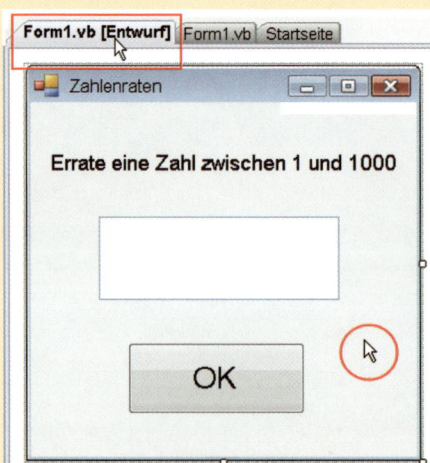

Falls Sie nicht direkt in die Registerkarte für den Formular-Designer wechseln können, über *Ansicht/Designer* klappt es bestimmt. Und in den Quelltexteditor kommen Sie über *Ansicht/ Code*.

Der Doppelklick befördert Sie zurück in den Quelltexteditor, mitten in eine neue Methode mit dem Namen Form1_Load. Diese wird ausgeführt, bevor das Formular sichtbar wird. Dort lassen sich also hervorragend alle die Anweisungen unterbringen, die gleich beim Programmstart erledigt werden müssen.

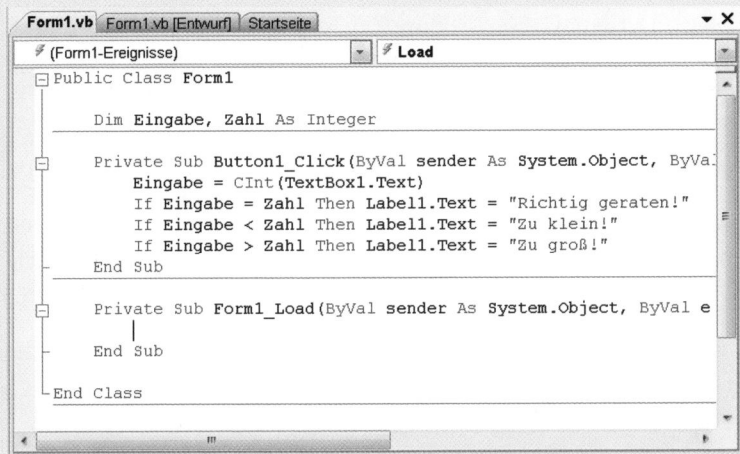

Wir füllen diese Methode jetzt so:

```
Private Sub Form1_Load(ByVal sender As System.Object, ByVal e As System.EventArgs) _
Handles MyBase.Load
  Randomize()
  Zahl = Int(1000 * Rnd()) + 1
End Sub
```

In der ersten Zeile wird mit Randomize ein Zufallszahlengenerator gestartet. In der zweiten Zeile wird dann mit einer etwas kompliziert aussehenden Formel eine Zufallszahl zwischen 1 und 1000 erzeugt:

Wenn Sie es nicht genauer wissen wollen, überspringen Sie diesen Abschnitt: Mit Rnd erhalten wir einen zufälligen Wert zwischen 0 und 1, der wird mit 1000 multipliziert. Und weil wir dann eine »Kommazahl« haben, wird die mit Int zur Ganzzahl gerundet. Dadurch entsteht eine ganze Zahl zwischen 0 und 999. Deshalb dient die zusätzliche 1 dazu, daraus den Bereich 1 bis 1000 zu machen. Kompliziert?

Falsche Methode?

Sie haben ein ganz anderes Problem? Aus Versehen haben Sie nicht aufs Formular, sondern auf eine Komponente geklickt? Und im Quelltexteditor gibt es jetzt zwar eine neue Methode, die aber nicht `Form1_Load` heißt, sondern z.B. `Label1_Click` oder `TextBox1_TextChanged`.

Schlimm ist das nicht, denn die Methode tut ja nichts, weil sie leer ist, also keine Anweisungen hat. Störend ist es doch. Deshalb *löschen* Sie einfach die betreffenden Zeilen wieder. Gehen Sie dabei aber behutsam vor, damit sonst nichts anderes entfernt wird.

Und nun? Jetzt kann wirklich geraten werden. Geben Sie eine Zahl ein und lassen Sie sich durch die Hinweise zur richtigen Lösung leiten. Kleiner Tipp: Fangen Sie bei 500 an.

Projekt-Tuning

Es gibt immer was zu verbessern. Haben Sie eine Idee, was man beim Ratespiel noch hinzufügen könnte? Ich hätte da schon ein paar Vorschläge. So könnte der PC beispielsweise mitzählen, wie oft Sie raten müssen, bis Sie die Zufallszahl gefunden haben (▶ *Zraten2*).

Dazu brauchen wir wieder mal eine Variable. Nennen wir sie `Geraten`, womit sich die Variablenvereinbarung so erweitert:

```
Dim Eingabe, Zahl, Geraten As Integer
```

Was soll mit dieser Variablen geschehen? Zunächst bekommt Sie als Startwert eine 0, weil ja noch kein Mal geraten wurde:

```
Geraten = 0
```

Diese Zeile kommt in die Methode `Form1_Load`, dorthin, wo auch schon die Anweisungen stehen, die die Zufallszahl erzeugen. Beim Spielen soll dann für jede Eingabe der Wert der Variablen `Geraten` um 1 heraufgezählt werden. Dieser Vorgang gehört in die Methode `Button1_Click`. Aber wie soll die Anweisung aussehen? Schauen Sie sich's an:

```
Geraten = Geraten + 1
```

Hier kann man deutlich sehen, dass eine Zuweisung *keine* Gleichung ist. Ausgeführt wird zuerst immer das, was *rechts* von der Zuweisung steht:

```
Geraten + 1
```

Dann wird das Ergebnis an die Variable übergeben und damit der alte Wert ersetzt. Eigentlich wäre ein Pfeil statt eines Gleichheitszeichens anschaulicher:

```
Geraten   Geraten + 1
```

Operatoren

Vielleicht möchten Sie mal einen Überblick über die Operatoren, die Ihnen zur Verfügung stehen – zumindest die wichtigsten? Hier ist er:

Zeichen	Bedeutung	Zeichen	Bedeutung
+	Addition (Zahlen)	+	Verketten (Strings)
–	Subtraktion (Zahlen)	=	Zuweisung (alle)
*	Multiplikation (Zahlen)	/	Division (Zahlen)

Mehr Operatoren finden Sie in Anhang D.

Nun fehlt uns noch eine Anweisung für die Anzeige des aktuellen Zählerstandes. Wir könnten dazu eine neue Komponente wie z.B. ein Anzeigefeld einsetzen. Bequemer ist es, eine bereits vorhandene Möglichkeit zu nutzen, nämlich die Titelleiste zu »betexten«:

```
Text = "Zahlenraten " + CStr(Geraten)
```

Auch diese Zuweisung funktioniert anders als eine Gleichung. Zuerst wird (ganz rechts) die Zahl Geraten in eine Zeichenkette (genannt String) umgewandelt. Das erledigt die Funktion CStr – wie Sie sich denken können, ist der Name eine starke Abkürzung von »Convert to String«:

Sie macht aus einer Zahl einen Text, während ihre Schwester CInt das umgekehrte tut. Str kürzt String ab, so wie Int die Abkürzung für Integer ist.

Als Nächstes werden die Strings »Zahlenraten« (man achte auf das Leerzeichen!) und die Ziffernfolge, die aus der Zahl entstanden ist, zu einer Zeichenkette verknüpft. Und die wird dann der Titelleiste des Formulars zugewiesen.

Und hier der komplette Quelltext der beiden Methoden:

```
Private Sub Button1_Click(ByVal sender As System.Object, ByVal e As System.EventArgs) _
Handles Button1.Click
  Geraten = Geraten + 1
  Text = "Zahlenraten " + CStr(Geraten)
  Eingabe = CInt(TextBox1.Text)
  If Eingabe = Zahl Then Label1.Text = "Richtig geraten!"
  If Eingabe < Zahl Then Label1.Text = "Zu klein!"
  If Eingabe > Zahl Then Label1.Text = "Zu groß!"
End Sub

Private Sub Form1_Load(ByVal sender As System.Object, ByVal e As System.EventArgs) _
Handles MyBase.Load
  Randomize()
  Zahl = Int(1000 * Rnd()) + 1
  Geraten = 0
End Sub
```

Ein Programmlauf zeigt: Viel hat sich optisch nicht getan, aber Sie wissen als Spieler stets, wie oft Sie schon geraten haben.

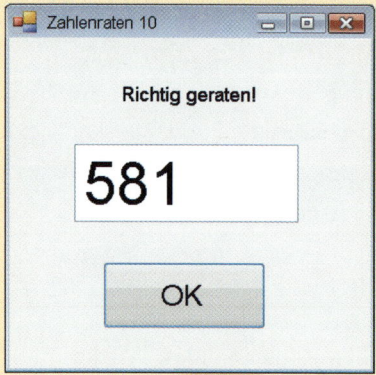

Wenn Sie wollen, können Sie den Text in der Titelleiste des Formulars auch so erweitern, dass dort so etwas wie »10 mal geraten« steht.

Try und Catch

Ist es Ihnen schon einmal passiert, dass Sie gar nichts oder Buchstaben statt einer Zahl eingegeben haben? Wenn ja, ist Ihnen möglicherweise diese Meldung begegnet:

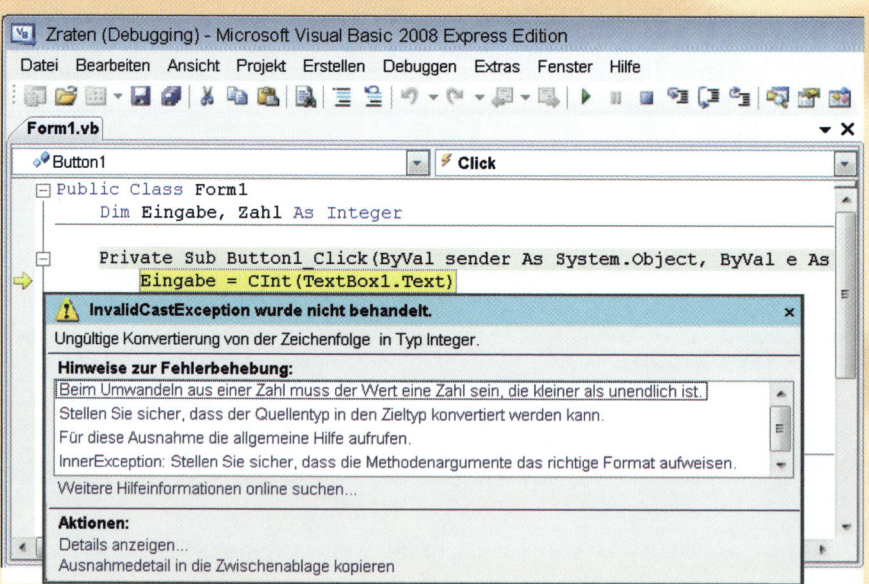

Wenn man genau hinschaut, erkennt man, was gemeint ist: Visual Basic kann aus einem Text keine Zahl machen, weil er *nicht* oder *nicht vollständig* aus Ziffern besteht. Genannt wird so etwas auch *Ausnahmefehler* (englisch Exception).

Was nun? Unser Testprogramm ist nämlich stecken geblieben – nicht nur in Programmiererkreisen sagt man auch: Es hat sich »aufgehängt«. Aber keine Panik, Visual Basic bietet eine Notbremse. Klicken Sie einfach im Menü auf *Debuggen/Debugging beenden.*

Nun ist das Testprogramm erst mal wieder gestoppt, man kann normal in Visual Basic weiterarbeiten. Aber das Problem ist damit nicht gelöst. Glücklicherweise gibt es eine Kontrollstruktur, mit der sich solche »Exceptions« abfangen lassen. Schauen Sie sich an, wie es funktioniert:

```
Private Sub Button1_Click(ByVal sender As System.Object, ByVal e As System.EventArgs)
Handles Button1.Click
    Try
    Geraten = Geraten + 1
    Text = "Zahlenraten " + CStr(Geraten) + " mal"
    Eingabe = CInt(TextBox1.Text)
    If Eingabe = Zahl Then Label1.Text = "Richtig geraten!"
    If Eingabe < Zahl Then Label1.Text = "Zu klein!"
    If Eingabe > Zahl Then Label1.Text = "Zu groß!"
  Catch ex As Exception
    Label1.Text = "Keine Zahl!"
  End Try
End Sub
```

Ein bestimmter Programmabschnitt wird nur versuchsweise ausgeführt (Try). Klappt der Versuch nicht, lässt sich in einem »Notfall«-Block zur Fehlerbehandlung (Catch) darauf reagieren. Das, was direkt hinter Catch steht, müssen Sie hier nicht weiter beachten. Lassen Sie es einfach so stehen, es wurde von Visual Basic automatisch hinzugefügt. Abgeschlossen wird die Struktur mit End Try. So könnte das zugehörige *Struktogramm* aussehen:

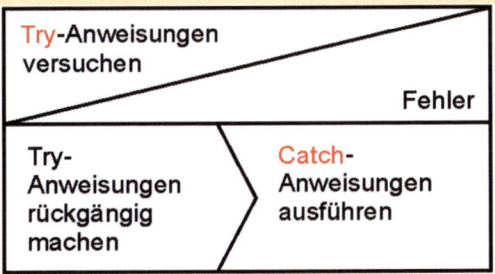

Nun dürfte es auch funktionieren, wenn Sie das Spiel starten und nur mal zum Spaß alles eingeben – außer Zahlen. Als »Geraten« gilt es dann aber trotzdem. Nur erhalten Sie dazu den Hinweis, dass es sich dabei um keine Zahl handelt.

Wiederholung

Wenn das Spiel zu Ende ist und Sie haben Lust auf eine weitere Runde Raten, müssen Sie das Programm erst beenden und dann neu starten. Nicht sonderlich benutzerfreundlich. Besser wäre ein Angebot, nach erfolgreichem Raten etwa nachzufragen: »Neues Spiel?« (▶ *Zraten3*).

 Sollten Sie mal eine Pause eingelegt und daher das Projekt geschlossen oder Visual Basic ganz beendet haben, dann können Sie Ihr Projekt über *Datei/Zuletzt geöffnete Projekte* wieder finden. Sollte es dort mal nicht in der Liste stehen, verwenden Sie den Eintrag *Projekt öffnen* im *Datei*-Menü.

Dazu benötigen wir eine Art Schaltvariable, die durch ihren Wert »An« oder »Aus« simuliert. Den Typ gibt es tatsächlich und die Variable wird so vereinbart:

```
Dim Spiel As Boolean
```

`Spiel` möchte ich die betreffende Variable nennen und `Boolean` ist ein Typ, für den es nur zwei Werte gibt: `True` (=Wahr) und `False` (= Falsch).

Noch vor Spielbeginn wird in der Methode `Form1_Load` der »Spielschalter« angeschaltet:

```
Spiel = True
```

In der `Button1_Click`-Methode muss nun die Stelle erweitert werden, an der es darum geht, dass die Zufallszahl richtig geraten wurde:

```
If Eingabe = Zahl Then
  Label1.Text = "Richtig geraten!"
  Button1.Text = "Neues Spiel"
  Spiel = False
End If
```

Hier wird nun nicht nur auf dem Anzeigefeld die Meldung »Richtig geraten!« ausgegeben, sondern die Schaltfläche erhält mit »Neues Spiel« eine neue Aufschrift. Dazu ist es vielleicht nötig, diese Komponente etwas zu vergrößern. Außerdem wird der Schalter `Spiel` auf `False` gesetzt (ist also »aus«).

 Ist Ihnen das `End If` aufgefallen? Wenn in einer `If`-Struktur mehr als eine Anweisungszeile nötig ist, muss am Schluss eine Markierung stehen, die anzeigt, was alles zum Then-Block gehört. So etwas kennen Sie bereits von `Sub` und `End Sub` oder von `Try` und `End Try`.

Nun müssen wir uns darum kümmern, dass die Schaltfläche immer die Funktion erfüllt, die zu ihrer aktuellen Aufschrift passt. Hier der Quelltext der ganzen Methode am Stück:

```
Private Sub Button1_Click(ByVal sender As System.Object, ByVal e As System.EventArgs) _

Handles Button1.Click
  If Spiel Then    , Button1.Text = „OK"
    Try
      Geraten = Geraten + 1
      Text = "Zahlenraten " + CStr(Geraten) + " mal"
      Eingabe = CInt(TextBox1.Text)
      If Eingabe = Zahl Then
        Label1.Text = "Richtig geraten!"
        Button1.Text = "Neues Spiel"
        Spiel = False
      End If
      If Eingabe < Zahl Then Label1.Text = "Zu klein!"
      If Eingabe > Zahl Then Label1.Text = "Zu groß!"
    Catch ex As Exception
      Label1.Text = "Keine Zahl!"
    End Try
  Else    , Button1.Text = „Neues Spiel"
    Label1.Text = "Errate eine Zahl zwischen 1 und 1000"
    Button1.Text = "OK"
    TextBox1.Text = ""
    Zahl = Int(1000 * Rnd()) + 1
    Geraten = 0
    Spiel = True
  End If
End Sub
```

Es gibt hier eine neue If-Struktur, die alle Anweisungen der Methode umklammert. Im ersten Then-Block steht das, was passiert, wenn die Schaltvariable auf True gesetzt ist, also die Schaltfläche die Aufschrift »OK« hat:

```
If Spiel Then    'Button1.Text = "OK"
```

Ganz nebenbei lernen Sie hier kennen, wie man einen *Kommentar* in einen Quelltext einfügt: Vorangestellt wird ein einfaches Anführungszeichen ('). Alles, was in der Zeile dann kommt, geht nur Sie als Programmierer(in) etwas an und wird bei der Übersetzung des Programms *übersprungen*.

True = Not False

Müsste es nicht eigentlich If Spiel = True heißen? Ausführlich kann man es so schreiben, weil aber Spiel eine Variable vom Typ Boolean ist, ihr Wert also entweder wahr oder falsch sein kann, ist diese Abkürzung zulässig.

Das Gegenteil übrigens würde dann so lauten: If Not Spiel, was dem Ausdruck If Spiel = False entspricht.

Interessant für Sie dürfte der zweite Teil sein, der so eingeleitet wird:

```
Else    'Button1.Text = "Neues Spiel"
```

Beachtet wird bei der Ausführung des Programms nur das `Else`. Hier werden zuerst dem Anzeigefeld und der Schaltfläche die Texte zugewiesen, die auch beim Programmstart zu sehen waren:

```
Label1.Text = "Errate eine Zahl zwischen 1 und 1000"
Button1.Text = "OK"
TextBox1.Text = ""
```

Außerdem wird der Inhalt des Textfeldes geleert – das bewirken die zwei Anführungsstriche ohne etwas dazwischen (""). Genannt wird so etwas auch *Leerkette*.

Dann wird eine neue Zufallszahl erzeugt (`Randomize` ist nicht mehr nötig):

```
Zahl = Int(1000 * Rnd()) + 1
```

Schließlich werden der Zähler fürs Raten auf 0 und der Schalter `Spiel` auf »an« gesetzt.

```
Geraten = 0
Spiel = True
```

Tja, und dann kann neu geraten werden. Und wenn Sie keine Lust mehr haben: Sie wissen ja wo das kleine X zum Beenden des Programms ist.

Mogeln Sie gern?

Statt einem einfachen ehrlichen »Ja« werden Sie wahrscheinlich mit einem Satz wie »Wieso, wer nicht?« antworten. Wie auch immer. Was diesem Spiel nicht schaden könnte, wäre eine Mogeltaste. Dabei lernen Sie wieder ein bisschen etwas Neues vom riesigen Visual Basic-Schatz kennen.

Öffnen Sie die Toolbox und verpassen Sie dem Formular eine zweite Schaltfläche, sie muss nicht groß sein. Als Aufschrift empfehle ich ein einfaches Fragezeichen.

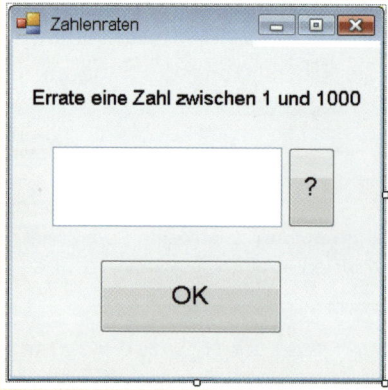

Hinter dieser Taste soll sich nun die Möglichkeit verbergen, die erzeugte Zufallszahl ganz kurz anzuzeigen, z.B. in der Titelleiste. Wie das geht? Doppelklicken Sie auf die neue Schaltfläche und schauen Sie sich's an (einfügen müssen Sie den Text natürlich selbst):

```
Private Sub Button2_Click(ByVal sender As System.Object, ByVal e As System.EventArgs) _
Handles Button2.Click
   Text = CStr(Zahl)
   Sleep(100)
   Text = "Zahlenraten . + CStr(Geraten) + " mal"
End Sub
```

In der ersten Anweisung erhält die Titteleiste die zu erratende Zahl als Text. Dann kommt etwas, das man zumindest zum Teil mit »Schlafen« übersetzen könnte. Tatsächlich wird das Programm mit Sleep in einen Kurzzeitschlaf versetzt, ehe es die nächste Anweisung ausführt und der Titelleiste wieder die vorhergehende Anzeige verpasst. Die Zahl in Klammern gibt die Millisekunden an, die das Programm mit der Ausführung warten soll.

Einen kleinen Haken gibt es: Sleep gehört nicht zu dem Wortschatz, den Visual Basic Ihnen von Anfang an automatisch anbietet. Damit diese Methode nutzbar wird, muss ganz oben im Quelltext, und zwar *vor allen* anderen Zeilen, diese Anweisung eingefügt werden:

Imports System.Threading.Thread

Mit Imports lassen sich neue Bibliotheken einfügen, womit Visual Basic dann für das aktuelle Programm blitzschnell alle Vokabeln lernt, die dort stehen.

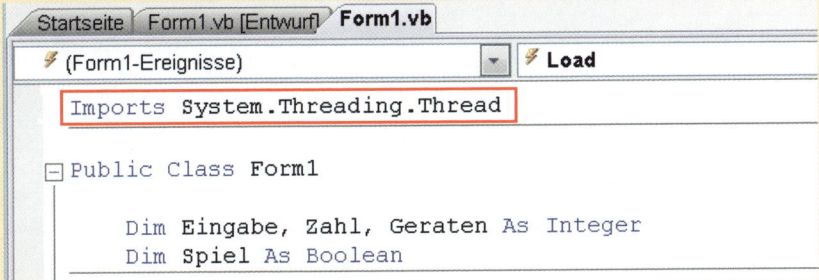

Lassen Sie das Programm laufen und wenn Sie eine Zahl nicht erraten können oder wollen, klicken Sie einfach auf die Schaltfläche mit dem Fragezeichen und schauen schnell mal zur Titelleiste.

Zusammenfassung

Nun können Sie am Ende dieses Kapitels stolz auf ein beachtliches Stück Programmierarbeit zurückblicken – besonders für einen Anfänger. Kein 3D-Spiel ist dabei herausgekommen, keine einzige Ameise ist über den Bildschirm gelaufen. Dennoch haben Sie einiges an Neuem kennen gelernt:

- Es gibt nicht nur Komponenten zum Anklicken (`Button`), sondern auch zum Anzeigen (`Label`) und Eingeben (`TextBox`) von Text.

- Die Methode `Form_Load` ist nützlich, wenn Anweisungen noch *vor* dem Erscheinen des Formulars zu erledigen sind.

- Mit `Randomize` und ein paar Zusatzfunktionen lassen sich *Zufallszahlen* erzeugen.

- Über `CInt` wandeln Sie Zeichen in Zahlen und mit `CStr` Zahlen in Zeichen um.

- Mit der Kontrollstruktur `If...Then` bzw. `If...Then...Else` lässt sich der Programmverlauf über *Bedingungen* steuern.

- Die `Try...Catch`-Kontrollstruktur ist vor allem hilfreich, um mit *Fehlern* umzugehen, die sich während der Benutzung eines Programms ergeben können.

- Manchmal ist eine Schaltvariable (vom Typ `Boolean`) nützlich, wenn nur zwei »Zustände« gebraucht werden.

- Und mit der `Sleep`-Methode lässt sich ein Programm auch mal ausbremsen – wenn man die Einbindung der entsprechenden Bibliothek (mit `Imports`) nicht vergisst.

- Schließlich kann es hin und wieder sinnvoll sein, in ein Programm einen *Kommentar* einzustreuen, der nur mit einem einfachen Anführungsstrich (`'`) eingeleitet werden muss.

Ihr Wissen ist also kräftig gewachsen. Damit wird es Zeit, sich einem neuen Projekt zu widmen – im nächsten Kapitel.

4

Einstieg in die OOP

Und schon geht es wieder um Ameisen, aber nicht mal eine Handvoll. Wir beschäftigen uns hier zunächst mit nur einem Exemplar, werden deren Einsamkeit jedoch später durch weitere Ameisen beenden. Es soll hier um eine besondere Art der Programmierung gehen, die auch beim *AntMe!*-Spiel eingesetzt wird, die so genannte *Objektorientierte Programmierung* (abgekürzt OOP).

Namen und Typen

Damit Sie verstehen, was ich meine, erzeugen Sie erst einmal ein neues Projekt über *Datei/Neues Projekt*, geben Sie im Dialogfeld *Neues Projekt* einen neuen Namen ein und klicken Sie dann auf *OK*. Langsam tasten wir uns nun an unser Thema heran. Wenn Sie wollen, können Sie das Projekt »Ameise« nennen.

 Auch das *Ameisen*-Projekt finden Sie in mehreren Entwicklungsstufen auf der DVD im Ordner *Projekte\Kap04*, Ein Hinweis auf die zugehörige Version steht im jeweiligen Textzusammenhang.

Im Formular bringen Sie bitte die folgenden Komponenten unter:

Komponente	Text	Komponente	Text
Label1	Name:	Label2	Typ:
TextBox1	(leer)	TextBox2	(leer)
Button1	Zeigen	Button2	Entfernen

Aussehen könnte die Anordnung dann so:

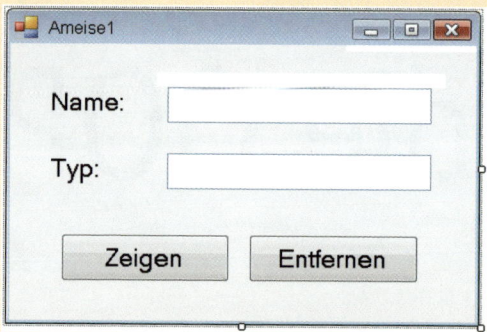

Mit *Doppelklick* auf die Schaltfläche mit der Aufschrift »Zeigen« springen Sie in den Quelltexteditor und landen dort mitten in der zugehörigen `Button_Click`-Methode. Die erweitern Sie um zwei Zeilen:

```
Private Sub Button1_Click(ByVal sender As System.Object, ByVal e As System.EventArgs) _
Handles Button1.Click
  TextBox1.Text = "Antonia"
  TextBox2.Text = "Stadtameise"
End Sub
```

Nun kehren Sie zurück zum Formular und *doppelklicken* dort auf die Schaltfläche mit der Aufschrift »Entfernen«. In der Methode `Button2_Click` geben Sie ebenfalls zwei Zeilen ein:

```
Private Sub Button2_Click(ByVal sender As System.Object, ByVal e As System.EventArgs) _
Handles Button2.Click
  TextBox1.Text = ""
  TextBox2.Text = ""
End Sub
```

Damit ist das Programm vorläufig fertig und Sie können es starten. Was Sie dann sehen, ist natürlich nichts Außergewöhnliches, das Projekt aus dem letzten Kapitel hat da mehr geboten. Was haben wir überhaupt?

Es gibt zwei Methoden, von denen in einer etwas angezeigt und in der anderen diese Anzeige wieder entfernt wird. Am Anfang dieses Kapitels habe ich großspurig von Ameisen gesprochen. Bis jetzt gibt es aber nur zwei Textfelder, in denen je eine Kurzinformation über eine Ameise steht.

Packen wir doch einfach mal alles zusammen und machen daraus eine *Klasse*. Denn auch Visual Basic arbeitet mit Klassen. Was ist eine Klasse? Vielleicht haben Sie beim genaueren Betrachten des Quelltextes schon mal einen Hinweis darauf gesehen.

Wenn Sie direkt nach dem Erzeugen eines neuen Projekts über *Ansicht/Code* in den Quelltexteditor wechseln, erwarten Sie dort nicht mehr als zwei Zeilen Text:

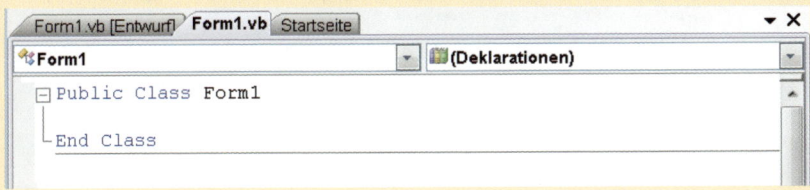

Zwischen diesen beiden Zeilen steht dann das, was Sie im Laufe Ihrer Arbeit am Projekt programmieren. Offenbar gibt es eine *Klasse* namens Form1 für das aktuelle Formular, das Visual Basic beim Neuerstellen eines Projektes automatisch erzeugt. Vereinbart wird diese Klasse mit dem Wörtchen Class (auf das vorangestellte Public kommen wir später) und abgeschlossen mit End Class.

Die Struktur erinnert an Sub...End Sub oder If...End If. Alles, was innerhalb dieser beiden Zeilen steht, bestimmt dann die Erscheinung eines Formulars. Und wie für ein Formular gibt es auch Klassen für alle anderen Komponenten, wie z.B. Schaltflächen oder Textfelder.

Während Klassenvereinbarungen nur ein Gerüst bilden, sozusagen eine Beschreibung etwa eines Formulars oder einer Schaltfläche, bezeichnet man die konkrete Komponente als *Objekt*: Es kann jede Menge Schaltflächen geben, die sich auf einem Formular tummeln, aber es gibt nur *eine* Klasse, in der die Eigenschaften und Methoden dieser Schaltflächen vereinbart sind.

Was sind Objekte?

Objekte sind erst einmal Dinge, die uns umgeben oder sich um uns herum bewegen. Also z.B. Menschen, Tiere, Bäume, Häuser, Autos. Auch Sie sind ein Objekt. Und zwar vom Typ Mensch. Ebenso gibt es in Visual Basic Objekte. Die sind dann künstlich. So sind z.B. *alle* Komponenten Objekte.

Wie im richtigen Leben kann es auch in Visual Basic mehrere Objekte eines Typs geben. Man bezeichnet einen Objekttyp als **Klasse**. Ein Objekt wird auch als *Instanz* einer Klasse bezeichnet. Demnach sind Sie eine Instanz der Klasse Mensch – so wie z.B. Button1 eine Instanz der Button-Klasse ist.

Objekte besitzen **Eigenschaften**. Ein Objekt mit Eigenschaften allein ist aber ziemlich leblos. Wie ein Stein oder eine Straße etwa. Lebendig wird ein Objekt erst durch seine **Methoden**.

Ein Auto beispielsweise hat nicht nur bestimmte Eigenschaften, sondern es kann sich bewegen, es kann beschleunigen oder bremsen, es lässt sich lenken, man kann es starten und auch wieder anhalten. All das sind Prozesse, die man als Methoden bezeichnen würde.

Damit nun eine Schaltfläche (Button) überhaupt reagieren kann – z.B. auf einen Mausklick –, braucht sie (mindestens) eine Methode. Gleiches gilt für alle anderen Komponenten und auch für die meisten Objekte. Die meisten Objekte verfügen über weit mehr als nur eine Methode.

Viele Methoden reagieren auf **Ereignisse**, die ebenfalls (wie die Eigenschaften) mit dem betreffenden Objekt verknüpft sind. Ein Beispiel ist die Button_Click-Methode, die auf ein Mausereignis reagiert.

Welche Eigenschaften und Ereignisse zu einem Objekt wie einer Komponente gehören, kann man im Eigenschaftenfenster sehen.

Eine Klasse für sich

Sie müssen sich in Visual Basic nicht mit den vorhandenen Klassen und Objekten begnügen, sondern können auch selbst vereinbarte hinzufügen. Stellen Sie sich ein bestimmtes Insekt vor, das wie folgt vereinbart sei könnte (▶ *Ameise1*):

```
Public Class Ameise

  'Eigenschaften
  Private Name, Typ As String

  'Methoden
  Public Sub New(ByVal nn As String, ByVal tt As String)
  End Sub
  Public Function ZeigeName() As String
    Return Name
  End Function
  Public Function ZeigeTyp() As String
    Return Typ
  End Function

End Class
```

Eingeleitet wird die Vereinbarung mit `Public Class` — wie bei `Form1`, der Klasse für das Formular, das wir bisher in allen unseren Projekten verwendet haben. `Name` und `Typ` sind derzeit die einzigen Eigenschaften unserer noch sehr schlichten Ameisenklasse.

Es gibt in der Klasse `Ameise` schon drei Methoden, von denen die erste etwas seltsam wirkt. Sie trägt den Namen `New`. Es handelt sich hierbei um den so genannten *Konstruktor*. Der dient dazu, einem Objekt Leben einzuhauchen. Das Programm führt nicht nur die Anweisungen aus, die zwischen `Sub` und `End Sub` stehen, sondern erledigt auch noch Zusatzaufgaben, wie zum Beispiel die Reservierung von Speicherplatz für ein neues Objekt.

 Ist ein Objekt dann »geboren«, hat der Konstruktor seinen Dienst getan und kann für dieses Objekt nicht mehr benutzt werden – im Gegensatz zu den anderen Methoden, die sich beliebig oft aufrufen lassen.

Für unsere Startmethode `New` genügen zwei Zuweisungen:

```
Public Sub New(ByVal nn As String, ByVal tt As String)
    Name = nn
    Typ = tt
End Sub
```

Nun werden die als *Parameter* übernommenen Werte für Namen und Typ an die gleichnamigen Eigenschaften zugewiesen. Jeder Parameter wird mit `ByVal` eingeleitet, eine Abkürzung für »By Value«, woraus man im Deutschen das Wort »Wertübergabe« machen könnte.

Vielleicht ist Ihnen aufgefallen, dass jede Methode, die Ihnen bis jetzt begegnet ist, Klammern mit sich herumträgt. Beispiele aus dem letzten Projekt sind `Randomize()`, `CInt()` und `CStr()`.

Während bei `Randomize` die Klammern leer sind, bekommen die anderen beiden Methoden einen Wert, den sie dann in einen anderen Typ verwandeln sollen. Klammern *müssen* also sein, aber sie dürfen auch leer bleiben, wenn kein Wert übernommen werden muss.

Schauen wir uns die beiden anderen Methoden unserer Ameisenklasse an. Sie fallen hier recht schlank aus:

```
Public Function ZeigeName() As String
   Return Name
End Function

Public Function ZeigeTyp() As String
   Return Typ
End Function
```

Auffällig ist zweierlei. Zuerst fehlt das bisher bekannte Sub. Stattdessen steht dort das Wort Function. Innerhalb der Methode beginnt die Anweisungszeile mit Return, was frei übersetzt heißt: »Gehe zurück und nimm einen Wert mit« – z.B. den der Eigenschaft Name oder den von Typ.

Prozeduren und Funktionen

Offenbar gibt es da verschiedene Methodentypen. Da ist zum einen die *Prozedur*, die einfach nur Anweisungen durchführt. Beispiele sind Randomize und Button_Click. Eine Prozedur hat diese Grundstruktur:

```
Sub XXX()
   'Anweisungen
End Sub
```

Mehr zu bieten hat eine *Funktion*. Die gibt einen Wert zurück. Beispiele sind CInt und CStr. Über ZeigeName und ZeigeTyp bekommt man die Eigenschaften des zugehörigen Objekts als Strings. Deshalb muss auch im Methodenkopf String als Typ angegeben sein. Außerdem muss im der Methodenrumpf eine Return-Anweisung stehen, damit ein Wert zurückgegeben werden kann. Und so sieht die Grundstruktur einer Funktion aus:

```
Function YYY() As Typ
   ' Anweisungen
   Return Wert
End Function
```

Zurückgehen ist das, was der Computer ohnehin tut, wenn er eine Methode beendet hat (also wenn er auf die Zeilen End Sub oder End Function stößt). Wohin zurück? Zu der Stelle im Programm, von der aus er die Methode aufgerufen hat. Dort fährt er dann mit der weiteren Programmausführung fort.

Die komplette Vereinbarung für die Klasse Ameise gehört *unter* den gesamten bereits vorhandenen Quelltext, also unter die Vereinbarung der Formular-Klasse. Hier ist alles nochmal am Stück:

```
Public Class Ameise
  'Eigenschaften
  Private Name, Typ As String

  'Methoden
  Public Sub New(ByVal nn As String, ByVal tt As String)
    Name = nn
    Typ = tt
  End Sub

  Public Function ZeigeName() As String
    Return Name
  End Function

  Public Function ZeigeTyp() As String
    Return Typ
  End Function

End Class
```

Ein Objekt erzeugen und einsetzen

Um das, was nun *über* der Klassenvereinbarung steht, kümmern wir uns jetzt. Bisher gibt es nur eine Klasse, noch kein Objekt. Das müssen wir erst noch erzeugen lassen.

Zunächst aber vereinbaren wir eine Variable für das Objekt. Die Vereinbarung tragen Sie bitte ganz oben *direkt unter* der Zeile mit Public Class Form1 ein – dort standen auch schon im letzten Projekt die Variablenvereinbarungen. Objekte können also wie Variablen vereinbart werden:

```
Dim Ameise1 As Ameise
```

Wir werden hier aber eines der Wörter Public und Private benutzen. Weil die Ameise nur hier im Formularbereich Verwendung findet (also im Quelltext der Form1-Klasse), spricht nichts gegen Private, eine Öffentlichkeit unseres Objektes ist unnötig. Damit kann das Wort Dim entfallen:

```
Private Ameise1 As Ameise
```

Damit die neue Ameise mit ihren Eigenschaften und Methoden dem Programm zur Verfügung steht, sollte ihre Erzeugung in der Form_Load-Methode stattfinden (die Sie durch Doppelklick ins Formular öffnen):

```
Private Sub Form1_Load(ByVal sender As System.Object, ByVal e As System.EventArgs) _
Handles MyBase.Load
  Ameise1 = New Ameise("Antonia", "Stadtameise")
End Sub
```

Links steht die Objektvariable. Den rechten Teil kann man so übersetzen: »Erzeuge eine neue Ameise mit dem Namen *Antonia* und dem Typ *Stadtameise*«. Das erzeugte Objekt weisen wir der Variablen `Ameise1` zu. Dieses Objekt ist im Prinzip z.B. mit einer Schaltfläche `Button1` vergleichbar. Nur im Prinzip, denn bisher hat diese Ameise nur Mageres zu bieten.

Überarbeiten wir den Quelltext der beiden `Button_Click`-Methoden:

```
Private Sub Button1_Click(ByVal sender As System.Object, ByVal e As System.EventArgs) _
Handles Button1.Click
   TextBox1.Text = Ameise1.ZeigeName()
   TextBox2.Text = Ameise1.ZeigeTyp()
End Sub

Private Sub Button2_Click(ByVal sender As System.Object, ByVal e As System.EventArgs) _
Handles Button2.Click
   TextBox1.Text = ""
   TextBox2.Text = ""
End Sub
```

Während die Methode für die zweite Schaltfläche so bleibt wie sie ist, werden den beiden Textfeldern in der ersten `Button_Click`-Methode die Werte zugewiesen, die die beiden Methoden des Objekts `Ameise1` zu bieten haben.

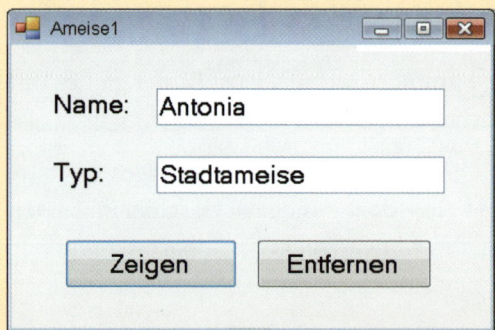

Ich gebe zu, am Programmlauf ändert sich nichts – verglichen mit der vorigen Version des Projekts. Wozu also der ganze Aufwand mit einer neuen Klassenvereinbarung?

Bei nur »handflächengroßen« Projekten lohnt es sich üblicherweise nicht, Klassen zu vereinbaren und einzusetzen, wohl aber bei umfangreichen Projekten – wie z.B. *AntMe!* eines ist. Was wir hier also im Kleinen programmieren, soll Ihnen später für Ihre eigenen größeren Projekte nützen.

Wir sind ja auch mit unserer `Ameise` noch nicht fertig. Sie sollen von ihr schon noch ein bisschen mehr zu sehen bekommen (▶ *Ameise2*). Dazu erweitern wir die Anzahl der Eigenschaften so:

```
Private Name, Typ As String
Private Bild As String
```

Das hat natürlich Folgen für den Konstruktor:

```
Public Sub New(ByVal nn As String, ByVal tt As String, ByVal bb As String)
    Name = nn
    Typ = tt
    Bild = bb
End Sub
```

Und damit bekommt die Klasse eine weitere Methode:

```
Public Function ZeigeBild() As String
    Return Bild
End Function
```

Text und Bild

Wenn wir die dritte Eigenschaft Bild nennen, wollen wir auch ein Bild sehen. Mit den Komponenten, die Sie bisher kennen gelernt haben, geht das nicht. Aber es gibt ja noch andere Komponenten. Schauen Sie sich in der Toolbox um. Sie finden dort den Eintrag *PictureBox*.

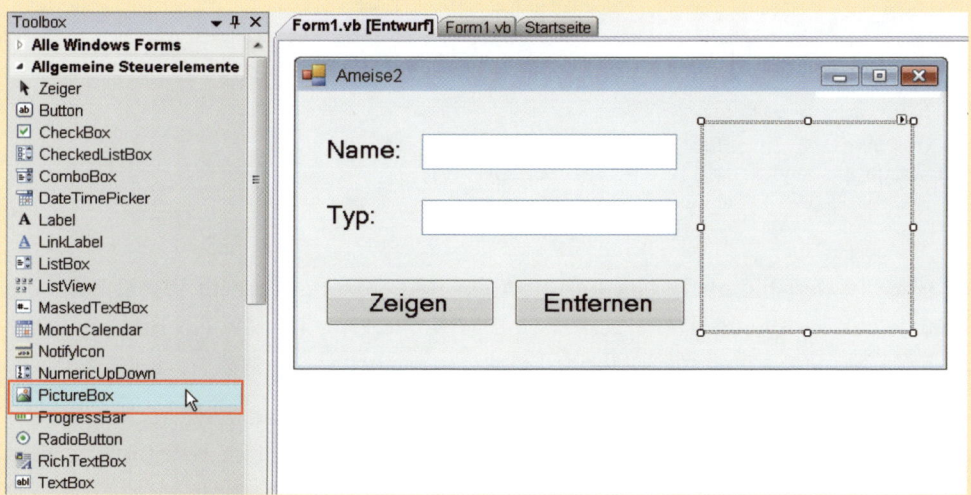

Vorher sollten Sie das Formular um einiges verbreitern, damit rechts dann das *Bildfeld* Platz hat. Wenn Sie die neue Komponente ins Formular eingepasst haben, stellen Sie im Eigenschaftenfenster die Art der Anzeige (*SizeMode*) auf *StretchImage*. Damit passt ein später geladenes Bild genau in das vorgegebene Bildfeld.

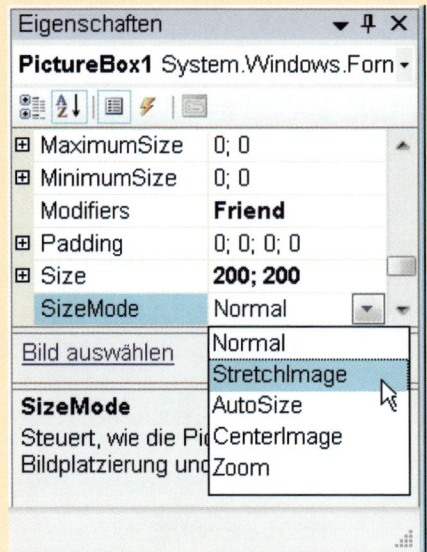

Die Möglichkeit *Bild auswählen* möchte ich nur erwähnt haben: Sie ist dann sinnvoll, wenn von Anfang an ein Bild angezeigt werden soll. Das Bild ist dann Bestandteil des Programms. Wir wollen aber, dass erst ein Bild erscheint, wenn die Schaltfläche »Zeigen« angeklickt wurde. Dazu muss in der zugehörigen Methode Button1_Click der Quelltext so erweitert werden:

```
Private Sub Button1_Click(ByVal sender As System.Object, ByVal e As System.EventArgs) _
Handles Button1.Click
   TextBox1.Text = Ameise1.ZeigeName()
   TextBox2.Text = Ameise1.ZeigeTyp()
   PictureBox1.Image = Image.FromFile(Ameise1.ZeigeBild())
End Sub
```

PictureBox1.Image ist der Bildinhalt. Um nun dort ein Bild einzufügen, stellt Visual Basic die Eigenschaft Image zur Verfügung. Diese besitzt eine Methode FromFile, die ein Bild aus einer Datei öffnet, deren Namen es über die Methode ZeigeBild erfährt.

Damit bei einem Klick auf »Entfernen« das Bild ebenso wieder verschwindet wie auch schon die angezeigten Texte, kommt in der zweiten Button_Click-Methode eine weitere Zeile hinzu:

```
Private Sub Button2_Click(ByVal sender As System.Object, ByVal e As System.EventArgs) _
Handles Button2.Click
   TextBox1.Text = ""
   TextBox2.Text = ""
   PictureBox1.Image = Nothing
End Sub
```

Mit Nothing ist wirklich »Nichts« gemeint, also gibt es kein Bild mehr zu sehen.

Geändert hat sich auch etwas in der Methode Form1_Load:

```
Private Sub Form1_Load(ByVal sender As System.Object, ByVal e As System.EventArgs) _
Handles MyBase.Load
  Ameise1 = New Ameise("Antonia", "Stadtameise", "Ameise1.jpg")
End Sub
```

Der dritte Parameter erhält den kompletten Dateinamen. Dabei gibt es einen Haken: Nur wenn das Bild vorher im Ordner *bin\Debug* dieses Projektes untergebracht wurde, wird keine Pfadangabe benötigt. Sollte die Bilddatei nicht gefunden werden, gibt es eine solche Fehlermeldung:

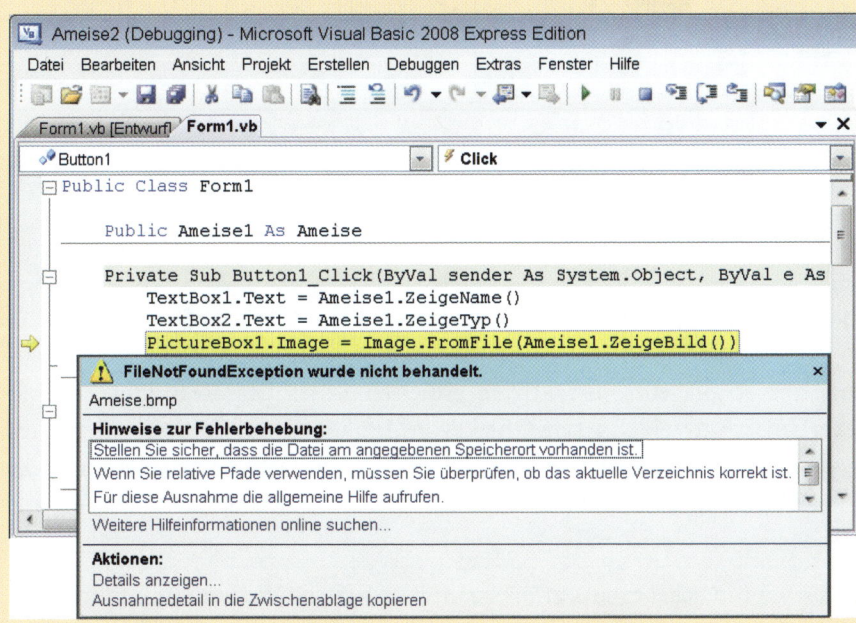

Da haben wir es wieder mal mit einem *Ausnahmefehler* (Exception) zu tun, der wieder einen Klick auf *Debuggen/Debugging beenden* fordert. Aber Sie wissen ja aus dem letzten Kapitel, wie man damit umgeht – oder? Wenn nicht, sehen Sie hier eine Lösung des Problems:

```
Try

  PictureBox1.Image = Image.FromFile(Ameise1.ZeigeBild())
Catch ex As Exception
  Text = "Kein Bild!"
End Try
```

Sollte das gesuchte Bild nicht auffindbar sein, wird in der Titelleiste des Formulars »Kein Text« angezeigt. Verhindern lässt sich diese Meldung nur, wenn Sie dafür sorgen, dass bei der Parameterübergabe des Bildnamens der *komplette Pfad* eingegeben wird, mit allen Ordnern und Unterordnern.

Ansonsten dürfte z.B. so etwas herauskommen, sobald Sie auf »Zeigen« geklickt haben:

 Alle in den Projekten verwendeten Bilder finden Sie auf der DVD außer in den Unterordnern *bin\Debug* noch in einem Extraordner *Projekte\Bilder*.

Vererbung

Nun haben wir immerhin schon eine attraktivere Ameisenklasse. Dennoch gibt es eine entscheidende Schwäche: Um sich zu zeigen, ist ein Objekt vom Typ Ameise auf Komponenten eines anderen Objektes (hier des Formulars) angewiesen. Bisher ist ein von uns erzeugtes Ameisenobjekt nur in der Lage, zwei Texte und einen Dateinamen über den Konstruktor aufzunehmen und mit Hilfe der übrigen Methoden weiterzureichen (▶ *Ameise3*).

Im nächsten Schritt wollen wir mit Erscheine und Verschwinde zwei neue Methoden einführen, die auch die Anzeigekontrolle übernehmen. Allerdings werden wir dazu nicht einfach die vorhandene Ameisenklasse erweitern. Die lassen wir so, wie sie ist, und erschaffen eine neue Klasse:

```
Public Class XAmeise : Inherits Ameise
  Public Sub New(ByVal nn As String, ByVal tt As String, ByVal bb As String)
    MyBase.New(nn, tt, bb)
  End Sub
End Class
```

Das soll schon alles sein? Natürlich nicht, aber diese neue Klasse XAmeise kann schon jetzt alles, was auch die Klasse Ameise kann. Durch den Zusatz Inherits erbt sie alles, was Ameise an Eigenschaften und Methoden hat. In der Objektorientierten Programmierung bezeichnet man Ameise als *Basisklasse* und XAmeise als *abgeleitete Klasse*.

Lediglich der Konstruktor New muss neu vereinbart werden. Er hat auch schon eine Anweisungszeile. Mit MyBase.New wird der *geerbte* Konstruktor der Mutterklasse (oder Vaterklasse) aufgerufen. Damit die neue Klasse mehr kann als die alte, sind jetzt einige Erweiterungen nötig. Beginnen wir mit den Eigenschaften:

```
Private Namenschild, Typenschild As TextBox
Private Leinwand As PictureBox
```

Für die Anzeige von Name, Typ und Bild bekommt die neue Klasse ihre eigenen Komponenten: zwei Textfelder und ein Bildfeld. Von denen machen dann diese beiden Methoden Gebrauch:

```
Public Sub Erscheine()
  Namenschild.Text = Name
  Typenschild.Text = Typ
  Try
  Leinwand.Image = Image.FromFile(Bild)
  Catch ex As Exception
    'Kein Bild
  End Try
End Sub

Public Sub Verschwinde()
  Namenschild.Text = ""
  Typenschild.Text = ""
  Leinwand.Image = Nothing
End Sub
```

Im Grunde genommen ist dies in etwa der gleiche Quelltext, wie Sie ihn schon von den beiden Button_Click-Methoden des Hauptprogramms (also dem Quelltext fürs Formular) kennen. Nur die Namen für die Komponenten wurden geändert, denn die Klasse soll ja auch für Komponenten benutzt werden, die vielleicht anders als TextBox1, TextBox2 oder PictureBox1 heißen.

Namensgebung

Verwirrend, die Sache mit den Namen von Variablen oder Eigenschaften? Mal sollen sie TextBox1 heißen, mal Namenschild, mal Name, dann wieder nn. Das hängt davon ab, wo diese Bezeichnung verwendet wird: Visual Basic vergibt meist für Komponenten automatisch den Klassennamen mit einer Nummer, also für Objekte vom Typ TextBox die Namen TextBox1, TextBox2 und so weiter.

Wenn wir eine eigene Klasse vereinbaren und eigene Objekte erstellen, können wir uns an diese Regel halten, müssen es aber nicht. Weil die Namen *nur in dem Bereich* gültig sind, in dem sie vereinbart werden, weiß z.B. das Hauptprogramm um das Formular herum nichts von einem Namenschild oder einer Leinwand. Die kennen nur Objekte vom Typ XAmeise.

Umgekehrt sind aber die von Visual Basic vergebenen Namen auch in einer Klasse bekannt, die Sie erstellen. Sie wurden *global* vereinbart und sind überall im Programm gültig. Für Ihre Vereinbarungen können Sie selbst den Gültigkeitsbereich bestimmen, z.B. indem Sie Public oder Private benutzen.

Die wichtigsten Bereiche sind der komplette Quelltext einer Datei, die Klassenvereinbarung und die Methodenvereinbarung. Innerhalb eines solchen Gültigkeitsbereichs muss jeder Name eindeutig sein. Aus diesem Grund erhalten z.B. Parameter einer Methode statt Name die »Kurzform« nn und statt Typ heißt es da tt. Zugegeben, auch weil ich als Autor hier zu einfallslos war und mir die Namen ausgegangen sind. Denn die Zuweisungen im Konstruktor können ja nicht so aussehen:

```
Public Sub New(ByVal Name As String, ByVal Typ As String, ByVal Bild As String)
    Name = Name
    Typ = Typ
    Bild = Bild
End Sub
```

Hier wäre für den Computer nicht mehr erkennbar, wann z.B. mit Bild die Eigenschaft und wann der Parameter gemeint ist.

Der gesamte Vereinbarungstext für die neue Ameisenklasse gehört unter den bisherigen Quelltext:

```
Public Class XAmeise : Inherits Ameise
  'Eigenschaften
  Private Namenschild, Typenschild As TextBox
  Private Leinwand As PictureBox

  'Methoden
  Public Sub New(ByVal nn As String, ByVal tt As String, ByVal bb As String)
    MyBase.New(nn, tt, bb)
  End Sub

  Public Sub Init(ByVal NN As TextBox, ByVal TT As TextBox, ByVal LL As PictureBox)
    Namenschild = NN
    Typenschild = TT
    Leinwand = LL
  End Sub

  Public Sub Erscheine()
    Namenschild.Text = Name
```

```
    Typenschild.Text = Typ
    Try
      Leinwand.Image = Image.FromFile(Bild)
    Catch ex As Exception
      'Kein Bild
    End Try
  End Sub

  Public Sub Verschwinde()
    Namenschild.Text = ""
    Typenschild.Text = ""
    Leinwand.Image = Nothing
  End Sub

End Class
```

Neu ist hier die Methode `Init`. Über sie lassen sich die objekteigenen Komponenten mit denen eines Formulars verknüpfen:

```
Public Sub Init(ByVal NN As TextBox, ByVal TT As TextBox, ByVal LL As PictureBox)
  Namenschild = NN
  Typenschild = TT
  Leinwand = LL
End Sub
```

Natürlich hätten wir auch die Parameterliste des neuen Konstruktors erweitern können:

```
Public Sub New(ByVal nn As String, ByVal tt As String, ByVal bb As String, _
            ByVal NNN As TextBox, ByVal TTT As TextBox, ByVal LL As PictureBox)
  MyBase.New(nn, tt, bb)
  Namenschild = NNN
  Typenschild = TTT
  Leinwand = LL
End Sub
```

Aber wie Sie sehen, wäre die Parameterliste so lang geworden, dass sie hier sogar auf zwei Zeilen verteilt werden müsste. Und schaden kann es nicht, dass die `Init`-Methode zusätzlich aufgerufen werden muss.

Hinweis

Damit haben Sie auch etwas erfahren, das man nicht unbedingt auf den ersten Blick erkennt. Es sind sogar zwei Neuigkeiten:

Der *Unterstrich* (_) am Ende der ersten Zeile bedeutet für Visual Basic, dass die beiden Zeilen zusammen gehören, also eigentlich in einer einzigen Zeile stehen müssten.

Zwischen Groß- und Kleinschreibung unterscheidet Visual Basic leider nicht. Deshalb bedeuten nn und NN das Gleiche, und weil Namen nicht doppelt vorkommen dürfen, habe ich noch einen Buchstaben drangehängt.

Erscheinen und verschwinden

Wie ändert sich nun das Hauptprogramm? Vermutlich wird es kürzer, denn es wurde ja einiges von der Formularklasse in die Klasse `XAmeise` ausgelagert. Hier ist zuerst die Vereinbarung der neuen Ameise:

```
Private Ameise1 As XAmeise
```

Erzeugt wird das Ameisenobjekt wie gehabt in der Methode `Form1_Load`:

```
Private Sub Form1_Load(ByVal sender As System.Object, ByVal e As System.EventArgs) _
Handles MyBase.Load
   Ameise1 = New XAmeise("Antonia", "Stadtameise", "Ameise1.jpg")
   Ameise1.Init(TextBox1, TextBox2, PictureBox1)
End Sub
```

Schließlich kommen die `Button_Click`-Methoden:

```
Private Sub Button1_Click(ByVal sender As System.Object, ByVal e As System.EventArgs) _
Handles Button1.Click
   Ameise1.Erscheine()
End Sub

Private Sub Button2_Click(ByVal sender As System.Object, ByVal e As System.EventArgs) _
Handles Button2.Click
   Ameise1.Verschwinde()
End Sub
```

Damit sich die neue Ameise übers Formular bemerkbar machen kann, muss außer dem Konstruktor auch die `Init`-Methode angewendet werden. Sollten Sie das vergessen, ernten Sie beim Programmlauf eine Fehlermeldung.

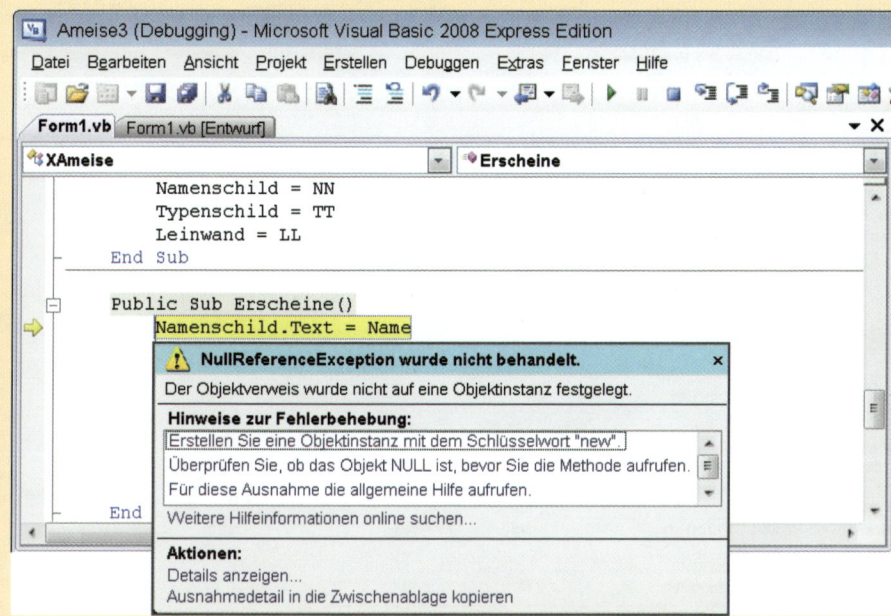

Auch hier könnte man das Problem mit einer Try...Catch-Struktur angehen. Es lässt sich aber auch von vornherein vermeiden, wenn man die obere der beiden vorgeschlagenen Maßnahmen einschlägt. So könnte man z.B. den Quelltext des Konstruktors erweitern:

```
Public Sub New(ByVal nn As String, ByVal tt As String, ByVal bb As String)
   MyBase.New(nn, tt, bb)
   Namenschild = New TextBox
   Typenschild = New TextBox
   Leinwand = New PictureBox
End Sub
```

Ein Aufruf des Konstruktors ist ja in jedem Fall nötig, sonst gäbe es gar kein Ameisen-Objekt. Zusätzlich werden auch gleich neue Instanzen der drei benötigten Komponenten erzeugt. Bei einem Programmlauf bekommt man dann zwar nichts zu sehen, wenn die Init-Methode vergessen wurde, aber die Versuche von Ameise1, sich über Komponenten sichtbar zu machen, enden nicht im Nichts.

Ein Startversuch bringt eine Enttäuschung: Gleich drei Fehlermeldungen. Visual Basic will von den Eigenschaften Name, Typ und Bild nichts wissen, sie sind ihm zu privat.

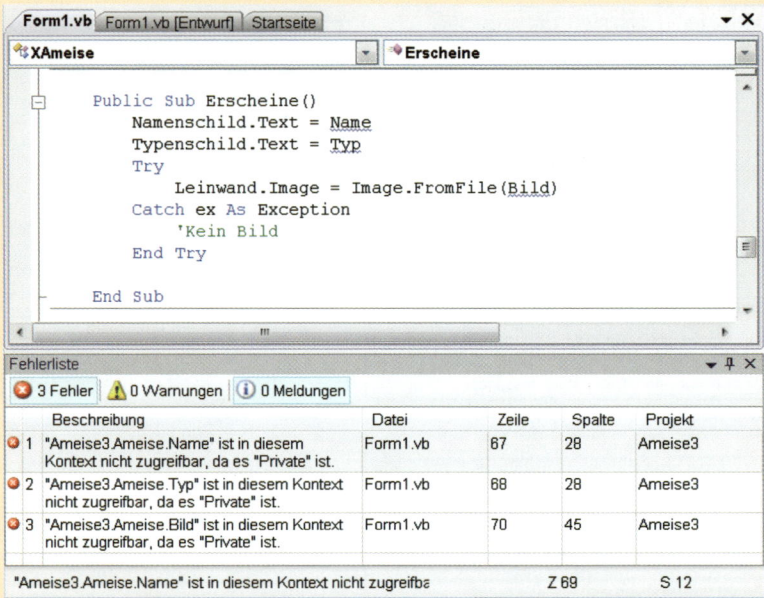

Private? Irgendwie verständlich, denn gerade deshalb sind sie ja so vereinbart worden. Aber wenigstens Familienmitglieder aus abgeleiteten Klassen sollten doch darauf zugreifen dürfen. Public wäre wieder zu öffentlich. Es müsste doch ein »Zwischending« geben. Gibt es: Protected. Damit bleiben die vereinbarten Teile einer Klasse in der Familie, sind aber vor Zugriffen von außen weiterhin geschützt.

Wir müssen also die Vereinbarung der Eigenschaften für die Klasse Ameise so ändern:

```
Protected Name, Typ As String
Protected Bild As String
```

Und es ist zu überlegen, das Gleiche auch für die Kindklasse XAmeise zu tun, denn es könnte ja auch noch einen Enkel geben:

```
Protected Namenschild, Typenschild As TextBox
Protected Leinwand As PictureBox
```

Eine eigene Klassendatei

Nun lassen sich die wichtigsten Daten einer Ameise anzeigen – wir haben sozusagen ihren »Personalausweis«. Noch interessanter könnte es werden, wenn sich auch mal etwas bewegt. Was spricht also dagegen, die Vererbungslinie noch eine Stufe weiter zu führen? (▶ *Ameise4*)

Allerdings sollten wir uns nach einem anderen Aufenthaltsort für die Klassenvereinbarungen umsehen, denn allmählich wird der Quelltext ziemlich umfangreich. Schön wäre die Möglichkeit, den Teil mit den ganzen eigenen Ameisen-Klassen in eine andere Datei zu verfrachten. Und die gibt es in Visual Basic.

Dazu klicken Sie im *Projekt*-Menü auf *Klasse hinzufügen*.

1. Im Dialogfeld bestätigen Sie die Vorgabe mit Klick auf *Hinzufügen*. Damit heißt die neue Datei *Class1.vb*.

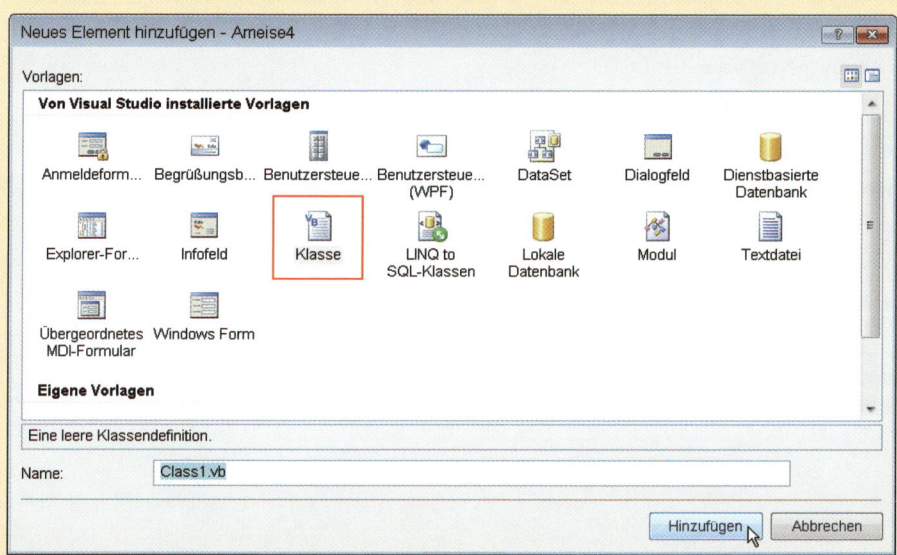

Das Einzige, was dort steht, sind zwei Zeilen. Und ganz rechts sehen Sie, dass sich die Liste um einen Eintrag vergrößert hat. Das Projekt hat jetzt zwei Dateien mit der Kennung »vb« (für Visual Basic).

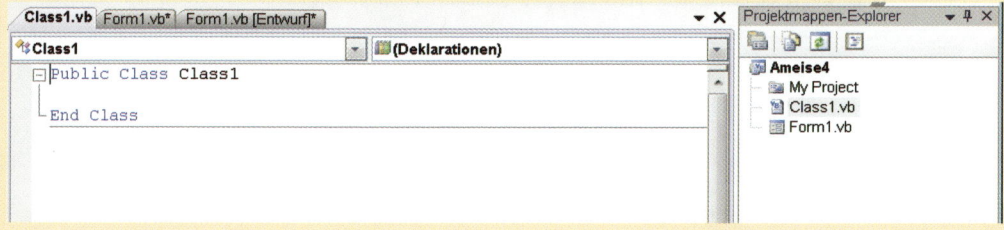

Form1.vb kennen Sie schon. Diese Datei hat Sie bisher durch alle Projekte begleitet. Dort steht in der Regel der ganze Quelltext, der etwas mit dem Formular und den Komponenten zu tun hat, die Sie im Formular abgelegt haben.

Wenn Sie nun nicht nur eine neue Klasse vereinbaren, sondern sogar gleich zwei weitere davon ableiten, dann hat dieser Quelltext auch eine neue Datei verdient. Und die bekommt er mit *Class1. vb*.

Löschen Sie jetzt die beiden Zeilen, sodass das Editorfenster leer ist. Dann wechseln Sie über den Reiter *Form1.vb* zum bisherigen Quelltext und wandern dort hinunter zu den Vereinbarungen der Ameisenklassen. Markieren Sie nun den gesamten Text (von `Public Class Ameise` bis zum letzten `End Class`), schneiden Sie ihn aus (z.B. über *Bearbeiten/Ausschneiden*, nicht *Kopieren*!).

Wechseln Sie zum Quelltextfenster für *Class1.vb* und fügen Sie dort diesen Text wieder ein (z.B. über *Bearbeiten/Einfügen*).

 Eleganter und schneller als über das *Bearbeiten*-Menü geht das Verschieben des markierten Quelltexts über Tastenkombinationen: In *Form1.vb* drücken Sie $\boxed{\text{Strg}}$ + $\boxed{\text{X}}$, in *Class1.vb* benutzen Sie die Tasten $\boxed{\text{Strg}}$ + $\boxed{\text{V}}$.

Nun sind die beiden Quelltexte getrennt. Mal sehen, ob das gut geht. Starten Sie das Programm und probieren Sie's aus. Und ich sehe Sie schmunzeln: Es klappt. Dann nichts wie ran an die nächste Ameisenklasse. Die bietet nicht nur ein starres, sondern auch ein bewegtes Bild. Formulieren wir zuerst wieder das Gerüst, das natürlich wie auch die folgende Methodenvereinbarung in *Class1.vb* gehört:

```
Public Class ZAmeise : Inherits XAmeise
   Public Sub New(ByVal nn As String, ByVal tt As String, ByVal bb As String)
      MyBase.New(nn, tt, bb)
   End Sub
End Class
```

For...Next

Als Nächstes käme nun die Methode, durch die sich die neue Klasse von ihrer Mutter unterscheiden soll. Hier zuerst der Quelltext, anschließend gibt es einigen Klärungsbedarf:

```
Public Sub Laufe()
   Dim Txt = Bild.Substring(0, Bild.Length - 5)
   Try
      For i = 1 To 4
         Bild = Txt + CStr(i) + ".jpg"
         Leinwand.Image = Image.FromFile(Bild)
         Leinwand.Refresh()
         Sleep(200)
      Next
      Bild = Txt + "1.jpg"
      Leinwand.Image = Image.FromFile(Bild)
   Catch ex As Exception
      'Kein Bild
   End Try
End Sub
```

Was Sie jetzt wahrscheinlich schon erkennen können: Es geht um mehrere Bilder. Ein bewegtes Bild ist ja auch nichts anderes als eine Folge von Einzelbildern, die direkt hintereinander angezeigt werden. Dadurch entsteht für unser Auge der Eindruck, als würde sich etwas bewegen. In unserem Fall stehen vier Bilder zur Verfügung, die als Namen *Ameise1.jpg* bis *Ameise4.jpg* haben.

Ganz am Anfang der Methode steht eine Zuweisung. Mit `Dim Txt` wird innerhalb der Methode `Laufe` eine Variable vereinbart. Und nicht nur das: Ihr wird auch gleich etwas zugewiesen. Das entspricht dieser Zeilenfolge:

```
Dim Txt As String
Txt = Bild.Substring(0, Bild.Length - 5)
```

Die Zuweisung müssen wir uns nun ein bisschen genauer anschauen. Mit `SubString` lässt sich ein Teil einer Zeichenkette (`String`) ermitteln. Die Parameter bedeuten Folgendes:

```
Substring(Stringanfang, Anzahl der Zeichen)
```

Gezählt wird ab 0, wir brauchen alle Zeichen des Bildnamens außer den letzten 5. Warum? In unserem Beispiel heißt der String für das Bild »Ameise1.jpg«. Davon lauten die letzten 5 Zeichen »1.jpg« (der Punkt zählt mit). Übrig bleibt nun noch das Wort »Ameise«. Daraus lassen sich jetzt alle anderen Bildnamen ableiten, wenn sie vorher durchnummeriert wurden.

Damit starten wir in die nächsten Zeilen. Sie beginnen mit `For` und enden mit `Next`. Hier haben wir es mit einer weiteren *Kontrollstruktur* zu tun. Sie dient dazu, eine oder mehrere Anweisungen zu wiederholen und dabei mitzuzählen:

```
For i = 1 To 4

Next
```

Diese Struktur wird auch als *Schleife* bezeichnet. Das *Struktogramm* dazu sieht so aus:

For sorgt hier dafür, dass ein Zählerwert von 1 bis 4 gezählt wird. Zusammen mit `Next` werden die Anweisungen »umklammert«, die *wiederholt* werden sollen (hier insgesamt viermal):

```
Bild = Txt + CStr(i) + ".jpg"
Leinwand.Image = Image.FromFile(Bild)
Leinwand.Refresh()
Sleep(200)
```

Dazwischen wird zuerst der Bildname neu zusammengefügt. Dabei wird der Zähler, der hier mit dem Buchstaben i (eine Abkürzung für »Index«) gekennzeichnet ist, verwendet, um die aktuelle Bildnummer zu ermitteln. Als Nächstes wird die Bilddatei ins Bildfeld geladen. Anschließend erfolgt ein Refresh, um die Anzeige zu aktualisieren. Und damit der ganze Ablauf nicht zu schnell geht, wird zwischen jeder Anzeige mit Sleep eine kleine Pause eingelegt. Deshalb darf die folgende Zeile ganz am Anfang des Quelltextes nicht vergessen werden:

```
Imports System.Threading.Thread
```

Lokal oder global

Wir sollten uns nochmal zwei Variablen und ihre Vereinbarungen näher anschauen: Die erste wird mit Dim eingeleitet und befindet sich innerhalb einer Methode. Deshalb ist sie auch nur dort bekannt, gilt also *lokal*. Im Gegensatz dazu sind am Quelltextanfang vereinbarte Variablen und Objekte *global* gültig, also überall im Programm bekannt.

Noch enger geht es bei der Zählvariablen i zu: Die wurde überhaupt nicht vereinbart und ihre Gültigkeit beschränkt sich auf die For-Schleife.

Warum das Ganze? Es dient der Programmsicherheit, wenn alle beteiligten Elemente (wie Variablen und Objekte) nur so weit und so lange gültig sind, wo und wie sie benötigt werden. Außerdem ließe sich so in jeder anderen Methode wieder eine Variable mit gleichem Namen benutzen, ohne dass es hier zu Konflikten kommt. Wären alle Vereinbarungen global, gäbe es sehr viel mehr verschiedene Namen. Und bei einem größeren Projekt können durchaus mal einige hundert Variablen vorkommen.

Damit nach dem Tanz der Ameise dieselbe wieder ihre Ausgangsposition einnimmt (und damit Bild auch seinen Startwert zurückerhält), folgen noch zwei weitere Zeilen im Quelltext:

```
Bild = Txt + "1.jpg"
Leinwand.Image = Image.FromFile(Bild)
```

Ein Refresh ist hier nicht mehr nötig, das brauchten wir nur für die Zwischenbilder.

Nun müssen wir uns noch ums Formular kümmern. Hier ist nämlich eine weitere Schaltfläche fällig, als Aufschrift schlage ich »Bewegen« vor. Mit einem Doppelklick auf diese Fläche landen Sie wieder im Editor für *Form1.vb* und bekommen dort nun schon die dritte Button_Click-Methode, die wie die anderen recht kurz ausfällt:

```
Private Sub Button3_Click(ByVal sender As System.Object, ByVal e As System.EventArgs) _
Handles Button3.Click
  Ameise1.Laufe()
End Sub
```

Tja, und nun wollen Sie natürlich die Ameise auch laufen sehen. Verwenden Sie für Ameise1 den Objekttyp ZAmeise, speichern Sie das Projekt, dann starten Sie's.

Noch mehr Schleifen

Da wir nun schon (wieder) beim Thema Kontrollstrukturen sind, möchte ich hier gleich das Maß voll machen und eine weitere Schleifenform vorstellen, die Visual Basic anbietet. Genau genommen sind es sogar vier Formen – wie Sie noch sehen werden. Aber keine Angst, das Thema lässt sich in einem Abwasch erledigen (▶ *Ameise5*).

Um keinen allzu großen Aufwand betreiben zu müssen, kopieren wir einfach die Ameisen-Methode Laufe, ändern sie etwas ab und hängen auch an ihren Name noch etwas dran (LaufeX), damit die Originalmethode so bleiben kann. Damit haben Sie auch die Möglichkeit, die neue Kontrollstruktur direkt mit der For-Struktur zu vergleichen:

```
Public Sub LaufeX()
  Dim Txt = Bild.Substring(0, Bild.Length - 5)
  Dim Nr = 1
  Try
    Do While Nr <> 4
      Nr = Int(4 * Rnd()) + 1
      Bild = Txt + CStr(Nr) + ".jpg"
      Leinwand.Image = Image.FromFile(Bild)
      Leinwand.Refresh()
      Sleep(200)
    Loop
    Bild = Txt + "1.jpg"
    Leinwand.Image = Image.FromFile(Bild)
  Catch ex As Exception
    'Kein Bild
  End Try
End Sub
```

Nun habe ich mit `Nr` eine zusätzliche Variable eingeführt und ihr auch gleich einen Wert zugewiesen – womit Visual Basic auch ihren Typ automatisch erkennen kann, wie schon bei `Txt`. Dafür entfällt die Zählvariable. In dieser Methode verzichten wir aufs Zählen:

```
Do While Nr <> 4
```

```
Loop
```

Die Grundstruktur dieser Schleife heißt `Do-Loop`. Damit werden Anfang und Ende der Anweisungen, die wiederholt werden sollen, markiert. Zusätzlich ist noch eine *Bedingung* nötig, damit die Schleife nicht endlos ausgeführt wird. Mit `While Nr <> 4` ist gemeint: »Solange die Variable Nr ungleich 4 ist«.

Was geschieht innerhalb der Schleife? Zuerst wird diesmal eine Zufallszahl zwischen 1 und 4 erzeugt. Dann wird diese Zahl der Variablen `Nr` zugewiesen:

```
Nr = Int(4 * Rnd()) + 1
```

So lässt sich dann ein zufälliges Bild laden und anzeigen:

```
Bild = Txt + CStr(Nr) + ..jpg"
```

Der Rest hat sich nicht verändert (außer dass am Schleifenende `Loop` statt `Next` steht).

Das ist nicht alles, was es zur `Do...Loop`-Struktur sagen lässt. Schauen wir uns eine weitere Version an, in der Methode, die ich (ziemlich geistlos) `TanzeY` nennen will. Weil sie sich nur in den beiden Zeilen von `TanzX` unterscheidet, die die Schleifenstruktur betreffen, sehen Sie hier nur diese Änderung:

```
Do
  Nr = Int(4 * Rnd()) + 1
  Bild = Txt + CStr(Nr) + ".jpg"
  Leinwand.Image = Image.FromFile(Bild)
  Leinwand.Refresh()
  Sleep(200)
Loop Until Nr = 4
```

Die *Bedingung* hat sich nun in ihr Gegenteil umgekehrt und ist nun vom Anfang der Schleife an deren Ende gerutscht. Mit `Until Nr = 4` ist jetzt gemeint: »Bis die Variable Nr gleich 4 ist«.

Auch für diese beiden Kontrollstrukturen gibt es *Struktogramme*:

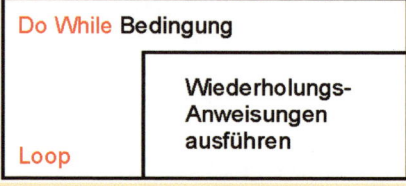
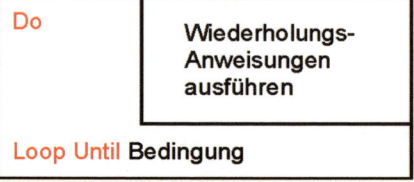

Daneben gibt es noch die Spielarten, dass While auch *unten* und Until auch *oben* stehen darf. Alle Formen von Do...Loop fassen wir jetzt in einer Tabelle zusammen:

Form	Wiederholen	Test der Bedingung
Do While... Loop	*Solange* die Bedingung gilt	am *Anfang* der Schleife
Do Until...Loop	*Bis* die Bedingung gilt	am *Anfang* der Schleife
Do...Loop While	*Solange* die Bedingung gilt	am *Ende* der Schleife
Do...Loop Until	*Bis* die Bedingung gilt	am *Ende* der Schleife

Zusammenfassung

Diesmal sind sie einer begegnet, nein, sogar mehr als einer Ameise. Haben Namen und Typ erfahren und durften sogar ein Bild von ihr sehen: Stadtameise Antonia. Ob sie auch bei *AntMe!* mitmacht, ist noch nicht überliefert. Möglich aber wär's – bei so vielen Ameisen. Auf jeden Fall haben Sie hier einige Neuigkeiten erfahren:

- Vieles kann man als Eigenschaften und Methoden in *Klassen* zusammenfassen (*Kapselung*), davon lassen sich *Objektvariablen* vereinbaren und über einen Konstruktor (New) *Objekte* erzeugen.

- Sowohl Eigenschaften als auch Methoden können öffentlich (Public) oder privat (Private) vereinbart werden, oder sozusagen teilöffentlich (Protected).

- Bei den Methoden gibt es einfach nur *Prozeduren* (Sub), aber auch *Funktionen* (Function), die einen Wert zurückgeben.

- Eine neue Klasse kann von einer bereits vorhandenen abgeleitet werden, sie erbt (Inherits) dann alle Elemente der »Mutterklasse«.

- Jede Klasse kann einen eigenen Konstruktor (New) haben, eine abgeleitete Klasse erbt zwar auch den Konstruktor, kann auf ihn aber nur über MyBase zugreifen.

- Für Wiederholungen von Programmteilen gibt es Zählschleifen (For...Next) und allgemeine Schleifen (Do...Loop).

- Variablen lassen sich *global* oder *lokal* vereinbaren, sie gelten dann im ganzen Programm oder nur in bestimmten Blöcken.

Über die so genannte OOP haben Sie hier nun einiges erfahren. Im nächsten Kapitel können Sie ihr Wissen weiter wachsen lassen.

5
Polymorphie

Im *AntMe!*-Spiel sind die Wanzen die Feinde der Ameisen, was nicht grundsätzlich so sein müsste. Immerhin stammen sie ja von derselben Klasse ab, nämlich der der Insekten. Mit der bekommen Sie es hier zu tun. Und dabei lernen Sie noch einiges mehr über die Objektorientierte Programmierung (OOP).

Aus alt mach neu

Damit wir das Rad in diesem Buch nicht neu erfinden müssen, begeben wir uns zunächst ziemlich weit an den Anfang des letzten Kapitels, greifen uns von dort die erste Ameisen-Klasse und kehren dann hierher zurück. Dann machen wir das ganze Projekt etwas schlanker und nehmen es unter neuem Namen wieder in Betrieb (▶ *Insekten1*).

 Wie die anderen Projekte ist auch das »Insekten«-Projekt in mehreren Entwicklungsstufen auf der DVD im Ordner *Projekte\Kap05* zu finden. Passende Verweise gibt es im Kontext.

Sie können das Projekt komplett neu erstellen. Oder möchten Sie wissen, wie man Teile eines schon vorhandene Projekts in ein neues übernimmt? Dann folgen Sie mir:

1. Erzeugen Sie zuerst ein neues Projekt über *Datei/Neues Projekt*. Nennen Sie es »Insekten«.

2. Klicken Sie auf *Projekt/Vorhandenes Element hinzufügen*.

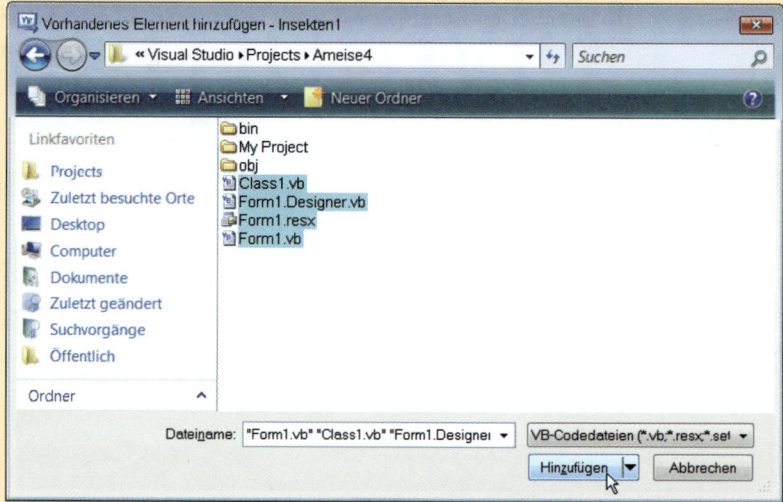

3. Im Dialogfeld suchen Sie nach dem Projektordner, aus dem Sie Ihr Material benötigen. Dort wählen Sie alle Dateien aus, die mit *Form1* beginnen. Gibt es eine *Class1*-Datei, nehmen Sie auch die in Ihre Auswahl mit auf. Dann klicken Sie auf *Hinzufügen*.

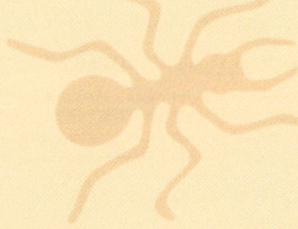

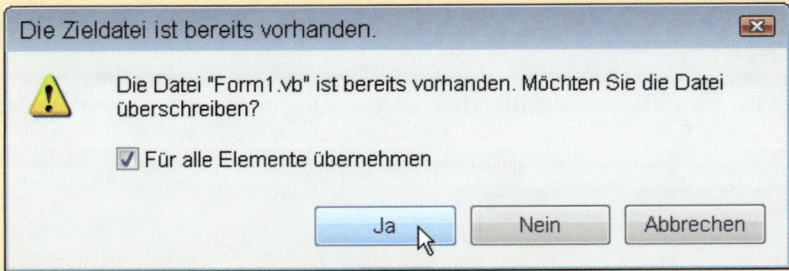

4. Als Nächstes werden Sie gefragt, ob Sie die aktuelle Datei *Form1.vb* überschreiben wollen. Klar, denn die aktuelle Quelltextdatei ist noch leer, sie muss daher durch die vorhandene Datei ersetzt werden, denn dort liegt ja das, was wir weiterverwenden wollen.

5. Damit Sie diese Frage nicht für alle anderen Dateien nochmal beantworten müssen, sorgen Sie dafür, dass vor dem Eintrag *Für alle Elemente übernehmen* ein Häkchen steht. Dann können Sie auf *Ja* klicken.

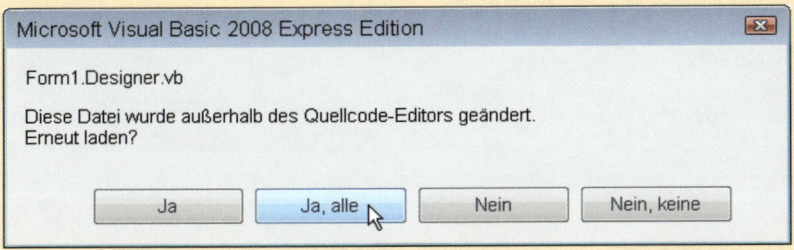

6. Auch im folgenden Dialogfeld geht es um Ihr Jawort: Klicken Sie auf *Ja, alle*, damit alle hinzugenommenen Dateien in das neue Projekt eingepasst werden.

Künftig können Sie immer so verfahren, wenn Sie bereits verfassten Quelltext nicht neu schreiben oder mit Komponenten entworfene Formulare nicht neu entwickeln wollen.

Für ein neues Projekt muss man in der Regel allerdings einiges ändern. So muss in unserem Fall der Name »Ameise« durch »Insekt« ersetzt werden. Dazu wechseln Sie zuerst in den Quelltext von *Class1.vb*. Dann klicken Sie auf *Bearbeiten/Schnellersetzung*. Im Dialogfeld geben Sie die betreffenden Begriffe ein und klicken nur dann auf *Alle ersetzen*, wenn Sie sicher sind.

In unserem Fall kann man das sein, aber es gibt auch Zeichenfolgen, die nicht überall ersetzt werden dürfen. Dann hilft nur die Kombination *Weitersuchen* und *Ersetzen*.

Im Quelltext von *Form1.vb* sind ebenfalls einige Änderungen nötig. So können Sie die Methode `Button2_Click` völlig streichen. Daraus folgt, dass auch die entsprechende Schaltfläche »Entfernen« entfernt werden kann.

 Erscheint Ihnen das alles zu kompliziert, dann erstellen Sie lieber ein völlig neues Projekt!

Nur ein Insekt

In unserem neuen alten Projekt sollte das Formular nach Anpassung der *Text*-Eigenschaften etwa so aussehen:

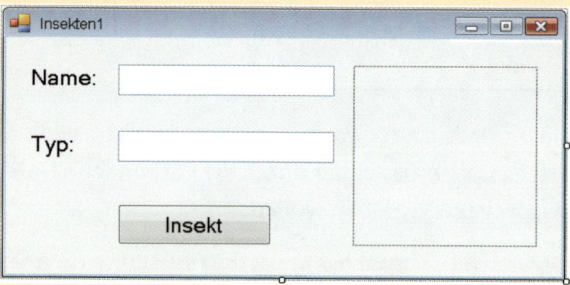

Und das ist der Quelltext für *Form1.vb* nach der Anpassung:

```
Public Class Form1
  Private Insekt1 As Insekt

  Private Sub Button1_Click(ByVal sender As System.Object, ByVal e As System.EventArgs) _
Handles Button1.Click
    Insekt1.Erscheine()
  End Sub

  Private Sub Form1_Load(ByVal sender As System.Object, ByVal e As System.EventArgs) _
Handles MyBase.Load
    Insekt1 = New Insekt("Igor", "Insekt1.jpg")
    Insekt1.Init(TextBox1, TextBox2, PictureBox1)
  End Sub

End Class
```

Für unser aktuelles Projekt genügt die Anzeige von Name, Typ und Bild eines Objekts namens Insekt1, ein Entfernen ist nicht nötig. Wichtig ist, dass die Bilddatei im Ordner *bin\Debug* liegt. Sonst muss der genaue Pfad angegeben werden.

Der Konstruktor benötigt weniger Parameter, weil der Typ nun direkt von der Klasse Insekt vorgegeben werden soll. Ein Aufruf der Init-Methode ist dennoch nötig, weil auch diese Klasse Direktzugang zu den benötigten Komponenten haben soll. Hier gleich die Vereinbarung (*Class1. vb*):

```
Public Class Insekt
  Protected Name, Bild As String
  Protected Namenschild, Typenschild As TextBox
  Protected Leinwand As PictureBox
```

```
Public Sub New(ByVal nn As String, ByVal bb As String)
   Name = nn
   Bild = bb
   Namenschild = New TextBox
   Typenschild = New TextBox
   Leinwand = New PictureBox
End Sub

Public Sub Init(ByVal NN As TextBox, ByVal TT As TextBox, ByVal LL As PictureBox)
   Namenschild = NN
   Typenschild = TT
   Leinwand = LL
End Sub

Public Function Typ() As String
   Return "Insekt"
End Function

Public Sub Erscheine()
   Namenschild.Text = Name
   Typenschild.Text = Typ()
   Try
      Leinwand.Image = Image.FromFile(Bild)
   Catch ex As Exception
      'Kein Bild
   End Try
End Sub

End Class
```

Neben einigen »Schönheitskorrekturen« hat sich vor allem die Vereinbarung von Typ geändert.
So heißt nun die Methode (statt ZeigeTyp), die einen festen Wert zurückgibt, während der Name
und das Bild weiterhin von außen bestimmt werden können:

```
Public Function Typ() As String
   Return "Insekt"
End Function
```

Funktionieren würde das Programm schon, wie ein Startversuch zeigt, aber wir wollen doch noch
mehr.

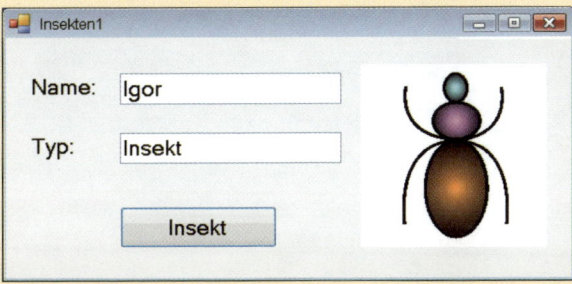

Drei Typen?

Die eben vorgestellte Insektenklasse soll gleich mit zwei Kindern beglückt werden (▶ *Insekten2*). Hier ist das erste:

```
Public Class Ameise : Inherits Insekt
    Public Sub New(ByVal nn As String, ByVal bb As String)
        MyBase.New(nn, bb)
    End Sub
    Public Function Typ() As String
        Return "Ameise"
    End Function
End Class
```

Nichts besonderes? Stimmt, aber für unsere Zwecke reicht es. Was uns für die Ameisen recht ist, sollte uns hier für die Wanzen billig sein. Die gehören ja auch zur Familie – und auch zum *AntMe!*-Spiel:

```
Public Class Wanze : Inherits Insekt
    Public Sub New(ByVal nn As String, ByVal bb As String)
        MyBase.New(nn, bb)
    End Sub
    Public Function Typ() As String
        Return " Wanze "
    End Function
End Class
```

Danach vereinbaren wir in der Klasse Form1 nun gleich drei Objekte:

```
Private Insekt1 As Insekt
Private Ameise1 As Ameise
Private Wanze1 As Wanze
```

Und auch die Methode Form1_Load bekommt ein wenig mehr zu tun:

```
Private Sub Form1_Load(ByVal sender As System.Object, ByVal e As System.EventArgs) _
Handles MyBase.Load
    Insekt1 = New Insekt("Igor", "Insekt1.jpg")
    Insekt1.Init(TextBox1, TextBox2, PictureBox1)
    Ameise1 = New Ameise("Antonia", "Insekt2.jpg")
    Ameise1.Init(TextBox1, TextBox2, PictureBox1)
    Wanze1 = New Wanze("Wanda", "Insekt3.jpg")
    Wanze1.Init(TextBox1, TextBox2, PictureBox1)
End Sub
```

Damit die neuen Vereinbarungen später auch sichtbar werden, brauchen wir im Formular nun gleich drei Schaltflächen:

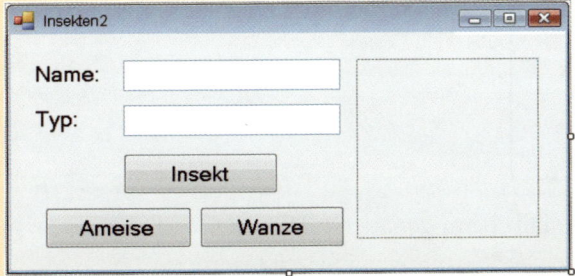

Fehlen noch die beiden neuen `Button_Click`-Methoden. Doppelklicken Sie dazu auf jede der beiden neuen Schaltflächen. Dann ergänzen Sie die Methoden entsprechend. Sie könnten sie neu eintippen, aber es ist bequemer, den Text aus `Button1_Click` zu kopieren und anzupassen:

```
Private Sub Button2_Click(ByVal sender As System.Object, ByVal e As System.EventArgs) _
Handles Button2.Click
   Ameise1.Erscheine()
End Sub

Private Sub Button3_Click(ByVal sender As System.Object, ByVal e As System.EventArgs) _
Handles Button3.Click
   Wanze1.Erscheine()
End Sub
```

 Geeignete Bilder für verschiedene Insekten lassen sich aus dem Internet holen, wenn Sie z.B. bei *Google* unter der Rubrik *Bilder* die Begriffe »Insekt«, »Ameise« oder »Wanze« eingeben. Ansonsten verwenden Sie einfach die Bilder, die im Projekt *Insekten* auf der DVD bereits im passenden Unterordner *bin\Debug* liegen. Außerdem gibt es noch einen Extraordner *Projekte\Bilder*.

Zu beachten ist, dass *alle* Bilder (also sowohl die aus dem Internet als auch die auf der DVD zum Buch) dem Copyright unterliegen und nur privat genutzt werden dürfen!

Das Programm kann nun gestartet werden und es funktioniert auch – weitgehend. Aber irgendwie doch nicht ganz. Am Beispiel »Wanze« sehen wir zwar den passenden Namen und das richtige Bild, aber den falschen Typ – auch wenn es stimmt, dass die Wanze ein Insekt ist.

Wenn Sie mal eben in den Quelltext wechseln, fällt beim genaueren Hinsehen auf, dass es zwar keine Fehlermeldungen gibt, wohl aber zwei gleiche Warnungen angezeigt werden.

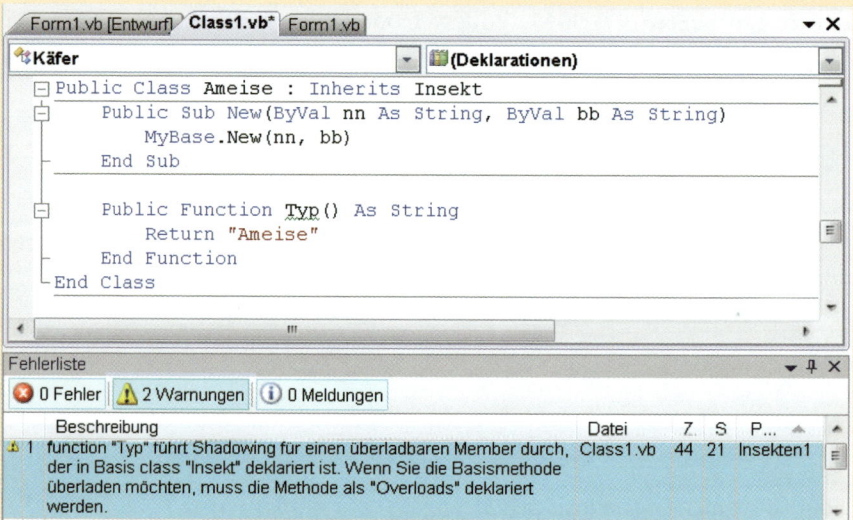

Beide betreffen die Funktion Typ. Visual Basic mahnt irgendeine Unklarheit an. Der Grund dafür ist, dass es sowohl in der Klasse Ameise als auch in der Klasse Wanze zwei Methoden mit dem Namen Typ gibt: eine eigene neu vereinbarte und eine geerbte.

Geerbte Methoden lassen sich in der Regel so einsetzen, wie sie sind. Hat allerdings eine abgeleitete Klasse ebenfalls eine Methode mit demselben Namen, »überschattet« oder »verdeckt« diese die geerbte Methode und man muss auf die alte geerbte Methode über den »Vorsatz« MyBase zugreifen.

Doppelte Methodennamen sind also erlaubt, damit dabei aber Eindeutigkeit herrscht, sollte man hier das Zusatzwort Shadows einsetzen (auf Deutsch heißt das »Schatten«), um anzuzeigen, dass die Verdeckung gewollt ist. Sobald Sie das im Quelltext von *Class1.vb* ergänzt haben, gibt es keine Verwarnung mehr:

```
Public Shadows Function Typ() As String
  Return "Ameise"
End Function

Public Shadows Function Typ() As String
  Return "Ameise"
End Function
```

Methoden überschreiben

Ausgeräumt ist damit unser Problem noch immer nicht, dass weder die Ameise noch die Wanze etwas über ihren konkreten Typ preisgeben wollen oder können. Schauen wir uns mal an, was genau passiert: Um etwas anzuzeigen, wird die Methode Erscheinen aufgerufen, die wiederum die Methode Typ aktiviert. In einer Tabelle steht, von welcher Klasse die Methoden jeweils stammen:

Objekt	Sub Erscheinen von	Function Typ von
Insekt1	Insekt	Insekt
Ameise1	Insekt	Insekt
Wanze1	Insekt	Insekt

Wie Sie sehen, läuft hier alles innerhalb der Mutterklasse Insekt ab. Es ist so, als wären die Typ-Methoden von Ameise und Wanze gar nicht vereinbart worden. Jedenfalls nimmt die geerbte Methode Erscheinen davon keine Notiz. Oder bemerkt sie nur die neuen Methoden nicht? Wie sollte sie auch? Und mit dem Wort Shadows ist uns offenbar nicht geholfen.

Für den Aufruf einer Methode gibt es offenbar diese beiden Wege:

- Wenn das Projekt vom Compiler in ein vom PC ausführbares Programm übersetzt wird, setzt er an die Stelle, an der eine Methode aufgerufen wird, deren Adresse. Damit legt er fest, welche Methode zu verwenden ist. Das nennt man *frühe Bindung*.

  Das gilt für die bisher von uns vereinbarten Methoden. Man spricht hier auch von einer *statischen* Methode.

- Bei der Übersetzung des Projekts wird die Stelle, an der eine Methode aufgerufen wird, mit einem Platzhalter markiert. Erst während das Programm läuft, lässt sich dort dann die Adresse der passenden Methode einsetzen (die dann benutzt wird). Das nennt man *späte Bindung*.

  Für eine solche Methode muss ein Zusatz verwendet werden, damit der Compiler sie erkennt (Overridable). Man nennt das auch *virtuelle* Methode. Eine späte Bindung ermöglicht es, die betreffende Methode durch eine andere mit gleichem Namen zu *überschreiben* (Override).

111

Probieren wir aus, ob uns das Pärchen `Overridable` und `Override` weiterhelfen kann (▶ *Insekten3*). Betroffen davon sind alle drei Typ-Methoden in *Class1.vb*. Zuerst kommt die Methode der Mutterklasse, die nun so aussieht:

```
Public Overridable Function Typ() As String
  Return "Insekt"
End Function
```

Dann folgen die Methoden der beiden Kindklassen:

```
Public Overrides Function Typ() As String
  Return "Ameise"
End Function

Public Overrides Function Typ() As String
  Return "Wanze"
End Function
```

Nun wurde erst die geerbte Methode überschreibbar gemacht, dann konnten die neuen Methoden die alte *überschreiben* (englisch: Overriding).

Wenn wir jetzt noch einmal das ganze Programm starten, sollte für die Ameise diesmal so etwas herauskommen:

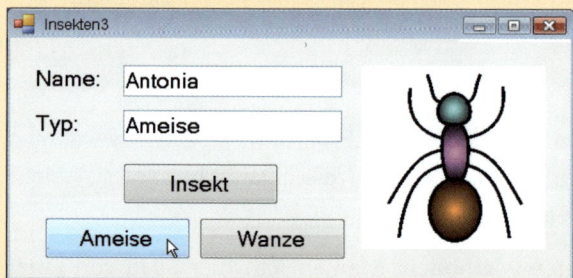

Und auch die Wanze weiß jetzt, was für ein Typ sie ist. Die Mutter von beiden wusste es von Anfang an.

Durch das *Überschreiben* der Methoden findet die Methode `Erscheinen` jetzt auch den richtigen Weg:

Objekt	Sub Erscheinen von	Function Typ von
Insekt1	Insekt	Insekt
Ameise1	Insekt	Ameise
Wanze1	Insekt	Wanze

Ohne diesen Mechanismus hätten wir auch den Kindklassen je eine Erscheinen-Methode spendieren müssen, womit sich der Quelltext unnötig aufblähen würde.

 Ein direkter Zugriff auf die von der Insekt-Klasse geerbte Typ-Methode ist nun nicht mehr möglich. Dazu muss man jetzt den Vorsatz MyBase einsetzen: MyBase.Typ aktiviert aus jeder anderen Kindmethode wieder die Methode der Mutter.

Select...Case

Wir wollen das Ganze noch ein bisschen weiter treiben, indem wir die Objekte nicht mehr per Mausklick auf eine Schaltfläche auswählen, sondern sie per Zufall erscheinen lassen (▶ *Insekten4*). Dazu muss unser Formular wieder ein wenig zurückgebaut werden:

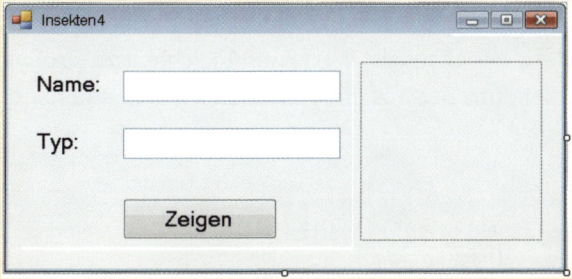

Bei jedem Klick auf »Zeigen« soll nun eine andere Art aus unserer bescheidenen Insektensammlung auftauchen. Um das zu verwirklichen, verwenden wir eine neue Kontrollstruktur in der Methode Button1_Click:

```
Private Sub Button1_Click(ByVal sender As System.Object, ByVal e As System.EventArgs) _
Handles Button1.Click
  Dim Zufall As Integer = Int(3 * Rnd())
  Select Case Zufall
    Case 0 : Insekt1 = New Insekt("Igor", "Insekt1.jpg")
    Case 1 : Insekt1 = New Ameise("Antonia", "Insekt2.jpg")
    Case 2 : Insekt1 = New Wanze("Wanda", "Insekt3.jpg")
  End Select
  Insekt1.Init(TextBox1, TextBox2, PictureBox1)
  Insekt1.Erscheine()
End Sub
```

Zuerst wird eine Zahl vereinbart und dann sogleich ein Zufallswert zwischen 0 und 2 erzeugt. Dieser Wert bestimmt dann den Typ des Objekts, das der Variablen Insekt1 zugewiesen wird. Anschließend findet die Verknüpfung mit den Komponenten für die Anzeige statt (Init). Und dann darf das Insekt erscheinen.

Die hier verwendete Select...Case-Struktur hat einen Namen: Man spricht bei dieser Kontrollstruktur von Fallunterscheidung oder Mehrfachverzweigung. Und ein *Struktogramm* gibt es auch:

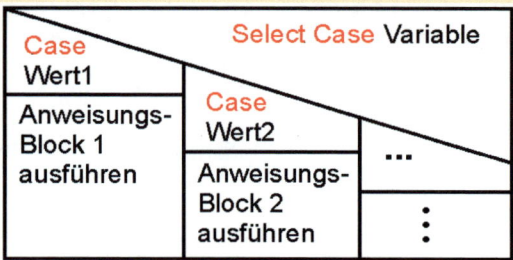

Über Select Case wird eine Variable übernommen, deren Wert dann in den einzelnen Case-Zweigen auf Gleichheit überprüft wird. Je nach Fall werden dann die entsprechenden Einzelanweisungen oder Anweisungsblöcke ausgeführt.

Diese Struktur beschränkt sich nicht allein auf die Möglichkeit, Werte auf Gleichheit zu prüfen, auch andere Vergleiche sind möglich. So wird hier zum Beispiel ein Wertebereich abgetestet:

```
Dim Zufall As Integer = Int(9 * Rnd())
Select Case Zufall
    Case 0 To 2 : Insekt1 = New Insekt("Igor", "Insekt1.jpg")
    Case 3 To 5 : Insekt1 = New Ameise("Antonia", "Insekt2.jpg")
    Case 6 To 8 : Insekt1 = New Wanze("Wanda", "Insekt3.jpg")
End Select
```

Das Wörtchen To kennen Sie bereits von der For-Struktur. Eine andere Möglichkeit wäre diese:

```
Dim Zufall As Integer = Int(9 * Rnd())
Select Case Zufall
    Case Is < 3 : Insekt1 = New Insekt("Igor", "Insekt1.jpg")
    Case 3 To 5 : Insekt1 = New Ameise("Antonia", "Insekt2.jpg")
    Case Is > 5 : Insekt1 = New Wanze("Wanda ", "Insekt3.jpg")
End Select
```

Über den Zusatz Is lassen sich auch die Vergleichsoperatoren für »Kleiner« und »Größer« verwenden.

Damit ist diese Struktur sehr vielseitig – wenn es um mehr als nur zwei Alternativen geht. Sogar ein Case Else-Zweig ist erlaubt, falls der vorhandene Wert nicht unter den Case-Zweigen aufgeführt ist.

Um unser Projekt endlich testen zu können, fehlt noch eine Anpassung der Methode Form1_Load, die sich hier ganz dünn macht:

```
Private Sub Form1_Load(ByVal sender As System.Object, ByVal e As System.EventArgs) _
Handles MyBase.Load
   Randomize()
End Sub
```

Hier wird nur noch der Zufallszahlengenerator in Gang gesetzt. Nun können Sie das Programm starten und mit jedem Klick die Daten eines anderes Insekts anzeigen – möglicherweise, denn es kann durchaus passieren, dass mal eines mehrfach hintereinander erscheint, die Auswahl ist schließlich nicht sonderlich groß.

> **Erscheinungsformen**
>
> Alles das, was Sie bisher hier erlebt haben, ist *Polymorphie*. Ein Objekt samt Eigenschaften und Methoden kann offenbar viele verschiedene *Erscheinungsformen* haben. Das zuletzt vereinbarte Objekt `Insekt1` wurde zwar nur als Instanz der einfachen Klasse `Insekt` vereinbart, durfte sich aber im Laufe des Programms auch mal in eine `Ameise` oder in eine `Wanze` verwandeln.

Das richtige Timing

Das ständige Klicken auf die Schalfläche kann durchaus lästig werden. Da sehnt man sich nach einer Automatik: Einmal klicken würde die Insektenschau starten, erneutes Klicken würde sie wieder beenden (▶ *Insekten5*).

Dazu vereinbaren wir gleich wieder eine Schaltvariable vom Typ `Boolean`, auch *Boolesche* Variable genannt:

```
Dim Start As Boolean
```

Diesen Schalter setzen wir in der `Form1_Load`-Methode auf »An«:

```
Private Sub Form1_Load(ByVal sender As System.Object, ByVal e As System.EventArgs) _
Handles MyBase.Load
   Randomize()
   Start = True
End Sub
```

Außerdem muss die *Text*-Eigenschaft der Schalfläche in »Start« geändert werden.

Nun brauchen wir noch eine Komponente, die für das richtige »Timing« sorgt. Öffnen Sie über *Ansicht/Toolbox* die Liste mit dem *Komponenten*-Angebot. Suchen Sie dort (ziemlich weit unten) nach dem Eintrag *Timer* und klicken Sie darauf.

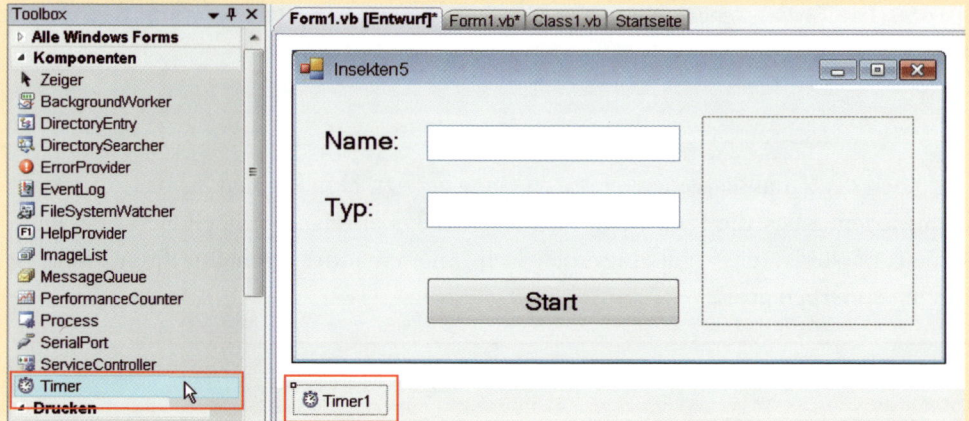

Der Mauszeiger verwandelt sich in ein Symbol mit einer kleinen Uhr. Klicken Sie damit irgendwo auf eine freie Fläche im Formular. Und damit haben Sie die erste unsichtbare Komponente eingefügt. Damit man aber etwas von ihrer Existenz bemerkt, erscheint unterhalb des Formulars ein kleines Anzeigefeld mit der Aufschrift »Timer1«.

Diesen *Zeitgeber* wollen wir nun für unsere Zwecke einsetzen. Doppelklicken Sie auf das Feld und Sie landen in einer neuen Methode namens `Timer1_Tick`. Dorthin müssen wir jetzt alles transportieren, was zuvor in der `Button1_Click`-Methode stand:

```
Private Sub Timer1_Tick(ByVal sender As System.Object, ByVal e As System.EventArgs) _
Handles Timer1.Tick
  Dim Zufall As Integer = Int(3 * Rnd())
  Select Case Zufall
    Case 0 : Insekt1 = New Insekt("Igor", "Insekt1.jpg")
    Case 1 : Insekt1 = New Ameise("Antonia", "Insekt2.jpg")
    Case 2 : Insekt1 = New Wanze("Wanda", "Insekt3.jpg")
  End Select
  Insekt1.Init(TextBox1, TextBox2, PictureBox1)
  Insekt1.Erscheine()
End Sub
```

Die Methode für den Mausklick auf die Schaltfläche ist nun verwaist, was aber nicht so bleiben soll, denn hier muss ja geregelt werden, ob die Anzeigefolge gestartet oder gestoppt werden soll. Dazu verwenden wir hier die Schaltvariable `Start`:

```
Private Sub Button1_Click(ByVal sender As System.Object, ByVal e As System.EventArgs) _
Handles Button1.Click
  If Start Then    'Start = True
    Timer1.Start()
    Button1.Text = "Stop"
  Else    'Start = False
    Timer1.Stop()
    Button1.Text = "Start"
```

```
      End If
      Start = Not Start
End Sub
```

Wenn Start »angeschaltet« (True) ist, wird der Timer gestartet, außerdem erhält die Schaltfläche die Aufschrift »Stop«. Ist Start »ausgeschaltet« (False), wird der Timer gestoppt und die Schaltfläche bekommt ihre alte Aufschrift »Start« zurück. Zuletzt wird der Schalter Start umgeschaltet:

```
Start = Not Start
```

Das vorgesetzte Not ändert den Wert einer Variablen vom Typ Boolean in ihr Gegenteil: Aus True wird False und aus False wird True.

 Not ist auch ein Operator, so etwas wie ein *Vorzeichen*, wie das Minus bei negativen Zahlen. Es lässt sich auch bei Bedingungen einsetzen, z.B.:

```
If Not (Zahl = 0) Then Ergebnis = 1/Zahl
```

Fluginsekt

Ich möchte gern noch einmal ganz an den Anfang zurück, dorthin, wo wir nur ein einfaches Insekt vereinbart haben (▶ *Insekten6*). Dazu brauchen wir nur die Insekt-Vereinbarung in *Class1. vb* und den Aufruf zum Erscheinen in *Form1.vb*. Das heißt, der Quelltext sähe dort so aus:

```
Public Class Form1
  Private Insekt1 As Insekt

  Private Sub Button1_Click(ByVal sender As System.Object, ByVal e As System.EventArgs) _
Handles Button1.Click
    Insekt1.Erscheine()
  End Sub

  Private Sub Form1_Load(ByVal sender As System.Object, ByVal e As System.EventArgs) _
Handles MyBase.Load
    Insekt1 = New Insekt("Igor", "Insekt1.jpg")
    Insekt1.Init(TextBox1, TextBox2, PictureBox1)
  End Sub

End Class
```

Bei der Vereinbarung einer Kindklasse gehen wir jetzt sozusagen in die dritte Dimension. Die Klassen Ameise und Wanze können Sie entfernen, sie werden hier nicht gebraucht. Die neue abgeleitete Klasse nennen wir Fliege. Im Gegensatz zu Ameisen und Wanzen bekommt diese Klasse eine etwas andere Ausstattung:

```
Public Class Fliege : Inherits Insekt
  'Eigenschaften
  Protected Zusatz As String
  Protected Zusatzschild As TextBox

  'Methoden
  Public Sub New(ByVal nn As String, ByVal bb As String, ByVal zz As String)
    MyBase.New(nn, bb)
    Zusatz = zz
    Zusatzschild = New TextBox
  End Sub

  Public Sub Init _
  (ByVal NN As TextBox, ByVal TT As TextBox, ByVal ZZ As TextBox, ByVal LL As PictureBox)
    MyBase.Init(NN, TT, LL)
    Zusatzschild = ZZ
  End Sub

  Public Overrides Function Typ() As String
    Return "Fliege"
  End Function

  Public Sub Erscheine()
    MyBase.Erscheine()
    Zusatzschild.Text = Zusatz
  End Sub

End Class
```

Zunächst bekommt die neue Klasse zwei neue Elemente als Eigenschaften: Zusatz als String und Zusatzschild als Textfeld. Damit bietet sie neben den Standardanzeigen von Name und Typ noch eine zusätzliche Informationsmöglichkeit.

Dann fällt auf, dass sämtliche Methoden von Insekt neu definiert wurden, also nicht nur die *Typ*-Funktion und der Konstruktor New. Und wenn Sie mal genauer hinschauen, sehen Sie, dass der neue Konstruktor eine andere Parameterliste hat als der Konstruktor der Mutterklasse:

```
Public Sub New(ByVal nn As String, ByVal bb As String, ByVal zz As String)
  MyBase.New(nn, bb)
  Zusatz = zz
  Zusatzschild = New TextBox
End Sub
```

Zuerst wird in New der Basiskonstruktor (MyBase.New) aufgerufen, ihm werden zwei Werte übergeben. Den dritten Parameterwert erhält die neue Eigenschaft Zusatz. Außerdem wird hier eine dritte Textbox erzeugt. Die wird über die neue Init-Methode mit einem weiteren Textfeld der Formulars verknüpft:

```
Public Sub Init _
(ByVal NN As TextBox, ByVal TT As TextBox, ByVal ZZ As TextBox, ByVal LL As PictureBox)
  MyBase.Init(NN, TT, LL)
  Zusatzschild = ZZ
End Sub
```

Das sollte natürlich auch vorhanden sein. Doch darum kümmern wir uns später. Die Methode Typ können wir überspringen, sie bringt außer dem Text »Fliege« nichts Neues. Kommen wir zu der Methode, die für das Erscheinen der Objektdaten zuständig ist:

```
Public Sub Erscheine()
  MyBase.Erscheine()
  Zusatzschild.Text = Zusatz
End Sub
```

Auch nichts Außergewöhnliches. Was steht einem Programmlauf noch im Wege? Ach ja, die Anpassung des Formulars und des Hauptprogramms. So könnte das Formular aussehen:

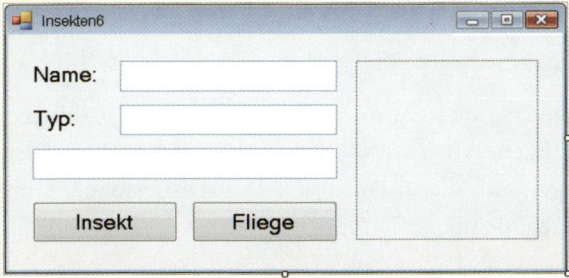

Nach der Vereinbarung eines neuen Objekts mit Private Fliege1 As Fliege sehen die beiden Button_Click-Methoden so aus:

```
Private Sub Button1_Click(ByVal sender As System.Object, ByVal e As System.EventArgs) _
Handles Button1.Click
  Insekt1.Erscheine()
  TextBox3.Text = ""
End Sub

Private Sub Button2_Click(ByVal sender As System.Object, ByVal e As System.EventArgs) _
Handles Button2.Click
  Fliege1.Erscheine()
End Sub
```

Die Anweisung, die den Text des dritten Textfeldes auf leer ("") setzt, dient lediglich der besseren Optik, weil es für das Insekt keine Zusatzanzeige gibt (und sonst alter Text dort stehen bleibt). Und so sieht die Methode Form1_Load jetzt aus:

```
Private Sub Form1_Load(ByVal sender As System.Object, ByVal e As System.EventArgs) _
Handles MyBase.Load
  Insekt1 = New Insekt("Igor", "Insekt1.jpg")
  Insekt1.Init(TextBox1, TextBox2, PictureBox1)
  Fliege1 = New Fliege("Fatima", "InsektX.jpg", "kennt AntMe nicht")
  Fliege1.Init(TextBox1, TextBox2, TextBox3, PictureBox1)
End Sub
```

Methoden überladen

Nach der Erzeugung und Initialisierung beider Objekte schauen wir mal, was wir zu sehen bekommen:

Unter der Angabe von Name und Typ des neuen Insekts steht noch ein von Ihnen frei wählbarer Zusatztext, der bei einem Klick auf die Schaltfläche »Insekt« wieder verschwindet. So weit so schön, aber dann fallen plötzlich die Warnungen auf, die unten in der Fehlerliste stehen. Dort heißt es unter anderem: »Wenn Sie die Basismethode überladen möchten, muss die Methode als Overloads deklariert werden.«

Eigentlich kein Wunder, denn wir haben ja sowohl für Init als auch für Erscheine die geerbten Methoden überschrieben – oder? Stand da nicht etwas von »Überladen«?

Überschreiben oder Überladen?

Was ist der Unterschied zwischen diesen beiden Techniken?

* *Überschreiben* (englisch: Overriding) ist nur bei Methoden möglich, die sich in verschiedenen Klassen befinden, z.B. die eine in der Mutterklasse, die andere in der Kindklasse. Durch *Überschreiben* ist die geerbte Methode in der Kindklasse nicht mehr *direkt* verfügbar, als sei sie gelöscht.

* *Überladen* (englisch: Overloading) betrifft vor allem Methoden mit *unterschiedlichen* Parameterlisten oder unterschiedlichen Rückgabetypen, wenn es Funktionen sind. Durch *Überladen* bleiben alle Methoden gleichen Namens in einer Klasse verfügbar.

In unserer neuen Klasse Fliege wurde nur die Methode Typ überschrieben, weil wir hier nur die neue Methode brauchen. Alle anderen Methoden sollen überladen werden. Dazu muss nur dasselbe Wörtchen Overloads zweimal im Quelltext der Datei *Class1.vb* ergänzt werden:

```
Public Overloads Sub Init _
(ByVal NN As TextBox, ByVal TT As TextBox, ByVal ZZ As TextBox, ByVal LL As PictureBox)
   MyBase.Init(NN, TT, LL)
   Zusatzschild = ZZ
End Sub

Public Overloads Sub Erscheine()
   MyBase.Erscheine()
   Zusatzschild.Text = Zusatz
End Sub
```

So ist es z.B. möglich, wahlweise die neue oder die alte Methode zu verwenden, denn sie lassen sich ja an ihren Parametern unterscheiden. Das Objekt Fliege1 lässt sich nun auf zwei Arten initialisieren:

```
Fliege1.Init(TextBox1, TextBox2, PictureBox1)
Fliege1.Init(TextBox1, TextBox2, TextBox3, PictureBox1)
```

Im ersten Fall bleibt dann das dritte Textfeld leer. Anders sieht es bei Erscheine aus. Da haben doch eigentlich weder die geerbte noch die neue Methode einen Parameter. Stimmt, aber die Situation wird sich gleich ändern (▶ *Insekten7*):

```
Public Overloads Sub Erscheine(ByVal zz As String)
   MyBase.Erscheine()
   Zusatz = zz
   Zusatzschild.Text = Zusatz
End Sub

Public Overloads Sub Erscheine(ByVal zz As Integer)
   MyBase.Erscheine()
```

121

```
   Try
      Zusatz = "Nr. " + CStr(zz)
   Catch ex As Exception
      Zusatz = ""
   End Try
   Zusatzschild.Text = Zusatz
End Sub
```

Nun hat die Methode Erscheine in der Klasse Fliege zwei Geschwister bekommen, mit *gleichem* Namen, aber *verschiedenen* Parametertypen. Durch den Zusatz Overloads dürfen in einer Klasse also mehrere (bis viele) *gleichnamige* Methoden vorhanden sein. Und sie lassen sich bei einem Objekt natürlich auch nutzen, z.B. sind diese drei Aufrufe möglich:

```
Fliege1.Erscheine()
Fliege1.Erscheine("will hoch hinaus")
Fliege1.Erscheine(1)
```

Auch der Konstruktor New kann in einer Klasse mehrfach vorkommen, wenn alle Vereinbarungen sich in Typ oder Anzahl der Parameter unterscheiden. Der Zusatz Overloads ist hier allerdings nicht nötig und auch nicht erlaubt. Einige Beispiele:

```
Public Sub New()
   MyBase.New("", "")
   Zusatz = ."
   Zusatzschild = New TextBox
End Sub

Public Sub New(ByVal nn As String, ByVal bb As String)
   MyBase.New(nn, bb)
   Zusatz = ""
   Zusatzschild = New TextBox
End Sub

Public Sub New(ByVal nn As String, ByVal bb As String, ByVal zz As String, _
   ByVal NNN As TextBox, ByVal TTT As TextBox, ByVal ZZZ As TextBox, ByVal LLL As
PictureBox)
   MyBase.New(nn, bb)
   MyBase.Init(NNN, TTT, LLL)
   Zusatz = zz
   Zusatzschild = ZZZ
End Sub
```

 Wenn Sie wollen, können Sie sich zum Abschluss mal das Projektbeispiel AntMe8 anschauen, dort sind dann nochmal alle Insekten versammelt.

Zusammenfassung

Damit sind wir am Ende eines längeren Teils angelangt, den man als »Vorgruppe« bezeichnen könnte. Die Hauptgruppe *AntMe!* hat nämlich vom nächsten Kapitel an ihren Auftritt. Auch hier gab es wieder einiges an Neuem:

- OOP ist *Kapselung*: Eine Klasse (Class) bildet eine Einheit aus Eigenschaften und Methoden.

- OOP ist *Vererbung*: Aus einer bestehenden Klasse lassen sich neue Kindklassen ableiten. Sie erben (Inherits) alle Eigenschaften und Methoden der Mutterklasse.

- OOP ist *Polymorphie*: Je nach Bedarf lässt sich eines von mehreren Objekten einsetzen, wenn das Programm bereits läuft. Außerdem kann während der Programmlaufzeit eine von mehreren gleichartigen Methoden aufgerufen werden. Dazu müssen diese Methoden virtuell sein.

- Ist der Aufruf einer Methode bereits vor dem Start eines Programms festgelegt, so ist die Methode *statisch gebunden*, während sich bei *virtuellen* Methoden erst während der Programmausführung entscheidet, welche Version der Methode aufgerufen wird.

- Durch *Überladen* (Overloads) kann es mehrere gleichnamige Methoden in derselben Klassen geben.

- Durch *Überschreiben* (Overrides) kann eine neue Methode eine gleichnamige geerbte ersetzen, die alte Methode wird sozusagen aus der Erbschaft »entfernt«.

- Der Zugriff auf »verdeckte« Methoden der Mutterklasse ist über MyBase dennoch möglich.

- Automatische Wiederholungen in bestimmten Zeitintervallen lassen sich über ein Timer-Objekt regeln.

- Für mehrfache Verzweigungen steht die zusätzliche Kontrollstruktur Select...Case zur Verfügung.

Nun haben Sie schon einiges Rüstzeug in Sachen Programmierung zusammen. Die Zeit ist reif, Sie endlich auf das *AntMe!-Projekt* loszulassen.

6

Ein ganzes Ameisenvolk

Endlich ist es soweit. Sie sind nun reif genug, es nicht nur mit einem ganzen Volk von Ameisen aufzunehmen, sondern sich sogar zu ihrem Herrscher krönen zu lassen. Allerdings übernehmen Sie damit auch die Verantwortung für das Wohlergehen Ihres Volkes.

Sollten Sie erst hier zugestiegen sein, müssen Sie erst dafür sorgen, dass *Visual Basic* installiert ist. Auch benötigen Sie Grundkenntnisse in dieser Sprache. Sonst ist es besser, Sie stellen sich erst noch einmal in Kapitel 2 an.

AntMe! einrichten

Als Erstes werden wir jetzt unsere Programmierumgebung um das *AntMe!*-Projekt bereichern. Im Grunde genommen knüpfen wir an Kapitel 1 an, wo wir die Ameisen bereits zum Laufen gebracht hatten. Nur geschah dies mit Hilfe des Visual Editors, nun aber wird »richtig programmiert«.

Von einer echten Installation kann man nicht unbedingt sprechen. Denn Sie müssen nicht mehr tun, als den kompletten Ordner *AntMe!* von der DVD in das Verzeichnis zu kopieren, in dem Visual Basic ihre bisherigen Projekte abgelegt hat, z.B. *Visual Studio\Projects*.

AntMe!

Das kann wieder über das *StartDVD*-Programm geschehen oder indem Sie auf der DVD nach dem betreffenden Ordner suchen.

Dann starten Sie Visual Basic. Diesmal wollen wir ja kein neues Projekt beginnen, sondern mit einem bereits vorhandenen weiterprogrammieren. Klicken Sie deshalb auf *Datei/Projekt öffnen* und suchen Sie im Ordner *AntMe!* die Datei *Spieler.vbproj*. Markieren Sie den Namen und klicken Sie dann auf *Öffnen*.

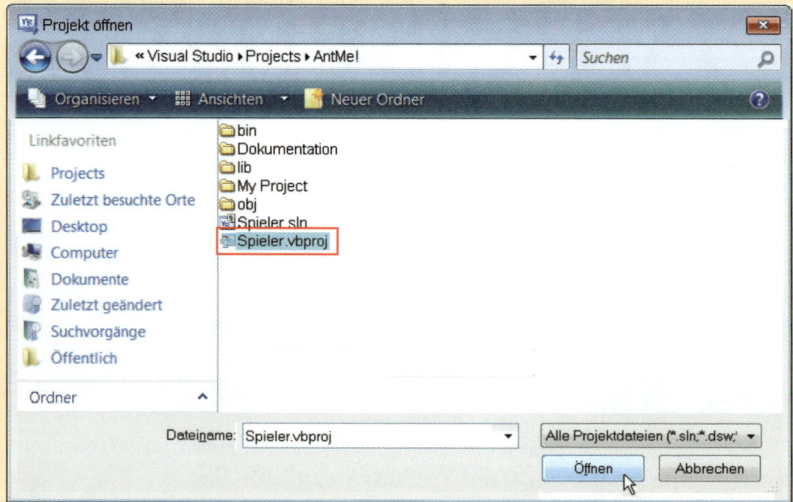

Sobald das Projekt geladen ist, suchen Sie rechts im *Projektmappen-Explorer* nach dem Eintrag *Spieler.vb* und doppelklicken darauf.

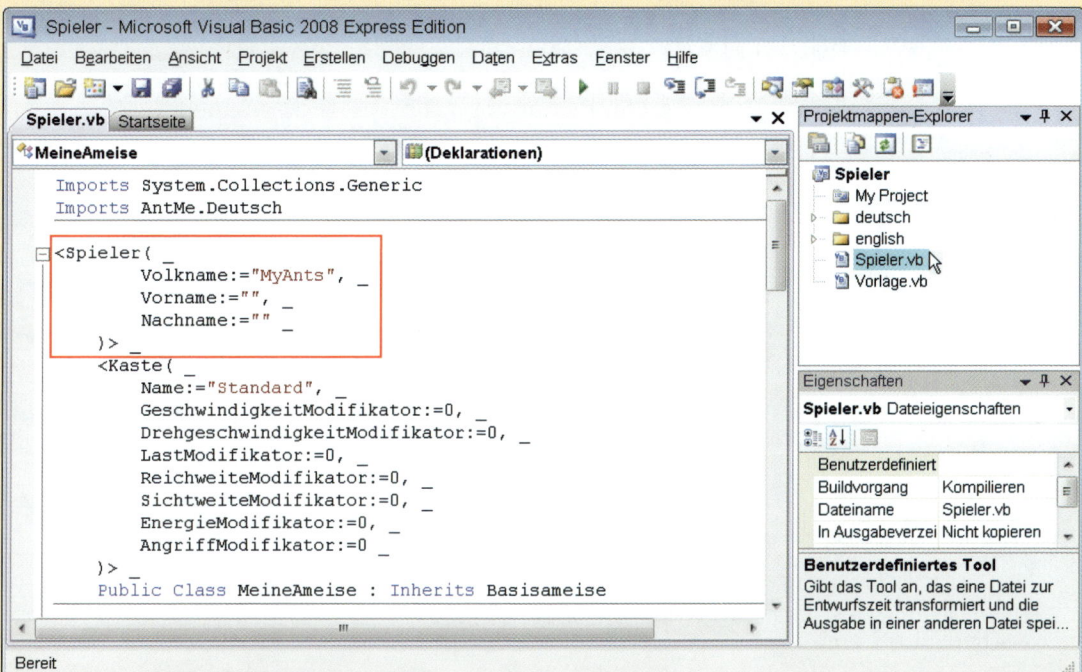

 Sollten Sie einmal einen Eintrag für eine Quelltextdatei nicht finden, weil das Fenster des Projektmappen-Explorers geschlossen ist, so öffnen Sie es wieder über *Ansicht/Projekt-mappen-Explorer*.

Von dem, was Sie im Quelltext erwartet, sagt Ihnen wahrscheinlich erst mal nur diese Zeile etwas:

```
Public Class MeineAmeise : Inherits Basisameise
```

Es gibt eine Mutterklasse namens `Basisameise`, deren Quelltext Sie übrigens nicht zu Gesicht bekommen, was auch nicht nötig ist. Und es gibt eine davon abgeleitete Kindklasse `MeineAmeise`, womit der Typ Ihrer Ameisen gemeint ist. Damit werden wir uns von diesem Kapitel an intensiv beschäftigen.

Damit Sie schon mal einen Überblick bekommen, schauen wir uns den Quelltext als Ganzes an:

```
Imports System.Collections.Generic
Imports AntMe.Deutsch

<Spieler( _
  Volkname:="MyAnts", _
  Vorname:="", _
  Nachname:="" _
)> _
```

```
<Kaste( _
  Name:="Standard", _
  GeschwindigkeitModifikator:=0, _
  DrehgeschwindigkeitModifikator:=0, _
  LastModifikator:=0, _
  ReichweiteModifikator:=0, _
  SichtweiteModifikator:=0, _
  EnergieModifikator:=0, _
  AngriffModifikator:=0 _
)> _
Public Class MeineAmeise : Inherits Basisameise

  Public Overrides Function BestimmeKaste(ByVal anzahl As Dictionary(Of String, Integer)) _
As String
    Return "Standard"
  End Function

  Public Overrides Sub Wartet()
  End Sub

  Public Overrides Sub WirdMüde()
  End Sub

  Public Overrides Sub Sieht(ByVal zucker As Zucker)
  End Sub

  Public Overrides Sub Sieht(ByVal obst As Obst)
  End Sub

  Public Overrides Sub ZielErreicht(ByVal zucker As Zucker)
  End Sub

  Public Overrides Sub ZielErreicht(ByVal obst As Obst)
  End Sub

  Public Overrides Sub RiechtFreund(ByVal markierung As Markierung)
  End Sub

  Public Overrides Sub SiehtFreund(ByVal ameise As Ameise)
  End Sub

  Public Overrides Sub SiehtFeind(ByVal wanze As Wanze)
  End Sub

  Public Overrides Sub SiehtFeind(ByVal ameise As Ameise)
  End Sub

  Public Overrides Sub WirdAngegriffen(ByVal wanze As Wanze)
  End Sub

  Public Overrides Sub WirdAngegriffen(ByVal ameise As Ameise)
  End Sub

  Public Overrides Sub Tick()
  End Sub

End Class
```

Die Anzahl der Methoden ist überschaubar. Wir werden sie alle nach und nach kennen lernen. In der folgenden Tabelle sind sie mit einer kurzen Erläuterung zusammengefasst:

BestimmeKaste	Hier wird der Ameisentyp festgelegt, voreingestellt ist der Typ Standard
Wartet	Hier wartet die Ameise auf (allgemeine) Anweisungen
WirdMüde	Wenn die Ameise ein Drittel ihres möglichen Weges gegangen ist, wird sie müde
Sieht	Hier sieht die Ameise Nahrung, also Zucker oder Obst
ZielErreicht	Hier wartet die Ameise an einem Nahrungsziel, was sie tun soll
RiechtFreund	Hier kann die Ameise auf das Wahrnehmen von Markierungen reagieren
SiehtFreund	Hier sieht die Ameise ein freundliches Insekt (= Ameise)
SiehtFeind	Hier sieht die Ameise ein feindliches Insekt (Wanze oder fremde Ameise)
WirdAngegriffen	Hier kann die Ameise auf einen Angriff reagieren
Tick	Hier können Anweisungen stehen, was jede Runde ausgeführt werden sollen

Fürs Erste ist es wichtig, dass Ihr künftiges Ameisenvolk einen Namen bekommt. Der steht ganz oben hinter Volkname:= . Ich habe dort schon mal MyAnts eingetragen, aber Sie sollten dort den Namen hinsetzen, den Ihr Volk tragen soll. Außerdem könnten Sie bei der Gelegenheit gleich darunter auch Ihren eigenen Vor- und Nachnamen schreiben und damit gleich Ihren Anspruch auf die »Ameisenkrone« geltend machen:

```
<Spieler( _
  Volkname:="MyAnts", _
  Vorname:="Hans-Georg", _
  Nachname:="Schumann" _
)> _
```

 Die vielen zusätzlichen Zeichen wie eckige Klammern (<>) und Unterstriche (_) haben alle ihren Sinn. Achten Sie unbedingt darauf, dass Sie nicht versehentlich etwas davon löschen. Sollte dies dennoch passieren, können Sie sich in der Datei *Vorlage.vb* orientieren, was fehlt.

Erster Spielstart

Wenn Sie wollen, können Sie das Projekt gleich schon mal ausprobieren. Klicken Sie also auf das Startsymbol oder auf *Debuggen/Debugging starten*. Kurz darauf öffnen sich zwei Fenster. Eines davon dient als *Spielzentrale*, hier können Sie verschiedene Einstellungen vornehmen und auch das *AntMe!*-Spiel starten und anhalten.

Das eigentliche Spielgeschehen findet auf dem *Spielfeld* statt. Und genau das schauen wir uns jetzt eine Weile an, um uns ein Bild über die aktuelle Lage zu machen.

Bevor Sie dieses Fenster zu sehen bekommen, müssen Sie zuerst in der Spielzentrale eine Simulation starten. Klicken Sie also auf den Reiter mit dem Eintrag *Simulation*. Damit wechseln Sie in eine Registerkarte, in der Sie sich eines der angebotenen Ameisenvölker aussuchen können. Wir entscheiden uns jetzt für das Volk, mit dem wir es von diesem Kapitel an zu tun haben.

Klicken Sie auf *MyAnts* oder den Namen, den Sie Ihren Ameisen gegeben haben, und ziehen Sie den markierten Eintrag nach rechts. Wenn Sie dann die Maustaste wieder loslassen, müsste dort etwas wie »Team 1« und darunter der Name Ihres Volkes stehen.

 Sie können auch einfach auf einen Eintrag *doppelklicken*, er erscheint dann automatisch auch rechts in der Liste der teilnehmenden Ameisenteams. Sollten Sie gleich mehrere Teams dort stehen haben, können Sie ein fehlgeleitetes Team wieder aus dieser Liste löschen: Dazu klicken Sie mit der *rechten* Mautaste auf den Namen und im Kontextmenü auf *Entfernen*.

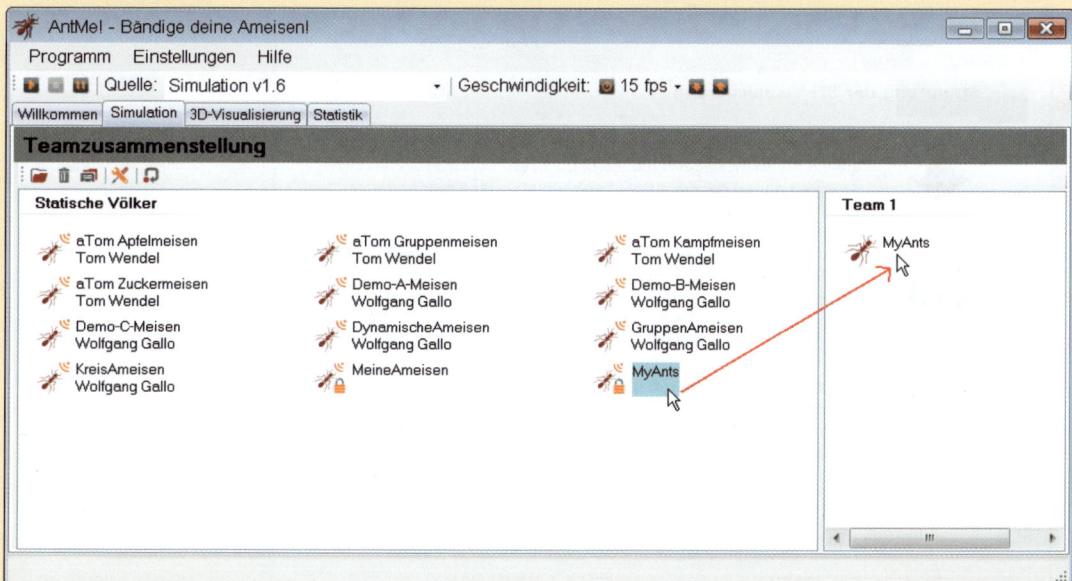

Nun haben Sie Ihr Team und können das Spiel starten. Dazu klicken Sie auf *Programm* und *Start* oder darunter auf den kleinen dreieckigen Startknopf und schon bald befinden Sie sich mitten im Spielgeschehen.

3D Steuerung

Die Maus hilft Ihnen dabei, Ihre Beobachtungsposition einzustellen:

- Mit der linken Maustaste bewegen Sie das Spielfeld in alle Richtungen.

- Mit der rechten Maustaste lässt sich das Spielfeld in der 3D-Darstellung drehen und »kippen«.

- Mit dem Scrollrad in der Mitte können Sie sich näher an das Geschehen heranzoomen.

Möglicherweise sehen Sie auch schon beim *Start* ein Dialogfeld mit ebendiesen Informationen. Wenn Sie für die nächsten Starts darauf verzichten können, sollten Sie das Häkchen vor dem Eintrag *Diese Information ... wieder anzeigen* entfernen, ehe Sie auf *Schließen* klicken.

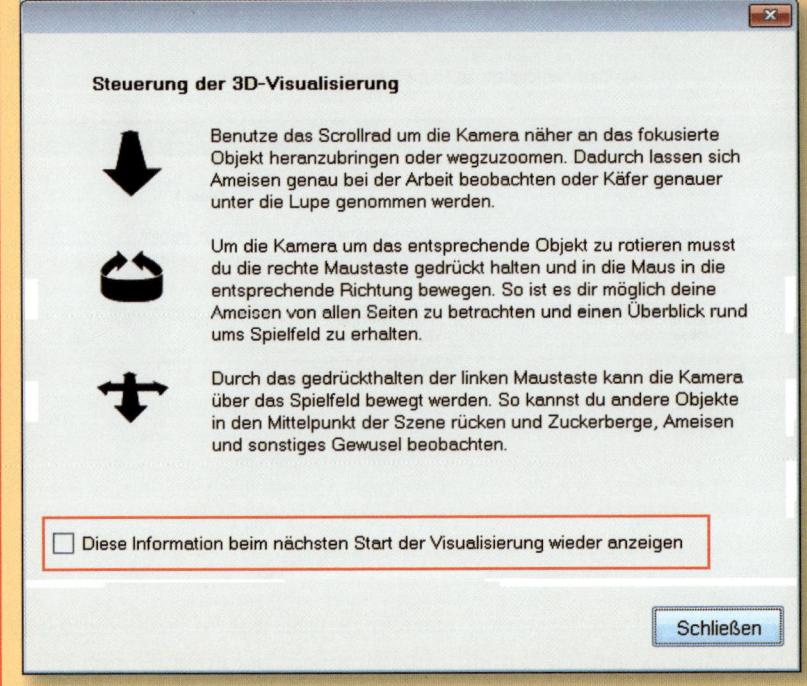

Vermutlich sehen Sie jetzt ein paar grüne und weiße Flecken. Das eine sind Äpfel, bei dem anderen handelt es sich um Zucker. Doch wo sind die Ameisen?

Aber halt, da taucht etwas auf, das krabbelt. Bei genauerem Hinsehen entpuppt sich das aber nur als Wanze in blau. Es kann durchaus sein, dass sich in der nächsten Zeit Ihrer Beobachtungen noch einige mehr von diesen Insekten sehen lassen. Doch von Ameisen ist weit und breit nichts zu sehen. Die warten währenddessen in ihrem Bau auf Ihre Anweisungen.

Und nun sind Sie dran. Programmiererfahrung haben Sie genug, und was Sie im ersten Kapitel mit dem Visual Editor geschafft haben, dürften Sie auch jetzt hinbekommen. Zuerst einmal beenden Sie das Spiel mit einem Klick auf die kleine Schaltfläche zum Schließen oben rechts im Spielfeld. Oder Sie benutzen das entsprechende Stopp-Symbol in der Spielzentrale.

 Auch hier gibt es die verschiedenen Entwicklungsstufen des Projekts auf der DVD im Ordner *Projekte\Kap06* zu finden. Allerdings sind dort jeweils nur die geänderten Dateien mit dem »Vornamen« *Spieler* in eigenen durchnummerierten Ordnern (*AntMe01* usw.) untergebracht. Sie müssen dann alle Dateien (mindestens die jeweilige *Spieler.vb*) in den *AntMe!*-Ordner auf Ihrer Festplatte kopieren, wodurch die dortigen Dateien überschrieben werden. Verweise auf die aktuelle Fassung gibt es wieder im Kontext. Und bei Problemen schauen Sie mal in Anhang A.

Endlich Bewegung

Zurück in der Visual Basic-Umgebung suchen Sie im Quelltext von *Spieler.vb* nach einer Methode
mit dem Namen Wartet.

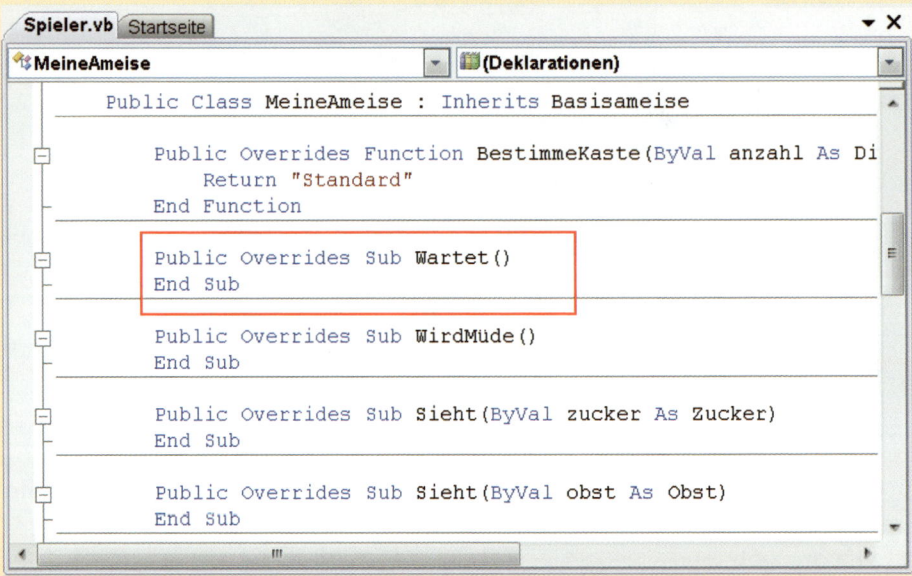

Wenn Sie sich mal umschauen, begegnet Ihnen einiges aus dem Wortschatz wieder, den Sie in den
letzten Kapiteln kennen gelernt haben. Sie können ruhig den gesamten Quelltext betrachten, um
sich einen Überblick über die Methoden zu verschaffen, die Ihrer Ameisenklasse zur Verfügung
stehen. Mit den meisten von ihnen bekommen Sie es nach und nach zu tun.

Jetzt aber widmen wir uns der Methode Wartet, denn die Ameisen werden in ihrem Bau langsam
ungeduldig. Diese Methode wird immer dann aufgerufen, wenn die Ameise nichts zu tun hat.
Ergänzen Sie die Methode so (▶ *AntMe01*):

```
Public Overrides Sub Wartet()
   GeheGeradeaus()
End Sub
```

Und schon beim nächsten Spielstart kommen die Ameisen aus ihrem Bau und sind emsig
unterwegs, indem sie genau das tun, was Sie ihnen aufgetragen haben: Sie laufen geradeaus. Und
das tun sie bis zum Rand des Spielfeldes, wo sie dann wenden und wieder und weiter geradeaus
laufen, bis ihnen eine Wanze den Garaus macht.

![AntMe! - 3D-Visualisierung screenshot]

Volk	gesammelte Nahrung	getötete Ameisen	getötete Wanzen	Punkte
MyAnts	0	0	0	**0**

Damit aus der Bewegung einer Ameise eine zielgerichtete wird, müssen wir ihr weitere Anweisungen geben. Das geschieht, indem wir nach und nach einige der vorhandenen leeren Methoden mit Quelltext füllen. Schauen wir uns um, welche als Nächstes infrage kommen könnte.

Interessant könnte die Methode Sieht sein.

Nahrung sehen und nehmen

Fangen wir mit dem an, was für viele Menschen am schmackhaftesten (wenn auch nicht am gesündesten) ist, dem Zucker. Lassen wir die Ameisen zum Zucker gehen, sobald sie ihn wahrnehmen:

```
Public Overrides Sub Sieht(ByVal zucker As Zucker)
  GeheZuZiel(zucker)
End Sub
```

Starten Sie Ihr Spiel und die Ameisen tun schön brav, was Sie ihnen aufgetragen haben – aber nicht mehr. Sie haben ein Ziel und gehen zum Zucker. Und dann bleiben sie dort. Besser wäre es, wenn sie sich etwas vom Zuckerhaufen schnappen und sich damit schleunigst auf den Rückweg zum Ameisenbau machen. Und genau das bringen Sie ihnen jetzt bei:

```
Public Overrides Sub ZielErreicht(ByVal zucker As Zucker)
  Nimm(zucker)
  GeheZuBau()
End Sub
```

Zuständig ist hier die Methode `ZielErreicht`: Sobald eine Ameise ihr Ziel, den Zucker, erreicht hat, nimmt sie sich, was sie kriegen kann und folgt dann der Anweisung `GeheZuBau`.

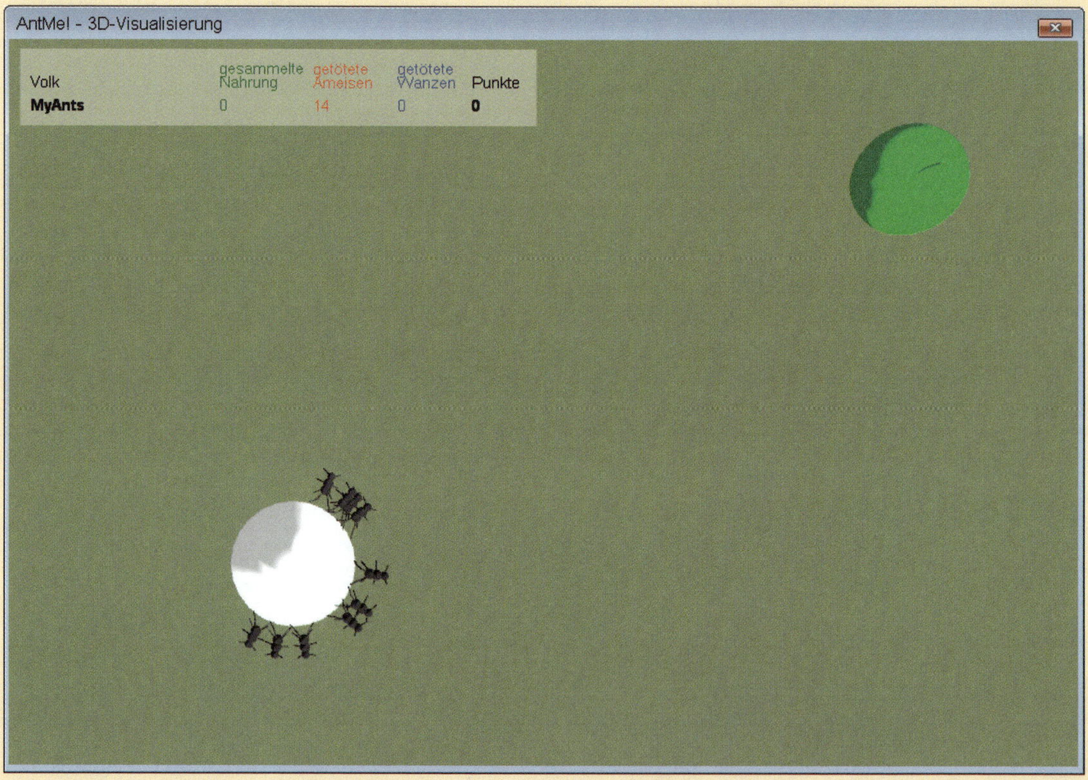

So die Theorie, doch die Praxis sieht leider anders aus. Sie sehen schon Ihre Autorität infrage gestellt. Wie soll man ein Volk regieren, das nicht einmal die einfachsten Befehle ausführen kann? Aber dann runzelt sich Ihre Stirn und weil Sie ein weiser Regent sind, beginnen Sie nachzudenken.

Hat die Ameise sich den Zucker genommen, will sie eigentlich zurück zum Bau. Da sie jedoch den Zucker weiter wahrnimmt (unsere Ameisen können in jede Richtung sehen), versucht sie natürlich auch, wieder zum Ziel zu gelangen. Damit bleibt sie am Zuckerberg hängen, weil sie ständig zwischen `GeheZuZiel` und `GeheZuBau` hin und her schwankt.

Wir müssen also eine Bedingung einbauen, die dieses Hin und Her durchbricht. Nur wenn eine Ameise sich noch keinen Zucker aufgeladen hat, soll sie sich dem Zuckerberg als Ziel zuwenden. Womit sich die Methode Sieht dann so ändern könnte:

```
Public Overrides Sub Sieht(ByVal zucker As Zucker)
  If AktuelleLast = 0 Then GeheZuZiel(zucker)
End Sub
```

Hat AktuelleLast den Wert 0, so hat die Ameise gerade nichts im Gepäck, also kann sie problemlos ein anderes Ziel als den Bau ansteuern. Anders, wenn sie etwas geladen hat: Dann sollte sie es baldmöglichst im Ameisenbau abliefern (und damit dort in Sicherheit bringen).

Und ein Programmlauf zeigt, dass unser Konzept funktioniert. Sie können zahlreiche Ameisen sehen, die mit einem Stück Zucker zurück zum Bau unterwegs sind.

Volk	gesammelte Nahrung	getötete Ameisen	getötete Wanzen	Punkte
MyAnts	255	19	0	**255**

Nun wollen wir die Äpfel nicht einfach so herumliegen lassen, sondern uns darum kümmern, dass die Ameisen auch sie aufsammeln. Beginnen wir wieder mit der Sieht-Methode, der wir nun gleich wie schon beim Zucker eine Bedingung verpassen, unter der die Ameisen einen Apfel ansteuern sollen:

```
Public Overrides Sub Sieht(ByVal obst As Obst)
  If AktuelleLast = 0 Then GeheZuZiel(obst)
End Sub
```

Ist die Ameise beim Apfel angekommen, soll sie versuchen, ihn in den Bau zu transportieren:

```
Public Overrides Sub ZielErreicht(ByVal obst As Obst)
  Nimm(obst)
  GeheZuBau()
End Sub
```

Träger gebraucht?

Wenn Sie jetzt das Programm starten, werden Sie Zeuge, dass tatsächlich eine einzelne Ameise schon bestrebt ist, einen Apfel zu bewegen. Das gelingt ihr auch, aber man kann sehen, dass sie Mühe hat. Mit der Zeit kommen mehr und mehr Ameisen hinzu, dadurch läuft der Transport immer zügiger ab und das Obst kommt irgendwann auch heil im Ameisenbau an.

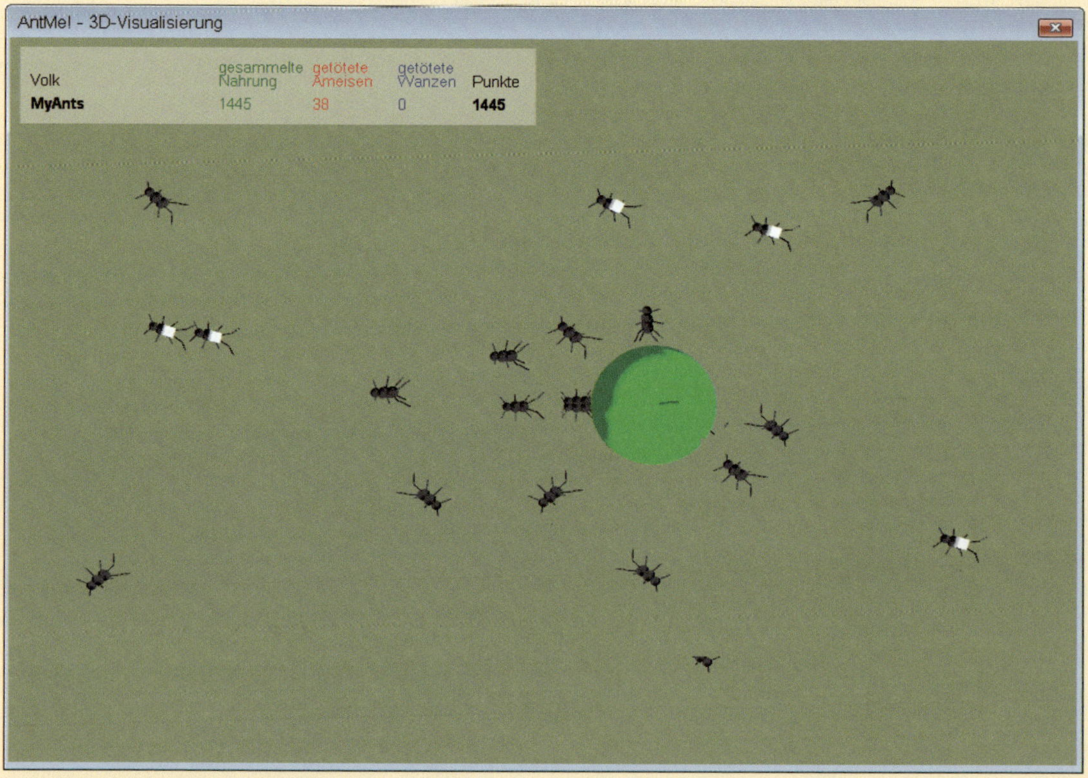

AntMel - 3D-Visualisierung				
Volk	gesammelte Nahrung	getötete Ameisen	getötete Wanzen	Punkte
MyAnts	1445	38	0	**1445**

Nun ist es zwar nett, wie rührend viele Ameisen sich so manches Mal um einen Apfel versammeln und alle mithelfen wollen, das gute Stück Obst heil nach Hause zu befördern. Aber es wird doch nur eine bestimmte Anzahl von Ameisen gebraucht, um den Apfel zu tragen. Deshalb lässt sich die Methode `ZielErreicht` so erweitern:

```
Public Overrides Sub ZielErreicht(ByVal obst As Obst)
  If BrauchtNochTräger(obst) Then
    Nimm(obst)
    GeheZuBau()
  End If
End Sub
```

Nun wird erst überprüft, ob überhaupt noch Träger benötigt werden, ehe eine Ameise sich auf den Weg macht: `BrauchtNochTräger` ist eine Funktion, die einen `Boolean`-Wert, also `True` oder `False` zurückgibt.

Es kann nicht schaden, die gleiche Kontrolle auch noch in der `Sieht`-Methode für das Obst einzusetzen, dann nämlich müssen Ameisen, die einen Apfel sehen, nicht erst näher kommen, wenn sie wissen, dass genug Kollegen zum »Schleppen« da sind:

```
Public Overrides Sub Sieht(ByVal obst As Obst)
  If AktuelleLast = 0 And BrauchtNochTräger(obst) Then GeheZuZiel(obst)
End Sub
```

Hat eine Ameise nichts im Gepäck und wird Hilfe bei einem Apfel gebraucht, kommt sie natürlich sofort.

Verknüpfung

Zwei Bedingungen, geht das? Offensichtlich schon, wenn man sie einfach mit einem entsprechenden Wort verknüpft. Hier heißt der *Verknüpfungsoperator* And, was bedeutet: **Beide** Bedingungen müssen erfüllt bzw. wahr sein, damit die Anweisungen hinter Then ausgeführt werden.

Daneben gibt es noch den Verknüpfungsoperator Or, der folgendes bedeutet: **Mindestens eine** Bedingung muss erfüllt bzw. wahr sein, damit die Anweisungen hinter Then ausgeführt werden. Ein Beispiel könnte sein:

```
If AktuelleLast > 0 Or Not BrauchtNochTräger(obst) Then GeheWegVon(obst)
```

Was bedeutet: Wenn die Ameise etwas zu tragen hat *oder* keine (= Not) Obstträger gebraucht werden, dann soll sie sich davon trollen.

Wanzen sehen und weglaufen

Während die Nahrungssuche einiges an Punkten bringt, Zucker ein wenig und Obst recht viel, verlieren im Laufe des Spiels doch eine ganze Menge Ameisen ihr Leben. Das liegt an den blauen Wanzen, offenbar ist diese Sorte besonders mordlustig.

Widmen wir uns jetzt dieser Insektenart und überlegen wir, wie sich unsere Ameisen vor ihnen schützen können. Es sollte keine Frage von Mut oder Feigheit sein: Oberstes Ziel ist, dass möglichst viele Ameisen am Leben bleiben. Diese Lösung wäre also mehr als unangebracht:

```
Public Overrides Sub SiehtFeind(ByVal wanze As Wanze)
    GeheZuZiel(wanze)
End Sub
```

Möglich wäre das, aber damit schicken wir die Ameisen in den sicheren Tod. Und wenn sie zusätzlich gerade etwas zu schleppen haben, sind sie noch weniger in der Lage, sich zur Wehr zu setzen. Besser wäre das Gegenteil (*AntMe02*):

```
Public Overrides Sub SiehtFeind(ByVal wanze As Wanze)
    GeheWegVon(wanze)
End Sub
```

Diese Anweisung bewirkt, dass die Ameisen bei Wahrnehmung einer Wanze kehrt machen und genau in die entgegengesetzte Richtung weiterlaufen. Damit die Flucht nicht ganz so lange dauert und eine Ameise sich anschließend in gebührender Entfernung von einer Wanze wieder der Nahrungssuche widmen kann, könnten z.B. 100 Schritte weg von der Wanze genügen, das sind umgerechnet 25 Ameisenlängen:

```
Public Overrides Sub SiehtFeind(ByVal wanze As Wanze)
    GeheWegVon(wanze, 100)
End Sub
```

 Wie Sie sehen, heißt hier die Wahrnehmungsmethode SiehtFeind. Wenn Sie genauer hinschauen, sehen Sie eine weitere Methode mit diesem Namen, die darauf hindeutet, dass es auch feindliche *Ameisen* geben könnte. Zusammen mit SiehtFreund gibt es so die Möglichkeit, zwischen Feind und Freund zu unterscheiden.

Man kann das Reißausnehmen noch ein wenig optimieren. Normalerweise läuft eine Ameise mit voller Geschwindigkeit und ist dann schneller als eine Wanze. Hat sie sich aber gerade ein Stück

Zucker geschnappt oder versucht einen Apfel zum Bau zu zerren, dann ist sie so langsam, dass eine Wanze sie einholen kann. Deshalb erweitern wir die SiehtFeind-Methode noch um eine Zeile:

```
Public Overrides Sub SiehtFeind (ByVal wanze As Wanze)
  If AktuelleLast > 0 Then LasseNahrungFallen()
  GeheWegVon(wanze, 100)
End Sub
```

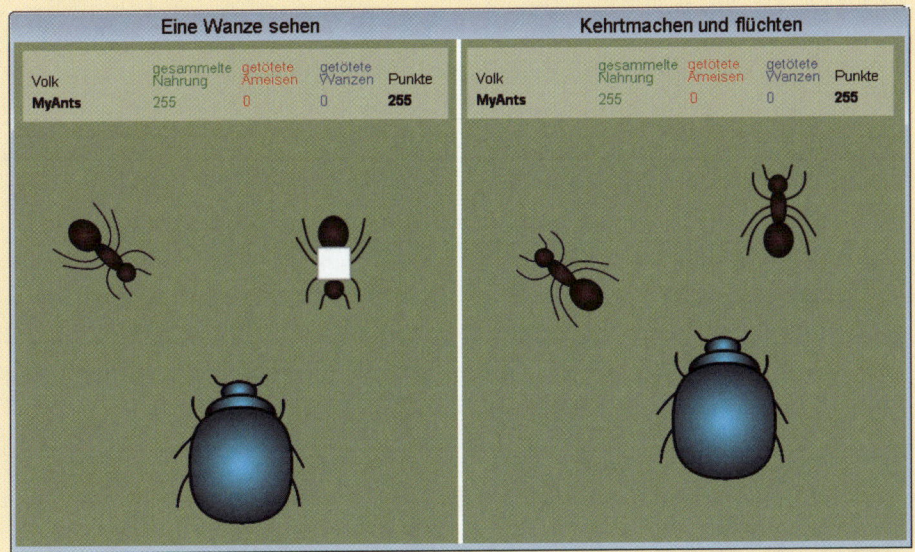

Wenn AktuelleLast einen Wert hat, der größer ist als 0, dann hat die aktuelle Ameise was zu schleppen und sollte es schleunigst loslassen. Ist es Zucker, so ist der verloren, ein Apfel dagegen kann später wieder aufgenommen werden bzw. darum können sich auch andere Ameisen kümmern.

Gemeinsam sind wir stark

Sie meinen, auf Dauer kann es keine Lösung sein, wenn die Ameisen ständig nur fliehen? Denn es tauchen immer neue Wanzen auf. Es gibt aber sehr viel mehr Ameisen. Würden sich mehrere davon zusammentun, dann könnten sie es mit einer Wanze aufnehmen. So sterben weniger Ameisen. Außerdem gibt es für jede besiegte Wanze Pluspunkte.

Immerhin sind Sie für das Wohlergehen Ihrer Untertanen verantwortlich, also liegt es an Ihnen, eine geeignete Taktik zu ersinnen, damit Ihre Ameisen auch mal einen Kampf überstehen. Zunächst sollten Sie wissen, dass eine Standardameise mit 100, eine Wanze aber mit 1000 Energiepunkten startet.

Wird eine Wanze angegriffen und ist die Anzahl der angreifenden Ameisen zu gering, sodass sie im Kampf ihr Leben lassen müssen, hat normalerweise die Wanze aber auch einiges an Energie eingebüßt. So würden bei der nächsten Auseinandersetzung vielleicht schon 5 bis 6 Ameisen genügen, um die Wanze endgültig ins Nirwana zu schicken.

Deshalb sollten wir nicht gleich eine Bedingung wie `AnzahlAmeisenInSichtweite > 10` aufstellen, sondern optimistisch einen etwas geringeren Wert ansetzen. Hier würde eine Ameise also angreifen, wenn sie mehr als sieben andere Ameisen in ihrer Nähe sieht:

```
Public Overrides Sub SiehtFeind(ByVal wanze As Wanze)
  If AktuelleLast > 0 Then LasseNahrungFallen()
  If AnzahlAmeisenInSichtweite > 7 Then GreifeAn(wanze) Else GeheWegVon(wanze)
End Sub
```

Womit nicht gesagt ist, dass nun ihre Kollegen alle zur Hilfe eilen, vielleicht haben sie keine Lust oder ganz einfach Angst. Dann wäre die einzelne mutige Ameise auf sich gestellt. Aber die Chance, dass andere Ameisen sich mit ihr zusammentun, ist größer, weil für die anderen Ameisen ja dieselben Anweisungen gelten. Günstige Voraussetzungen sind gegeben, wenn alle Ameisen in der Gegend alle wahrnehmen und keine näher an einem Stück Nahrung als an einer Wanze ist.

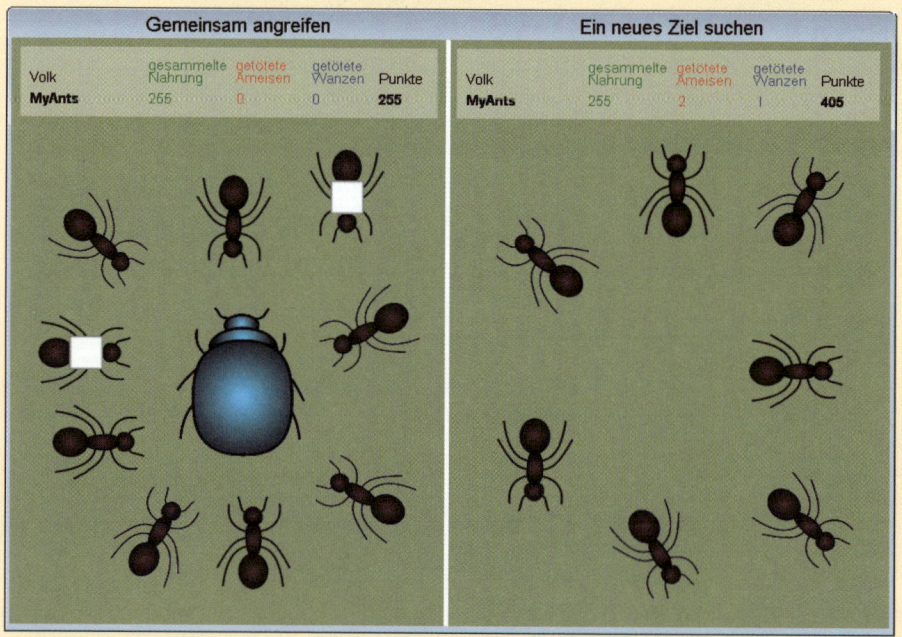

Wenn Sie das Spiel starten, kann es durchaus sein, dass Sie lange warten müssen, bis Ihre Ameisen eine Wanze erlegt haben. Oft sind es einfach nicht genug, die sich gegenseitig sehen, deshalb (`Else`) ergreifen die meisten lieber die Flucht.

Beim Durchsehen der Methoden, die in der Klasse MeineAmeise stehen, findet sich auch eine namens WirdAngegriffen. Die können Sie freilassen oder z.B. so füllen:

```
Public Overrides Sub WirdAngegriffen(ByVal wanze As Wanze)
  If AnzahlAmeisenInSichtweite > 7 Then GreifeAn(wanze) Else GeheWegVon(wanze)
End Sub
```

Wenn Sie auf Nummer Sicher gehen wollen, können Sie auch nur GeheWegVon verwenden. Und halten Sie Ihre Ameisen für besonders mutig, dann geht es stattdessen auch mit einem GreifeAn. Probieren Sie einfach mehrere Möglichkeiten aus.

Zusammenfassung

Ich denke, Sie haben die Ameisen im Griff. Oder haben die Ameisen Sie im Griff? Eines von beiden stimmt sicher – oder sogar beides. Auf jeden Fall konnten Sie einiges an Neuigkeiten sammeln, nicht nur, was das Halten von Ameisen angeht:

- Ein Ameisenvolk muss einen Namen haben, nur dann erscheint es in der Liste der am Spiel beteiligten Ameisenvölker und kann dort mitspielen.

- Dass die Ameisen sich überhaupt bewegen, dafür sorgt die Anweisung GeheGeradeaus in der Wartet-Methode.

- Um eine Nahrungsquelle anzusteuern, muss eine Ameise in der jeweiligen Sieht-Methode eine GeheZuZiel-Anweisung vorfinden.

- Hat eine Ameise ihr Ziel erreicht, bringt sie die Nahrung nach der Aufforderungskombination Nimm und GeheZuBau zum Ameisenbau.

- Bei Wanzen kann eine Ameise je nach Mutlage über GeheWegVon fliehen oder sich über GreifeAn einem Kampf stellen.

Im folgenden Kapitel erfahren Sie einiges über den Umgang Ihrer Ameisen mit Markierungen und erschaffen neue Ameisentypen.

7

Über Marken und Typen

Nun haben Sie Ihren Ameisen schon einiges beigebracht. Aber das ist natürlich noch längst nicht alles, was möglich ist. So könnten Sie dafür sorgen, dass Ihre Ameisen schneller etwas über Nahrungsquellen erfahren. Vielleicht wollen Sie sich aber auch Ihre eigenen Ameisentypen schaffen? Nur zu!

Markierungen

Schön wäre es, wenn unsere bzw. Ihre Ameisen in der Lage wären, sich irgendwie zu verständigen. So könnte z.B. eine Ameise, wenn sie auf einen Zuckerhaufen stößt, laut schreien: »Hey, Leute, hier gibt's was zu futtern!« – oder so ähnlich. Leider sind unsere Ameisen nicht in der Lage zu sprechen, wie die im Film. Sie müssen sich mit einfacheren Mitteln behelfen. So sind sie dazu fähig, eine Duftmarke zu setzen, damit die anderen Lunte riechen. Tatsächliche Ameisen tun dies wirklich und so entstehen ganze »Ameisenstraßen«, an denen die Ameisen nur entlang schnuppern müssen, um zu einem Ziel zu kommen, das andere bereits für sie entdeckt haben (▶ *AntMe03*).

Die entsprechende Methode heißt `SprüheMarkierung`, die setzen wir gleich in beide `Sieht`-Methoden für die Nahrung ein:

```
Public Overrides Sub Sieht(ByVal zucker As Zucker)
   SprüheMarkierung(0, 100)
   If AktuelleLast = 0 Then GeheZuZiel(zucker)
End Sub

Public Overrides Sub Sieht(ByVal obst As Obst)
   SprüheMarkierung(0, 100)
   If AktuelleLast = 0 Then GeheZuZiel(obst)
End Sub
```

Es gibt zwei Parameter für die Sprühmethode: Der erste Wert kann eine Information über das Objekt enthalten, das entdeckt wurde, die 0 gilt dabei als »keine konkrete Information«. Der zweite Wert gibt den Radius der Ausbreitung an. Dabei gilt folgende Regel: Je weiter die Ausbreitung, desto kürzer »lebt« die Markierung, je kleiner der Ausbreitungsradius, desto länger bleibt sie erhalten.

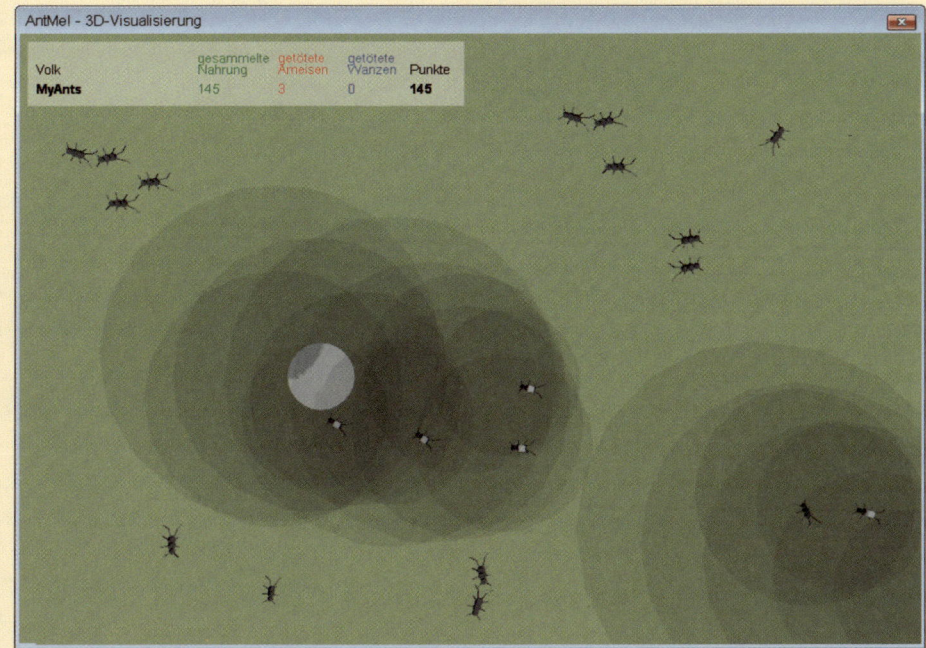

Damit die anderen Ameisen mit der Markierung etwas anfangen können, müssen sie die Informationen über die Methode RiechtFreund auswerten:

```
Public Overrides Sub RiechtFreund(ByVal markierung As Markierung)
End Sub
```

Doch was soll sie mit der 0 als Information anfangen? Auch die Art des Objekts, ob Zucker oder Obst, bringt die Ameise nicht weiter. Sie braucht einen Hinweis darauf, wo die Nahrungsquelle liegt, am besten eine Richtungsangabe.

Dazu gibt es eine Klasse mit dem passenden Namen Koordinate. Deren Methode BestimmeRichtung werden wir jetzt einsetzen, nachdem wir zuerst eine lokale Variable vereinbart haben, die den Richtungswert aufnehmen soll:

```
Public Overrides Sub Sieht(ByVal zucker As Zucker)
    Dim Richtung As Integer = Koordinate.BestimmeRichtung(Me, zucker)
    SprüheMarkierung(Richtung, 100)
    If AktuelleLast = 0 Then GeheZuZiel(zucker)
End Sub

Public Overrides Sub Sieht(ByVal obst As Obst)
    Dim Richtung As Integer = Koordinate.BestimmeRichtung(Me, obst)
    SprüheMarkierung(Richtung, 100)
    If AktuelleLast = 0 Then GeheZuZiel(obst)
End Sub
```

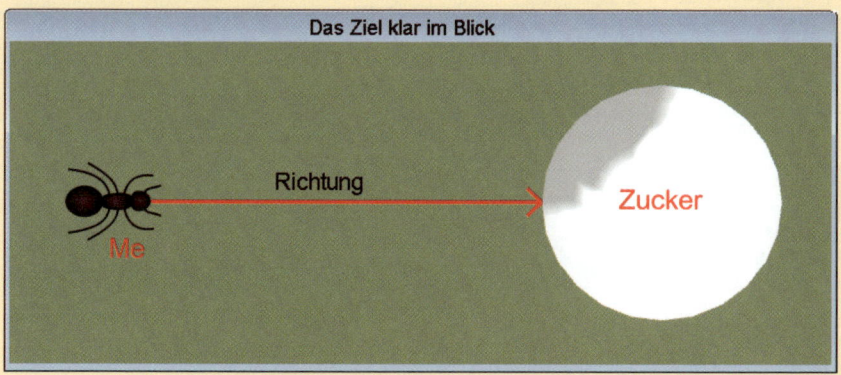

Die Richtungsbestimmung erfolgt von der Ameise aus entlang der Linie zwischen Ameise und Zuckerberg. Dafür steht das Wörtchen Me. Es erinnert an MyBase, was man ja freizügig mit »meine Mutter(klasse)« übersetzen könnte. Me steht für »MySelf« (zu Deutsch einfach »Ich«), damit ist also die aktuelle Klasse bzw. das aktuelle Objekt selbst gemeint.

Die Methode BestimmeRichtung der Klasse Koordinate haben wir einfach so eingesetzt, ohne wie üblich zuvor ein Objekt der Klasse erzeugen zu müssen. Methoden, die man direkt über die Klasse aufrufen kann, nennt man *statische* Methoden. (Schon in Kapitel 4 haben wir eine statische Methode kennen gelernt: die Methode FromFile der Klasse Image.)

Die Methode SprüheMarkierung übernimmt nun die Richtungsinformation und speichert sie an einer Stelle, an der sie von anderen Ameisen abgeholt werden kann, nämlich in einem Objekt der Klasse Markierung. Sobald eine Ameise eine Markierung wahrnimmt (hier. sieht), kann sie daraus die entsprechenden Informationen auswerten:

```
Public Overrides Sub RiechtFreund(ByVal markierung As Markierung)
   DreheInRichtung(markierung.Information)
   GeheGeradeaus(100)
End Sub
```

Hier haben wir eine neue Methode. Dass eine Ameise sich drehen kann, haben wir bereits auf dem Spielfeld gesehen. Mit DreheInRichtung können Sie nun selbst eine Ameise anweisen, sich zu drehen – in diesem Falle in die Richtung, in der sie die Nahrungsquelle findet. Anschließend können Sie ihr noch einen kleinen Schubs geben, damit sie erst mal eine bestimmte Strecke in diese Richtung geht, ehe sie wahrscheinlich dann den Zucker oder den Apfel selbst zu Gesicht bekommt. Und dann tut sie ja das, was Sie ihr in der entsprechenden Sieht-Methode aufgetragen haben.

Orientierungsprobleme?

Wenn Sie Ihre Ameisen nun eine Zeit lang beobachten, werden Sie einige Auffälligkeiten entdecken. So gibt es einige, die scheinbar vor einem Zuckerberg Reißaus nehmen, als hätten sie eine Zuckerallergie.

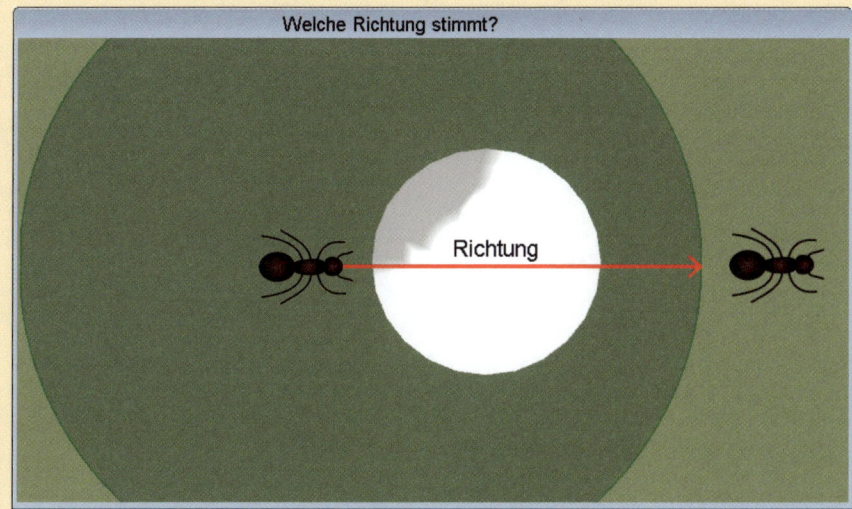

Welche Richtung stimmt?

Richtung

Woran liegt das? Die Ameise, die auf dem Weg zu einer Nahrungsquelle wie z.B. zum Zucker ist, sprüht eine Markierung mit der Information über die Richtung, in die sie sich gerade bewegt. Hinter dem Zucker zeigt der Richtungspfeil aber immer noch weg von der Ameise, aber damit auch weg vom Zucker. Nähert sich eine Artgenossin dem Zuckerberg nun von der anderen Seite, so wird sie durch die Richtungsangabe der Markierung in die Irre geführt und läuft in die falsche Richtung. (In der Grafik ist das alles etwas enger zusammengerückt als in Wirklichkeit.)

Woraus folgt: Der zweite Parameter der Methode SprüheMarkierung muss flexibel sein, je nachdem, wie nah die sprühende Ameise einer Nahrungsquelle ist. Die Klasse Koordinate hält hierzu eine weitere statische Methode bereit: BestimmeEntfernung. Damit wird sichergestellt, dass der Radius des Markierungsbereichs nicht in die falsche Richtung über einen Zuckerhaufen oder einen Apfel hinausreicht (▶ AntMe04).

Allerdings sollte die ganze Markierung auch nicht zu groß werden, deshalb machen wir hier gleich eine Einschränkung – am Beispiel des Zuckers:

```
Dim Radius As Integer = Koordinate.BestimmeEntfernung(Me, zucker)
If Radius < 100 Then
   SprüheMarkierung(Richtung, Radius)
Else
   SprüheMarkierung(Richtung, 100)
End If
```

Mit Radius vereinbaren wir eine weitere lokale Variable. Solange der Radius kleiner ist als unsere Vorgabe von z.B. 100 Schritten, soll er die Größe der Markierung bestimmen, sonst wird der Maximalwert eingesetzt. Hier der ganze Quelltext der beiden betroffenen Methoden:

```
Public Overrides Sub Sieht(ByVal zucker As Zucker)
  Dim Richtung As Integer = Koordinate.BestimmeRichtung(Me, zucker)
  Dim Radius As Integer = Koordinate.BestimmeEntfernung(Me, zucker)
  If Radius < 100 Then
    SprüheMarkierung(Richtung, Radius)
  Else
    SprüheMarkierung(Richtung, 100)
  End If



  If AktuelleLast = 0 Then GeheZuZiel(zucker)
End Sub

Public Overrides Sub Sieht(ByVal obst As Obst)
  Dim Richtung As Integer = Koordinate.BestimmeRichtung(Me, obst)
  Dim Radius As Integer = Koordinate.BestimmeEntfernung(Me, obst)
  If Radius < 100 Then
    SprüheMarkierung(Richtung, Radius)
  Else
    SprüheMarkierung(Richtung, 100)
  End If
  If AktuelleLast = 0 Then GeheZuZiel(obst)
End Sub
```

Es gibt leider noch ein weiteres Übel, das hin und wieder einige Ameisen erwischt. Haben sie es nämlich mit mehreren Markierungen zu tun, können sie nicht unbedingt entscheiden, an welcher Markierung sie sich orientieren sollen. Also kann es passieren, dass sie an einer Stelle »hängen« bleiben oder sich gar im Kreise drehen.

Vielleicht lässt sich dieses Problem mit einigen Bedingungen lindern, die für eine Ameise mehr Klarheit in ihrer Entscheidungsmöglichkeit schaffen:

```
Public Overrides Sub RiechtFreund(ByVal markierung As Markierung)
  If AktuelleLast = 0 And Ziel Is Nothing Then
    DreheInRichtung(markierung.Information)
    GeheGeradeaus(100)
  End If
End Sub
```

So kümmert sich eine Ameise nur um eine Markierung, wenn sie nicht gerade eine Last zu tragen hat. Eigentlich klar, doch das löst noch nicht das Problem. Aber da steht ja noch eine weitere Bedingung:

```
AktuelleLast = 0 And Ziel Is Nothing
```

Nothing bedeutet »Nichts«. Und mit der ganzen Bedingung ist gemeint: »Wenn die Ameise kein Ziel hat«. Sobald eine Ameise die Witterung einer Markierung aufnimmt, hat sie ein Ziel, muss sich also um andere Markierungen nicht mehr kümmern.

Marken für Wanzen?

Was ist mit den blauen Wanzen? Soll eine Ameise auch da eine Markierung sprühen, um möglichst viele Artgenossinnen anzulocken? Das müssen Sie selber ausprobieren. Sie können ja mal im *AntMe!*-Spiel eine festgelegte Zeit lang beobachten, was mit den Wanzen geschieht. Anschließend ändern Sie die SiehtFeind-Methode für Wanzen so um:

```
Public Overrides Sub SiehtFeind(ByVal wanze As Wanze)
  Dim Richtung As Integer = Koordinate.BestimmeRichtung(Me, wanze)
  SprüheMarkierung(Richtung, 200)
  If AktuelleLast > 0 Then LasseNahrungFallen()
  If AnzahlAmeisenInSichtweite > 7 Then GreifeAn(wanze) Else GeheWegVon(wanze)
End Sub
```

Dann testen Sie für denselben Zeitraum, ob sich im Spiel die Anzahl der ausgeschalteten Wanzen wesentlich ändert. Eine weitere Möglichkeit wäre es, die Ausbreitung der Markierung stark zu vergrößern, um auf jeden Fall Ameisen zu benachrichtigen. Allerdings könnten diese zu lange brauchen, um zum Kampfort zu gelangen. Dann hätte bei ihrer Ankunft die Wanze der Hilfe suchenden Ameise bereits den Garaus gemacht.

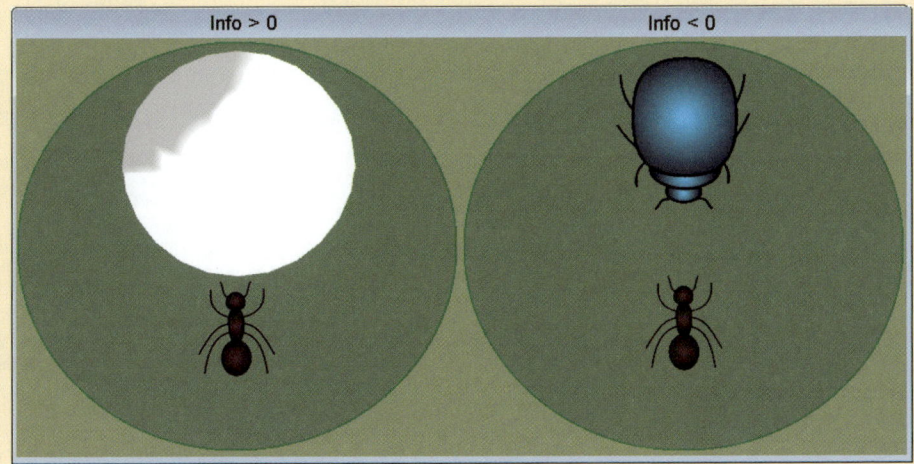

Es ist nicht leicht, den Ameisen die richtige Kampfstrategie beizubringen. Zumindest könnte man den Ameisen in der Markierungsinformation schon mal mitteilen, ob es sich um Nahrung oder etwas Feindliches handelt. Der Aufwand ist gar nicht hoch. Man ändert die Sprühanweisung z.B. einfach so ab:

```
SprüheMarkierung(-Richtung, 200)
```

Man übergibt also die ermittelte Richtung als *negative* Zahl. In der Sieht-Methode für die Markierung könnte man das dann so auswerten:

```
Public Overrides Sub RiechtFreund(ByVal markierung As Markierung)
  Dim Info As Integer = markierung.Information
  If AktuelleLast = 0 And Ziel Is Nothing Then
    If Info > 0 Then    'Nahrung
      DreheInRichtung(Info)
      GeheGeradeaus(100)
    Else    'Wanze
      'hier könnte eine Kampfmethode stehen
    End If
  End If
End Sub
```

Ist die Information positiv, dann macht sich die Ameise sofort auf den Weg zur Nahrung. Ist sie negativ, dann – na ja. Hier könnte man eine Kampfstrategie entwickeln und einsetzen, um eine Wanze möglichst wirkungsvoll schachmatt zu setzen. Dabei ist zu beachten, dass man die Ameise mit DreheInRichtung(-info) auf die Wanze ausrichten muss.

Eine Ameise hat ihre Fähigkeiten

Bisher hatten wir es immerzu mit einer Sorte von Ameisen zu tun, dem so genannten Standardtyp, auch »Standardkaste« genannt. Das ist etwa das, was bei uns als »Normalverbraucher« für statistische Erhebungen oder als »Mustermann« für Ausweise oder Scheckkarten Einsatz findet.

Schauen wir uns mal an, was der vorgegebene Ameisentyp so an Eigenheiten zu bieten hat:

```
<Spieler( _
  VolkName:="MyAnts", _
  Vorname:="", _
  Nachname:="" _
)> _
<Kaste( _
  Name:="Standard", _
  GeschwindigkeitModifikator:=0, _
  DrehgeschwindigkeitModifikator:=0, _
  LastModifikator:=0, _
  ReichweiteModifikator:=0, _
  SichtweiteModifikator:=0, _
  EnergieModifikator:=0, _
  AngriffModifikator:=0 _
)> _
```

152

Zuerst stehen hier die Daten, die für das ganze Ameisenvolk gelten. Eingeleitet wird das Ganze mit einer spitzen, sich öffnenden Klammer (<). Dann kommt der Bezeichner Spieler, die besagten Daten, und zum Schluss eine spitze, sich schließende Klammer (>).

Diese Struktur beinhaltet so genannte *Attribute*, die einer nachfolgend vereinbarten Klasse zugeordnet werden. Wir programmieren hier selbst keine eigene solche Struktur, sondern werden nur vorhandene Werte ändern.

Achten Sie dabei unbedingt darauf, dass keines der »umgebenden« Zeichen gelöscht oder aus einer Zeile verschoben wird. Denn in Wirklichkeit ist das Ganze eine einzige Visual Basic-Zeile! Weil am Ende jeder Textzeile ein Unterstrich (_) steht, fügt Visual Basic alles zu einer langen Kette zusammen. Und wie Sie sehen können, steht sogar ganz zum Schluss ebenfalls ein Unterstrich, was bedeutet, dass zu dem ganzen »Vorspann« auch noch dieser Teil gehört:

```
Public Class MeineAmeise : Inherits Basisameise
```

Auf die allgemeinen Spielerdaten folgt der Ameisentyp, also die Kaste, zu der die betreffende Ameise gehören soll. Der Name ist »Standard«, also ein Durchschnittsameisentyp:

```
<Kaste( _
    Name:="Standard", _
    GeschwindigkeitModifikator:=0, _
    DrehgeschwindigkeitModifikator:=0, _
    LastModifikator:=0, _
    ReichweiteModifikator:=0, _
    SichtweiteModifikator:=0, _
    EnergieModifikator:=0, _
    AngriffModifikator:=0 _
)> _
```

Was uns aber besonders interessieren sollte, sind die Fähigkeiten einer Kaste. Hier sind alle auf 0 gesetzt, was nicht heißen soll, dass damit die ganze Ameise eine Null ist.

In der folgenden Tabelle werden die Ameisenfähigkeiten kurz beschrieben. Dabei lasse ich den Zusatz Modifikator jeweils weg:

Fähigkeit	Bedeutung	Normalwert 0
Geschwindigkeit	Anzahl der Schritte, die eine Ameise pro Runde geht (Ameisenlänge = 4)	4 Schritte pro Runde
Drehgeschwindigkeit	Winkel, um den sich eine Ameise pro Runde dreht. Beim Drehen kann eine Ameise nicht gehen.	8 Grad pro Runde
Last	»Gewicht« der Nahrung, die eine Ameise transportiert. Unter Volllast halbiert sich die Geschwindigkeit einer Ameise.	5 Einheiten

Fähigkeit	Bedeutung	Normalwert 0
Reichweite	Anzahl der Schritte, die eine Ameise schafft, bevor sie stirbt	1,5-fache Länge der Spielfelddiagonale
Sichtweite	Anzahl der Schritte, die eine Ameise sehen kann (diese Ameisen können immer in jede Richtung sehen)	60 Schritte
Energie	Anzahl der Lebenspunkte, die eine Ameise hat. Kehrt eine Ameise in den Bau zurück, wird sie wieder »aufgeladen«.	100 Punkte
Angriff	Anzahl der Lebenspunkte, die eine Ameise einem Gegner bei einem Kampf »abnehmen« kann (die Punkte gehen dabei verloren)	10 Punkte pro Runde

Als Werte für die einzelnen *Modifikatoren* sind die Zahlen −1, 0, 1 und 2 zulässig. Ehe Sie jetzt vorschnell alle Fähigkeiten ihrer Ameisen auf 2 setzen wollen: Die Summe *aller* Werte darf maximal 0 sein. Das heißt: Ein Summenwert unter 0 ist erlaubt, aber sicher nicht sinnvoll. Wenn Sie also an einer Stelle eine 2 vergeben, müssen Sie dafür an zwei anderen Stellen aus einer 0 eine −1 machen.

Neue Ameisentypen

Wenn wir uns jetzt einen eigenen Ameisentyp erschaffen wollen, müssen wir dazu zuerst einen Namen für eine Kaste vergeben. Weil es aber auch die interessantere Möglichkeit gibt, mehrere Typen für dasselbe Spiel zu erstellen, machen wir davon gleich Gebrauch.

```
Spieler.vb                                                        ▾ ✕

MeineAmeise                          ▾  (Deklarationen)             ▾

<Spieler( _
     Volkname:="MyAnts", _
     Vorname:="", _
     Nachname:="" _
)> _
<Kaste( _
     Name:="Standard", _
     GeschwindigkeitModifikator:=0, _
     DrehgeschwindigkeitModifikator:=0, _
     LastModifikator:=0, _
     ReichweiteModifikator:=0, _
     SichtweiteModifikator:=0, _
     EnergieModifikator:=0, _
     AngriffModifikator:=0 _
)> _
Public Class MeineAmeise : Inherits Basisameise
```

Dazu müssen Sie den kompletten Quelltext zu den Kasteninformationen markieren (und darauf achten, dass wirklich alles mit drin ist). Dann klicken Sie auf *Bearbeiten/Kopieren*, setzen den Textcursor unter den vorher markierten Text und klicken auf *Bearbeiten/Einfügen*.

 Wahrscheinlich haben Sie bereits mit anderen Programmen unter Windows gearbeitet. Dann kennen Sie die Prozedur bereits und wissen wohl, dass sich Kopieren und Einfügen auch mit den Tastekombinationen `Strg` + `C` und `Strg` + `V` erledigen lässt.

Und schon haben Sie zwei Typvereinbarungen, die sich allerdings noch nicht unterscheiden:

```
Spieler.vb*                                        ▼ ✕
MeineAmeise                    ▼  (Deklarationen)        ▼
    <Kaste( _
        Name:="Standard", _
        GeschwindigkeitModifikator:=0, _
        DrehgeschwindigkeitModifikator:=0, _
        LastModifikator:=0, _
        ReichweiteModifikator:=0, _
        SichtweiteModifikator:=0, _
        EnergieModifikator:=0, _
        AngriffModifikator:=0 _
    )> _
    <Kaste( _
        Name:="Standard", _
        GeschwindigkeitModifikator:=0, _
        DrehgeschwindigkeitModifikator:=0, _
        LastModifikator:=0, _
        ReichweiteModifikator:=0, _
        SichtweiteModifikator:=0, _
        EnergieModifikator:=0, _
        AngriffModifikator:=0 _
    )> _
Public Class MeineAmeise : Inherits Basisameise
```

Lassen Sie uns das Ameisenvolk in Sammler und Kämpfer unterteilen, die einen kümmern sich ausschließlich um die Nahrung, die anderen nur um die Wanzen. Eine Typvereinbarung könnte so aussehen (▶ *AntMe05*):

```
<Kaste( _
  Name:="Sammler", _
  GeschwindigkeitModifikator:=1, _
  DrehgeschwindigkeitModifikator:=0, _
  LastModifikator:=2, _
  ReichweiteModifikator:=-1, _
  SichtweiteModifikator:=0, _
  EnergieModifikator:=-1, _
  AngriffModifikator:=-1 _
)> _
<Kaste( _
```

```
   Name:="Kämpfer", _
   GeschwindigkeitModifikator:=-1, _
   DrehgeschwindigkeitModifikator:=-1, _
   LastModifikator:=-1, _
   ReichweiteModifikator:=0, _
   SichtweiteModifikator:=-1, _
   EnergieModifikator:=2, _
   AngriffModifikator:=2 _
)> _
```

Im ersten Fall liegt der Schwerpunkt eindeutig auf der Fähigkeit, Lasten zu tragen. Die *Sammlerameise* kann mit dieser Einstellung doppelt so schwer schleppen wie eine Standardameise. Außerdem ist sie etwas schneller unterwegs. Dafür ist sie insgesamt etwas schwächer und für Angriffe eher weniger geeignet.

Im zweiten Fall liegt der Schwerpunkt auf Kampf: Die *Kämpferameise* hat einen Energiewert von 250 und kann beim Angriff dreimal so viele Lebenspunkte vernichten wie eine Standardameise. Allerdings kann sie nicht viel tragen, ist nicht die schnellste und auch ein bisschen kurzsichtiger.

Um die neuen Ameisentypen im Spiel einsetzen zu können, müssen sie dem System »bekannt« gemacht werden. Das geschieht über die Methode BestimmeKaste, die ja vorerst noch so aussieht:

```
Public Overrides Function BestimmeKaste(ByVal anzahl As Dictionary(Of String, Integer)) _
As String
   Return "Standard"
End Function
```

Da wir keine Standardameisen mehr führen, ändert sich die Methode jetzt in:

```
Public Overrides Function BestimmeKaste(ByVal anzahl As Dictionary(Of String, Integer)) _
As String
  If anzahl("Kämpfer") < 10 Then Return "Kämpfer" Else Return "Sammler"
End Function
```

Wir könnten zuerst mal 10 Kämpfer rekrutieren, die andern Ameisen des Volkes sollen sich mit der Nahrungssuche befassen. anzahl ist einer der Parameter, die die Methode BestimmeKaste übernimmt. Damit gibt es ein »Zählwerk«, das unter anderem die bereits vorhandenen Ameisentypen mitzählt.

Hier sind die ersten 10 Ameisen Kämpfer und erst dann entstehen Sammler. Das könnte von Nachteil sein, muss es aber nicht. Eine andere Möglichkeit ist dies:

```
Public Overrides Function BestimmeKaste (ByVal anzahl As Dictionary(Of String, Integer)) _
As String
  If Typwechsel Then
    Typwechsel = False
    Return "Kämpfer"
  Else
    Typwechsel = True
    Return "Sammler"
  End If
End Function
```

Zuvor wird dafür eine globale »Schaltvariable« vereinbart:

```
Shared Typwechsel As Boolean
```

Statt Dim benutzen wir hier Shared, womit die Variable auch *statisch* wird. So bleibt jeweils der alte Inhalt von Typwechsel beim Erzeugen einer neuen Ameise erhalten und wird erst in BestimmeKaste geändert.

Nun kommt abwechselnd je ein Kämpfer und Sammler aus dem Bau. Sie können beide Varianten testen, aber auch weitere Ideen ausprobieren. Zuerst aber müssen die beiden neuen Typen in Aktion treten können. Dazu stimmen wir die entsprechenden Methoden auf jeden Ameisentyp einzeln ab.

Sammler und Kämpfer im Einsatz

Nun müssen wir dafür Sorge tragen, dass die Ameisen einer Kaste auch wirklich nur das tun, wozu sie geschaffen sind: Die Sammler kümmern sich ausschließlich um das herumliegende Obst und die Zuckerberge und die Kämpfer konzentrieren sich auf die herumlaufenden Wanzen. Das heißt, dass die Sammler jeder Wanze und die Kämpfer jeder Nahrung aus dem Weg gehen – die können sich dann später im Bau die Wunden lecken und sich den Magen voll schlagen.

Bei dieser Gelegenheit taucht die Frage auf: Gibt es da nicht eine Methode `WirdMüde`? Sollten wir nicht mal schauen, was wir damit anfangen können oder müssen, ehe wir die einzelnen Gruppen auf die Jagd schicken?

Eine Ameise lebt nämlich nicht ewig. Während sie auf dem Spielfeld herumläuft, wird sie nach und nach müder und damit schwächer, schließlich verliert sie soviel an Kraft, dass sie irgendwann stirbt. Denn von dem Zucker und Obst, das sie draußen vorfindet, darf sie erst naschen, wenn sie in den Bau zurückgekehrt ist:

```
Public Overrides Sub WirdMüde()
  If Ziel Is Nothing Then GeheZuBau()
End Sub
```

Die `WirdMüde`-Methode wird aufgerufen, wenn die Ameise beim Laufen ein Drittel ihrer Energie verloren hat. Hat sie dann noch kein Ziel gefunden, soll sie erst mal nach Hause gehen, um dort neue Kraft zu tanken. Weil wir es hier mit zwei verschiedenen Ameisentypen zu tun haben, könnte man die Methode auch so unterteilen:

```
Public Overrides Sub WirdMüde()
  Select Case Kaste
    Case "Sammler"
      If Ziel Is Nothing Then GeheZuBau()
    Case "Kämpfer"
      GeheZuBau()
  End Select
End Sub
```

Die Kämpfer sollen direkt zurück, sie brauchen für einen Kampf möglichst volle Kraft, denn wenn sie müde vor eine Wanze treten, haben sie schon verloren. Die Sammler sollten schon etwas mitnehmen, wenn sie an einem Nahrungsziel angelangt sind, ehe sie sich im Ameisenbau erholen.

Es ist sinnvoll, bereits hier die Select-Struktur einzusetzen, so lässt sich diese Fallunterscheidung später leicht um weitere Ameisentypen ergänzen. Ob diese Erweiterung wirklich mehr Punkte einbringt oder mehr Ameisenleben gerettet werden, sollten Sie selber testen, indem Sie das Spiel mehrmals laufen lassen.

Sofortausstieg mit Exit oder Return

Wenn Sie den Ameisen nicht gestatten wollen, bei Müdigkeit nach Hause zu gehen, müssen sie nicht die gesamten Anweisungen aus der Methode WirdMüde entfernen oder mit Kommentarzeichen (') versehen. Ergänzen Sie stattdessen die Methode ganz am Anfang um diese Zeile:

```
Exit Sub
```

Dann wird die Methode sofort wieder beendet. Die Methode Exit gibt es für mehrere Notausgänge: außer für Prozeduren (Exit Sub) natürlich für Funktionen (Exit Function). Auch können Sie damit sowohl bei einer If-Struktur mit Exit If als auch bei einer Schleife mit Exit Do oder Exit For mittendrin aussteigen. Was noch alles geht, erfahren Sie über die Hilfe von Visual Basic.

Bei Prozeduren ist aber auch wie bei Funktionen die Anweisung Return erlaubt. Sie hat dann keinen Rückgabewert und entspricht der Anweisung Exit Sub.

Auf jeden Fall müssen auch noch die beiden Sieht-Methoden für die Nahrung erweitert werden:

```
Public Overrides Sub Sieht(ByVal zucker As Zucker)
  Select Case Kaste
    Case "Sammler"
      Dim Richtung As Integer = Koordinate.BestimmeRichtung(Me, zucker)
      Dim Radius As Integer = Koordinate.BestimmeEntfernung(Me, zucker)
      If Radius < 100 Then
        SprüheMarkierung(Richtung, Radius)
      Else
        SprüheMarkierung(Richtung, 100)
      End If
      If AktuelleLast = 0 Then GeheZuZiel(zucker)
    Case "Kämpfer"
```

159

```
    'GeheWegVon(zucker)
  End Select
End Sub

Public Overrides Sub Sieht(ByVal obst As Obst)
  Select Case Kaste
    Case "Sammler"
      Dim Richtung As Integer = Koordinate.BestimmeRichtung(Me, obst)
      Dim Radius As Integer = Koordinate.BestimmeEntfernung(Me, obst)
      SprüheMarkierung(Richtung, Radius)
      If AktuelleLast = 0 Then GeheZuZiel(obst)
    Case "Kämpfer"
      'GeheWegVon(obst)
  End Select
End Sub
```

So tun nur die Sammlerameisen etwas, die anderen aber nichts (könnten aber auch dem Ziel ausweichen). Die Kämpfer schauen sich lieber nach Wanzen um:

```
Public Overrides Sub SiehtFeind(ByVal wanze As Wanze)
  Select Case Kaste
    Case "Sammler"
      if AktuelleLast = 0 Then GeheWegVon(wanze)
    Case "Kämpfer"
      Dim Richtung As Integer = Koordinate.BestimmeRichtung(Me, wanze)
      SprüheMarkierung(-Richtung, 200)
      If AnzahlAmeisenDerSelbenKasteInSichtweite > 1 Then
          GreifeAn(wanze)
      Else
          GeheWegVon(wanze)
      End If
  End Select
End Sub
```

Ist Ihnen an der folgenden Zeile etwas aufgefallen?

```
if AktuelleLast = 0 Then GeheWegVon(wanze)
```

Die Alternative wäre, die getragene Nahrung fallen zu lassen und dann abzuhauen. Effizienter aber könnte es sein, wenn die Sammlerameisen ihr Leben riskieren und einfach z.B. mit einem Apfel weiter Richtung Bau laufen und nur fliehen (dürfen), wenn sie gerade nichts zu tragen haben.

Die Kämpferameisen sind kampflustiger und nehmen es schon als Trio mit einer Wanze auf:

```
If AnzahlAmeisenDerSelbenKasteInSichtweite > 1 Then
  GreifeAn(wanze)
Else
  GeheWegVon(wanze)
End If
```

Wir verwenden hier ein neues Wort mit Überlänge: Statt `AnzahlAmeisenInSichtweite` heißt es jetzt `AnzahlAmeisenDerSelbenKasteInSichtweite`. Im ersten Fall schauen sich die Kämpferameisen nach *allen* Ameisen, im zweiten Fall nur nach Kampfgenossen um, denn die Sammler haben wir ja so programmiert, dass sie abhauen, wenn sie eine Wanze sichten.

Überlegenswert ist auch eine Unterscheidung zwischen Sammler und Kämpfer in der Methode `WirdAngegriffen`, denn eine Wanze macht da keinen Unterschied und verschont keine Ameise, die ihr in die Quere kommt (▶ *AntMe06*):

```
Public Overrides Sub WirdAngegriffen(ByVal wanze As Wanze)
   Select Case Kaste
     Case "Sammler"
       If AktuelleLast = 0 Then GeheWegVon(wanze)
     Case "Kämpfer"
       If AnzahlAmeisenDerSelbenKasteInSichtweite > 1 Then
         GreifeAn(wanze)
       Else
         GeheWegVon(wanze)
       End If
   End Select
End Sub
```

Nun ist eigentlich gewährleistet, dass die Kämpferameisen sich nicht mehr um Zucker und Obst kümmern. Sollte aber doch einmal eine solche Ameise einer Nahrungsquelle zu nahe kommen, könnte man das auch noch in den `ZielErreicht`-Methoden berücksichtigen:

```
Public Overrides Sub ZielErreicht(ByVal zucker As Zucker)
   If  Kaste = "Sammler" Then
     Nimm(zucker)
     GeheZuBau()
   End If
End Sub

Public Overrides Sub ZielErreicht(ByVal obst As Obst)
   If  Kaste = "Sammler" Then
     If BrauchtNochTräger(obst) Then
       Nimm(obst)
       GeheZuBau()
     End If
   End If
End Sub
```

Nicht unbedingt nötig ist hier die `Select`-Struktur, außer Sie glauben, später noch eine Idee für weitere Ameisentypen zu haben.

Auf jeden Fall kann es für eine Ameise hilfreich sein, die Markierungen erst auszuwerten, ehe sie ihr vielleicht blindlings folgt:

```
Public Overrides Sub RiechtFreund(ByVal markierung As Markierung)
  Dim Info As Integer = markierung.Information
  Select Case Kaste
    Case .Sammler"
      If AktuelleLast = 0 And Ziel Is Nothing Then
        If Info > 0 Then    'Nahrung
          DreheInRichtung(Info)
          GeheGeradeaus(100)
        End If
      End If
    Case "Kämpfer"
      If Info < 0 Then    'Wanze
        DreheInRichtung(-Info)
        GeheGeradeaus(100)
      End If
  End Select
End Sub
```

Die Sammlerameisen nutzen nur die Informationen aus, die positive Werte enthalten, und die Kämpferameisen wissen, dass negative Werte sie zu den Wanzen führen. Wichtig ist dabei, dass sie für die Drehanweisung über -Info wieder einen positiven Wert für die Drehrichtung erhalten.

Optimierungen

Ob alle Verbesserungsversuche letztendlich wirklich zu deutlich mehr Punkten führen, kann man nur nach längeren Tests sagen. Tatsache ist, dass das Einsammeln von Nahrung (vor allem Obst) deutlich mehr Punkte einbringt als das Töten von Wanzen, zumal bei nahezu jedem Kampf auch eine ganze Menge Ameisen sterben. Hinzu kommt die Frage: Wollen Sie mit Ihren Ameisen unbedingt Punkte machen oder geht es Ihnen darum, möglichst viele Tiere am Leben zu erhalten?

In jedem Fall ist es sinnvoll, sich darüber Gedanken zu machen, wie man die Nahrungssuche noch wirkungsvoller gestalten kann. So ist das schnelle Auffinden von Nahrung ebenso wichtig wie die Weiterverbreitung der Information, wo diese Nahrung zu finden ist.

Eine recht einfache Möglichkeit, andere auf einen Nahrungsfund aufmerksam zu machen, war das Sprühen einer Markierung. Was spricht dagegen, dass die Ameisen mehr Markierungen sprühen? Zum Beispiel auf dem ganzen Weg, den sie von einer Nahrungsquelle zurück zum Bau gehen.

Doch uns fehlt eine Methode, in der wir diese Idee verwirklichen können. Weder eine der Sieht-Methoden noch ZielErreicht kämen infrage. Es müsste so etwas geben wie eine Methode für den Rückweg, oder gar eine Methode, die ständig zur Verfügung steht.

Und tatsächlich gibt es so etwas. Ihr Name klingt ziemlich unscheinbar und dann liegt sie auch noch am unteren Ende der Methodenvereinbarungen:

```
Public Overrides Sub Tick()
End Sub
```

Die Methode Tick wird in jeder Spielrunde aufgerufen, sie »tickt« viele Male pro Sekunde, also einige tausend Mal während eines Spiels. Und alle Anweisungen, die innerhalb dieser Methode stehen, werden demnach auch ständig wiederholt. Wäre es nicht reizvoll, hier einiges unterzubringen? Und gleichzeitig nicht ohne Risiko. Man sollte schon gut abwägen, was hier steht, denn wie gesagt: Es wird das ganze Spiel über wiederholt.

Um eine Ameisenstraße von einer Nahrungsquelle zum Ameisenbau anzulegen, brauchen wir die Anweisungen in der Tick-Methode nicht ständig, sondern nur unter bestimmten Bedingungen. So soll eine Ameise nur Markierungen sprühen, wenn sie auf dem Weg zum Bau ist. Das genügt aber nicht, denn eine Markierung macht nur Sinn, wenn die Ameise gerade mit Last unterwegs ist. Denn nur dann kommt sie gerade von einer Nahrungsquelle, von der die andern Ameisen auch profitieren können:

```
If AktuelleLast > 0 And Ziel Is Bau Then
End If
```

Wenn `AktuelleLast > 0`, dann hat eine Ameise etwas zu tragen. Doch `Ziel Is Bau` funktioniert so *nicht*. Denn `Ziel` ist eine Koordinatenstruktur, `Bau` ist eine nicht verwandte Klasse. Wir müssen hier einen Typvergleich vornehmen, das geschieht über `TypeOf`:

```
If AktuelleLast > 0 And TypeOf Ziel Is Bau Then
End If
```

Innerhalb der `If`-Struktur darf dann gesprüht werden, womit unsere `Tick`-Methode jetzt so aussieht:

```
Public Overrides Sub Tick()
  If AktuelleLast > 0 And TypeOf Ziel Is Bau Then
    Dim Richtung As Integer = Koordinate.BestimmeRichtung(Ziel, Me)
    SprüheMarkierung(Richtung, 25)
  End If
End Sub
```

Diesmal geht die Richtung von Bau zu Ameise und verweist damit auf die Stelle, von der die Ameise gekommen ist. Denn dort müssen die anderen hin. Der Markierungsradius darf kleiner sein, wird aber dadurch intensiver. So hält die Markierung länger.

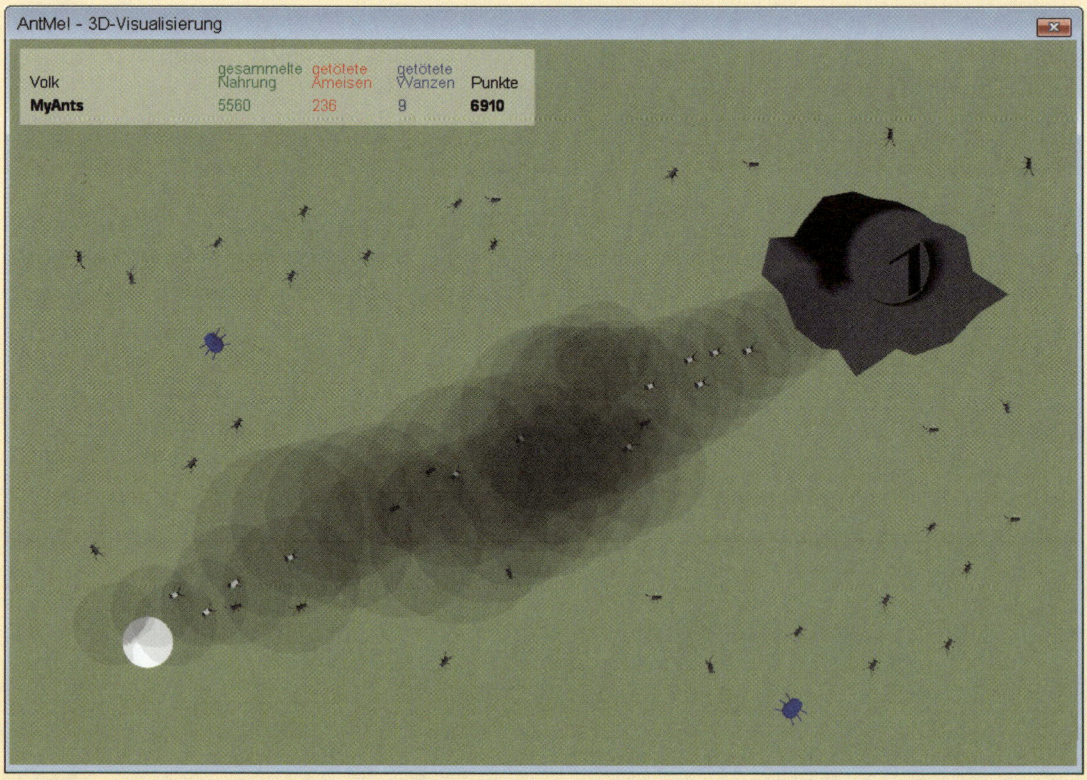

AntMe! - 3D-Visualisierung

Volk	gesammelte Nahrung	getötete Ameisen	getötete Wanzen	Punkte
MyAnts	5560	236	9	**6910**

Nun werden die Ameisen schneller mehr Nahrung finden, was sich auch in einem steigenden Punktestand ausdrückt. Beim Beobachten des Obsttransports stellen Sie fest, dass auch hier Markierungen gesprüht werden. Das muss nicht sein, weil zum einen die Anzahl der benötigten Träger begrenzt ist, zum anderen bewegt sich ja das Ziel in Richtung Bau. Die Ameisenstraße soll aber gerade ein festes Nahrungsziel mit dem Bau verbinden. Deshalb könnte man in der Tick-Methode ganz zu Anfang diese Zeile einfügen:

```
If GetragenesObst IsNot Nothing Then Exit Sub
```

Wenn die Ameise einen Apfel trägt, wird die Methode sofort wieder verlassen. Ob das Vor- oder Nachteile für die Punktesammlung bringt, sollten Sie selber testen.

Zusammenfassung

Nun wissen Sie schon wieder einiges mehr über Ihr Volk: Jede Ameise kann Nachrichten hinterlassen und lesen und auch unter den Ameisen kann es eine Art Typenvielfalt geben. Ein paar Neuigkeiten sind also auch hier zusammengekommen:

- Mit Hilfe von *Markierungen* kann eine Ameise anderen Volksgenossen über SprüheMarkierung Informationen über Nahrung oder Wanzen mitteilen. Und die können Informationen dann über RiechtFreund auswerten.

- Die Ameisen besitzen *Fähigkeiten*, die sich im Bereich von −1 bis 2 ändern lassen, wobei die Summe aller Fähigkeiten 0 ergeben sollte.

- Es lassen sich über das Kaste-Attribut eigene Ameisentypen definieren und über die BestimmeKaste-Methode erzeugen, wobei hier auch die jeweilige Anzahl eines Typs festgelegt werden kann.

- Über die Methode Wirdmüde kann man Ameisen früher nach Hause schicken, um neuen Kräfte zu sammeln.

- Die Tick-Methode wird in jeder Spielrunde aufgerufen, hier lassen sich Anweisungen unterbringen, die ständig wiederholt werden sollen.

Im nächsten Kapitel geht es darum, Informationen allen Ameisen zugänglich zu machen, außerdem schauen wir mal, ob die Ameisen sich auch in Gruppen aufteilen lassen.

8

Strategie und Taktik

Eigentlich können sich Ihre Ameisen um sich selbst kümmern, Sie könnten sich zurückziehen und den Ruhestand anpeilen. Aber dazu haben Sie natürlich überhaupt keine Lust. Sie würden lieber das Auffinden von Futterstellen noch mehr optimieren. Und sicher wollen Sie auch wissen, ob die eigenen Ameisen zu mehr in der Lage sind, als nur ungeordnet in alle Richtungen davon zu laufen.

Eine Datenbank für die Ameisen

Nun schwirren die Ameisen umher, sammeln Nahrung und bekämpfen Wanzen. Dabei kommt es nicht selten vor, dass mehrere Ameisen gleichzeitig oder dicht hintereinander Zucker oder Obst finden, weil die Daten immer nur kurzfristig aufgenommen und nirgendwo länger gespeichert werden.

Unser Innenminister würde seine Freude haben, wenn alle Daten aller Lebewesen irgendwo gelagert und immer einsehbar wären. Uns genügt nur ein kleiner Teil davon, nämlich dass alle Koordinaten entdeckter Nahrungsquellen irgendwo gespeichert und von allen Ameisen abrufbar sind.

Dazu bräuchten wir eine (kleine) Datenbank, für die wir gleich eine neue Quelltextdatei anlegen. Sie erinnern sich, wie man eine Klasse hinzufügt? Wenn nicht, sind hier nochmal die Schritte zur neuen Klassendatei – mit einer kleinen Änderung:

1. Im *Projekt*-Menü klicken Sie auf *Klasse hinzufügen*.

2. Im Dialogfeld ändern Sie diesmal den Namen *Class1.vb* in *Datenbank.vb* um.

3. Dann bestätigen Sie Ihre Eingabe mit Klick auf *Hinzufügen*.

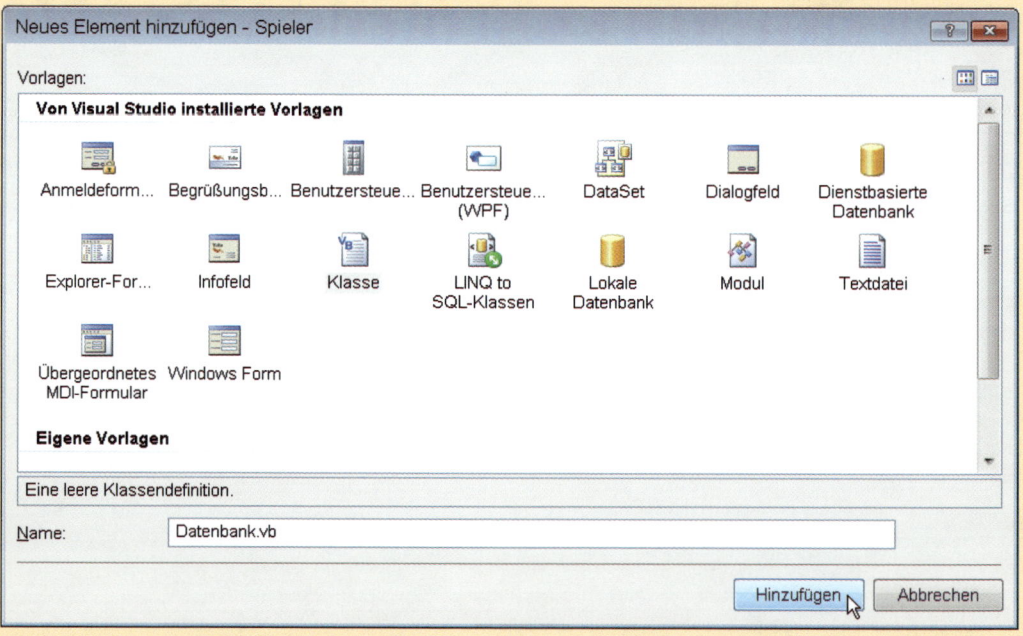

Nun gibt es im *AntMe!*-Projekt eine neue Datei namens *Datenbank.vb* (▶ *AntMe07*). Was soll in unsere neue Datenbank? Auf jeden Fall die Koordinaten aller Nahrungsquellen, die gefunden werden. Zusätzlich könnte man noch die entsprechenden Daten für Wanzen mit aufnehmen, immerhin handelt es sich ja um Feinde unseres Ameisenstaates.

Infrage kommt am besten eine Listenstruktur. Die stellt uns Visual Basic fix und fertig als `ArrayList` zur Verfügung. Vereinbaren und erzeugen wir erst einmal drei davon in unserer neuen Klasse:

```
Public Class Datenbank
  Protected ZuckerDaten As ArrayList = New ArrayList()
  Protected ObstDaten As ArrayList = New ArrayList()
  Protected WanzeDaten As ArrayList = New ArrayList()
End Class
```

ArrayList gehört zu einer Sammlung von nützlichen Behältern, die in einer Extrabibliothek liegen. Diese wird mit `Imports System.Collections.Generic` in den aktuell verfügbaren Wortschatz eingefügt.

Damit bekommen wir drei »Behälter« in Form von Listen, deren Größe sich beliebig ändern und anpassen lässt. Als Nächstes benötigen wir eine Methode, die die Koordinaten eines Zuckerbergs, eines Apfels oder einer Wanze in den Listen speichert:

```
Public Sub SammleKoordinate(ByVal XY As Spielobjekt)
  If XY Is Nothing Then Return
  If TypeOf XY Is Zucker Then
    If Not ZuckerDaten.Contains(XY) Then ZuckerDaten.Add(XY)
  End If
  If TypeOf XY Is Obst Then
    If Not ObstDaten.Contains(XY) Then ObstDaten.Add(XY)
  End If
  If TypeOf XY Is Wanze Then
    If Not WanzeDaten.Contains(XY) Then WanzeDaten.Add(XY)
  End If
End Sub
```

Zuerst wird überprüft, ob überhaupt verwertbare Daten vorhanden sind:

```
If XY Is Nothing Then Return  ' oder Exit Sub
```

Weil Koordinaten immer aus zwei Werten bestehen, haben wir es hier mit dem Wertepaar für x und y zu tun, daher der Parametername XY. Als Nächstes wird nach dem Objekttyp unterschieden: Sind es die Koordinaten von Zucker, Obst oder Wanzen?

```
If TypeOf XY Is Zucker Then   ' bzw. Obst oder Wanze
```

Mit `Contains` wird dann ermittelt, ob bestimmte Werte in einer Liste stehen. Ist ein Paar nicht enthalten (`Not`), dann werden die aktuellen Koordinaten hinzugefügt. Das erledigt die `Add`-Methode.

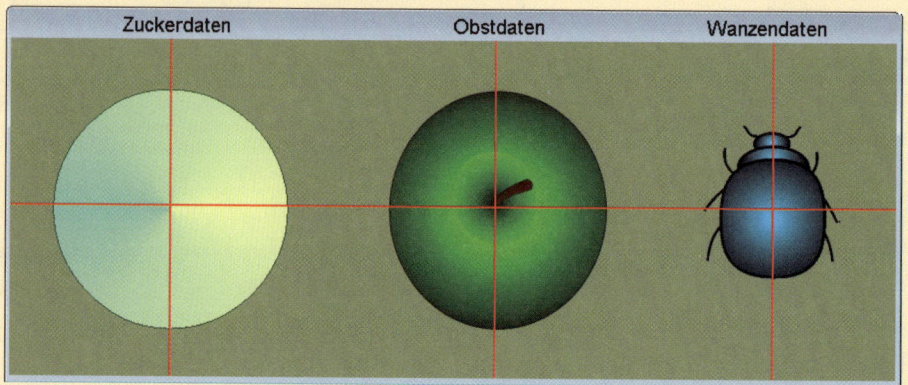

| Zuckerdaten | Obstdaten | Wanzendaten |

Für den Fall, dass die betreffenden Koordinaten nicht mehr aktuell sind, weil der Zuckerberg abgebaut, der Apfel schon wegtransportiert, die Wanze bereits getötet wurde, benötigen wir eine Löschmethode:

```
Public Sub LöscheKoordinate(ByVal XY As Spielobjekt)
   ZuckerDaten.Remove(XY)
   ObstDaten.Remove(XY)
   WanzeDaten.Remove(XY)
End Sub
```

Remove heißt die Methode, die für das Entfernen von Daten aus einer ArrayList zuständig ist.

Und damit wir vom *AntMe!*-Hauptprogramm aus auf die gesammelten Daten zugreifen können, benötigen wir jetzt noch einige weitere Funktionen. Hier sind sie im Dreierpack:

```
Public Function ZeigeZuckerdaten() As Zucker
   If ZuckerDaten.Count > 0 Then
     For Each XY As Spielobjekt In ZuckerDaten
       Return CType(XY, Zucker)
     Next
   End If
   Return Nothing
End Function

Public Function ZeigeObstdaten() As Obst
   If ObstDaten.Count > 0 Then
     For Each XY As Spielobjekt In ObstDaten
       Return CType(XY, Obst)
     Next
   End If
   Return Nothing
End Function

Public Function ZeigeWanzeDaten() As Wanze
   If WanzeDaten.Count > 0 Then
     For Each XY As Spielobjekt In WanzeDaten
```

```
      Return CType(XY, Wanze)
    Next
  End If
  Return Nothing
End Function
```

Zunächst wird überprüft, ob überhaupt Daten vorhanden sind. Count gibt die Anzahl der Datensätze zurück. Ist sie größer als 0, dann wird gezählt. Die For-Struktur kennen Sie, aber das Each ist Ihnen fremd? Das heißt einfach »Für jedes Element« in der entsprechenden Liste. Anstatt also z.B. von 1 bis zu irgendeinem Zielwert zu zählen, soll hier die Zählung alle vorhandenen Koordinatenwerte durchlaufen. Wir hätten also auch so oder ähnlich schreiben können:

```
For i As Integer = 1 To ZuckerDaten.Count
Next
```

Dann müssten wir eine weitere Variable verwenden und das Ganze wäre nicht so elegant lösbar.

Wichtig ist, dass der Rückgabewert angepasst wird, denn ein einfaches Return Zucker funktioniert nicht, eine Klasse lässt sich hier nicht als Rückgabewert benutzen. Mit Hilfe der Umwandlungsfunktion CType – eine Abkürzung von »Convert to Type« – machen wir aus dem Spielobjekt XY ein Zucker-Objekt:

```
Return CType(XY, Zucker)
```

Koordinaten sammeln

Nach der Vereinbarung der neuen Klasse soll die natürlich jetzt auch zum Einsatz kommen. Dazu sind im Quelltext von *Spieler.vb* einige Erweiterungen nötig (▶ *AntMe07*). Beginnen wir mit der Erzeugung eines neuen Objekts, z.B. AmeisenDaten:

```
Public AmeisenDaten As Datenbank = New Datenbank()
```

Aber halt! Gibt es da nicht ein Problem? Wenn wir in der Ameisenklasse MeineAmeise eine Instanz der Klasse Datenbank einsetzen, dann hätte jede Ameise ihr *eigenes* Gedächtnis. Dort würden dann zwar die entdeckten Koordinaten abgelegt, sie wären aber für andere Ameisen nicht nutzbar – es sei denn, sie würden z.B. über Markierungsinformationen weitergereicht.

Ein umständliches Unterfangen, viel besser wäre eine *globale* Datenbank, auf die alle Ameisen direkt zugreifen können. Offenbar müssen wir hier anders als gewohnt mit der Klasse Datenbank umgehen. Am besten wäre es, die Klasse mit all ihren Eigenschaften und Methoden direkt einsetzen zu können, also z.B.

```
Datenbank.SammleKoordinate(zucker)
```

Das geht aber nicht einfach so, ein Versuch beschert uns eine Fehlermeldung, die übersetzt bedeutet: »Vereinbare ein Objekt oder gib die Klasse Datenbank frei«.

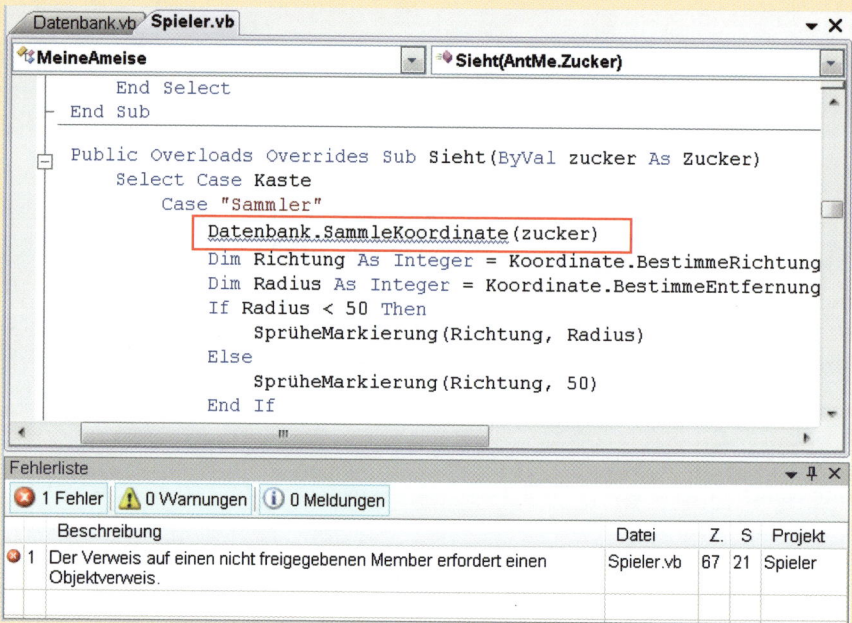

Anders ausgedrückt: Wir sollten dafür sorgen, dass die Eigenschaften und Methoden unserer Datenbank-Klasse *global* gültig werden. Und das geht in Visual Basic mit dem Zusatz Shared. Wir müssen also sämtliche Elemente der Klasse mit diesem Wort schmücken, womit die Elemente zu so genannten *statischen* Elementen werden, womit sie ständig überall verfügbar ist.

Ich führe hier nicht den kompletten Quelltext auf, sondern nur die Eigenschaften und die Köpfe der Methoden (also jeweils die erste Zeile):

```
Public Class Datenbank
    Protected Shared ZuckerDaten As ArrayList = New ArrayList()
    Protected Shared ObstDaten As ArrayList = New ArrayList()
    Protected Shared WanzeDaten As ArrayList = New ArrayList()

    Public Shared Sub SammleKoordinate(ByVal XY As Spielobjekt)
    Public Shared Sub LöscheKoordinate(ByVal XY As Spielobjekt)

    Public Shared Function ZeigeZuckerdaten() As Zucker
    Public Shared Function ZeigeObstdaten() As Obst
    Public Shared Function ZeigeWanzeDaten() As Wanze
End Clas
```

Und nun ist es möglich, ohne eine Instanz dieser Klasse erzeugt zu haben, direkt auf die Eigenschaften und Methoden von Datenbank zuzugreifen, für *jede* Ameise, die sich aus dem Bau wagt.

Beschäftigen wir uns jetzt mit dem Sammeln von Daten. Sobald eine Ameise eine Nahrungsquelle oder eine Wanze sieht, meldet sie es an unsere zentrale »Datenbehörde«:

```
Public Overrides Sub Sieht(ByVal zucker As Zucker)
  Select Case Kaste
    Case "Sammler"
      Datenbank.SammleKoordinate(zucker)
      Dim Richtung As Integer = Koordinate.BestimmeRichtung(Me, zucker)
      Dim Radius As Integer = Koordinate.BestimmeEntfernung(Me, zucker)
      If Radius < 100 Then
        SprüheMarkierung(Richtung, Radius)
      Else
        SprüheMarkierung(Richtung, 100)
      End If
      If AktuelleLast = 0 Then GeheZuZiel(zucker)
    Case "Kämpfer"
      'GeheWegVon(zucker)
  End Select
End Sub

Public Overrides Sub Sieht(ByVal obst As Obst)
  Select Case Kaste
    Case "Sammler"
      Datenbank.SammleKoordinate(obst)
      Dim Richtung As Integer = Koordinate.BestimmeRichtung(Me, obst)
      Dim Radius As Integer = Koordinate.BestimmeEntfernung(Me, obst)
      SprüheMarkierung(Richtung, Radius)
      If AktuelleLast = 0 And BrauchtNochTräger(obst) Then GeheZuZiel(obst)
    Case "Kämpfer"
      'GeheWegVon(obst)
  End Select
End Sub

Public Overrides Sub SiehtFeind(ByVal wanze As Wanze)
  Select Case Kaste
    Case "Sammler"
      If AktuelleLast = 0 Then GeheWegVon(wanze)
    Case "Kämpfer"
      Datenbank.SammleKoordinate(wanze)
      Dim Richtung As Integer = Koordinate.BestimmeRichtung(Me, wanze)
      SprüheMarkierung(-Richtung, 200)
      If AnzahlAmeisenInSichtweite > 1 Then GreifeAn(wanze) Else GeheWegVon(wanze)
  End Select
End Sub
```

So hat jede Ameise den Auftrag, festzustellen, wo die Nahrungsquelle liegt und eine Markierung zu setzen, damit andere Ameisen in der Nähe angelockt werden. Sobald die Koordinaten in der globalen Datenbank verfügbar sind, kann auch jede andere Ameise darüber verfügen.

Sicher hat das Sammeln der Koordinaten nicht überall den gleichen Stellenwert. Am sinnvollsten ist es bei einem Zuckerberg, weil es dort eine ganze Weil dauern kann, bis der abgetragen wurde. Und mit Sicherheit wird dieser Prozess beschleunigt, wenn die Ameisen wissen, wo der Zucker zu orten ist.

Fraglicher ist das Sammeln der Koordinaten von beweglichen Objekten: Die Wanzen sind ständig dabei, ihren Standort zu ändern, natürlich wird der neue sofort erfasst, wenn eine Ameise eine Wanze zu Gesicht bekommt. Gleiches gilt für einen Apfel, der gerade abtransportiert wird. Hier könnte man ansetzen, wenn man die verschiedenen Bedingungen auswertet:

Der Apfel ist bereits auf dem Weg zum Bau und benötigt vielleicht nur noch einige wenige Träger zusätzlich, möglicherweise aber sind die Koordinaten bereits uninteressant, wenn keine Träger mehr gebraucht werden. Und die Position einer Wanze ist nur solange von Bedeutung, bis sie keine Gefahr mehr darstellt.

Hier Zucker, dort Obst

Wie auch immer: Das Sammeln der Daten aller drei Kategorien ist nicht schädlich. Meint auch unser Innenminister. Wer weiß, wozu sie mal brauchbar sind. Damit kommen wir zur Auswertung. Die gehört natürlich wieder in die Methode, die regelmäßig aufgerufen wird:

```
Public Overrides Sub Tick()
  Select Case Kaste
    Case "Sammler"
      If AktuelleLast > 0 And TypeOf Ziel Is Bau Then
        Dim Richtung As Integer = Koordinate.BestimmeRichtung(Ziel, Me)
        SprüheMarkierung(Richtung, 25)
      End If
      Dim zuckerfund As Zucker = Datenbank.ZeigeZuckerdaten()
      If zuckerfund IsNot Nothing Then
        If zuckerfund.Menge <= 10 Then Datenbank.LöscheKoordinate(zuckerfund)
        If AktuelleLast = 0 Then GeheZuZiel(zuckerfund)
      End If
      Dim obstfund As Obst = Datenbank.ZeigeObstdaten()
      If obstfund IsNot Nothing Then
        If BrauchtNochTräger(obstfund) Then
          If AktuelleLast = 0 Then GeheZuZiel(obstfund)
        Else
          Datenbank.LöscheKoordinate(obstfund)
        End If
      End If
    Case "Kämpfer"
      Dim wanzefund As Wanze = Datenbank.ZeigeWanzedaten()
      'hier könnte eine Kampfstrategie stehen
  End Select
End Sub
```

Um die Daten verfügbar zu machen, brauchen die Ameisen erst ein Zuckerobjekt, sozusagen die Vision eines Zuckerbergs:

```
Dim zuckerfund As Zucker = Datenbank.ZeigeZuckerdaten()
```

Dort sind die Koordinaten gelagert. Und mit dieser Vision läuft eine Ameise dann los, in der Hoffnung, den gesuchten Zuckerberg auch an der betreffenden Stelle zu finden:

```
If zuckerfund IsNot Nothing Then
  If zuckerfund.Menge <= 10 Then Datenbank.LöscheKoordinate(zuckerfund)
  If AktuelleLast = 0 Then GeheZuZiel(zuckerfund)
End If
```

Klingt etwas seltsam: »Wenn das mit dem Zucker *nicht nichts* ist«? Der Ausdruck zuckerfund Is Nothing bedeutet: »kein Zucker«. Die Bedingung für das Loslaufen und zum Ziel gehen ist ja, dass es ein Zuckerziel gibt, deshalb die Verneinung mit Not – man könnte auch sagen: die doppelte Verneinung. zuckerfund IsNot Nothing heißt also »Zucker vorhanden«. So etwas wie zuckerfund Is There oder zuckerfund Exists gibt es leider nicht.

Hat die Ameise nichts zu schleppen, so marschiert sie los. Sollte dann der vorhandene Zuckerberg auf 10 Trageeinheiten (also das, was eine Ameise auch auf einmal tragen kann) geschmolzen sein, werden die Zuckerkoordinaten aus dem zentralen Datenregister gelöscht.

Beim Obst ist es ähnlich. Auch hier benötigt die Ameise ihre Apfelvision. Gibt es Apfeldaten, dann muss noch überprüft werden, ob noch Träger gebraucht werden. Wenn ja, stapft die Ameise los. Ansonsten können die Apfelkoordinaten gelöscht werden:

```
Dim obstfund As Obst = Datenbank.ZeigeObstdaten()
If obstfund IsNot Nothing Then
  If BrauchtNochTräger(obstfund) Then
    If AktuelleLast = 0 Then GeheZuZiel(obstfund)
  Else
    Datenbank.LöscheKoordinate(obstfund)
  End If
End If
```

Bei einer Wanze ist es fraglich, wie effizient der Einsatz von Koordinaten ist, die sich ja gleich nach der Sichtung wieder ändern. Auch sind die Kämpfe selten ohne Todesfolge für einzelne Ameisen. Geht es um Punkte, ist das schnelle Finden von Nahrung weitaus sinnvoller. Außerdem überleben mehr Ameisen.

Noch zwei Sätze zur Markierung: Ob Sie nun ganz darauf verzichten oder sie zusätzlich einsetzen wollen, bleibt Ihnen überlassen. Eine Ameisenstraße aus Markierungen ist wohl nicht mehr nötig, wenn die Strecken durch die Zielkoordinaten der Datenbank bereits vorgegeben sind.

175

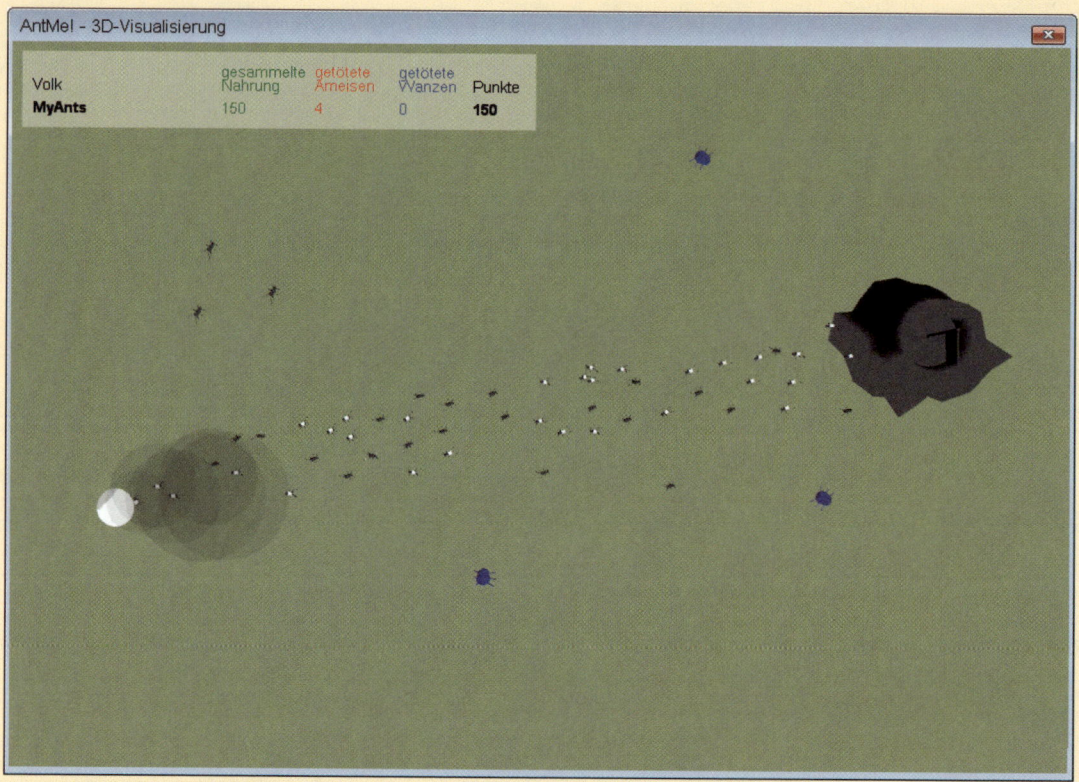

AntMe! - 3D-Visualisierung				
Volk	gesammelte Nahrung	getötete Ameisen	getötete Wanzen	Punkte
MyAnts	150	4	0	**150**

Wenn Sie nun das Spiel laufen lassen, wird Ihnen vielleicht einiges seltsam vorkommen. So sind es oft viel zu viele – wenn nicht alle – Sammlerameisen, die auf ein Nahrungsziel zusteuern, scheinbar eifrig bemüht, die anderen beim Abtransport zu übertreffen. Auch kann es passieren, dass Ameisen reglos verharren, vielleicht weil sie dicht hintereinander (also in jeder Runde) ein wechselndes Ziel angeboten bekommen und so nicht wissen, welches sie ansteuern sollen.

Zucker- und Obstsammler

Dem Problem, dass bei jedem Tick hintereinander erst Zucker-, dann Obstkoordinaten angeboten werden, kann man z.B. dadurch begegnen, dass man die Sammlerameisen in ZuckerSammler und ObstSammler unterteilt (*AntMe08*).

Dann können sie sich auf jeweils eine Sorte von Nahrung konzentrieren. Außerdem lassen sich gegebenenfalls die Fähigkeiten und das Verhalten besser auf die jeweilige Nahrungsart abstimmen. So könnten beispielsweise die Obstameisen stärker sein, weil sie schwerer zu schleppen haben, die Zuckerameisen dagegen schneller, weil sie häufiger laufen müssen, um den Zucker abzutragen:

```
<Kaste( _
  Name:="ZuckerSammler", _
  GeschwindigkeitModifikator:=2, _
  DrehgeschwindigkeitModifikator:=1, _
  LastModifikator:=0, _
  ReichweiteModifikator:=-1, _
  SichtweiteModifikator:=0, _
  EnergieModifikator:=-1, _
  AngriffModifikator:=-1 _
)> _
<Kaste( _
  Name:="ObstSammler", _
  GeschwindigkeitModifikator:=1, _
  DrehgeschwindigkeitModifikator:=0, _
  LastModifikator:=2, _
  ReichweiteModifikator:=-1, _
  SichtweiteModifikator:=0, _
  EnergieModifikator:=-1, _
  AngriffModifikator:=-1 _
)> _
```

Die BestimmeKaste-Methode muss nun etwas aufgebläht werden. Wie Sie Ihr Ameisenvolk aufteilen, bleibt Ihnen überlassen. Hier ein Vorschlag:

```
Public Overrides Function BestimmeKaste(ByVal anzahl As Dictionary(Of String, Integer)) _
As String
  If anzahl("ZuckerSammler") < 15 Then Return "ZuckerSammler"
  If anzahl("ObstSammler") < 15 Then Return "ObstSammler"
  If anzahl("Kämpfer") < 10 Then Return "Kämpfer"
  If anzahl("ZuckerSammler") < 30 Then Return "ZuckerSammler"
  If anzahl("ObstSammler") < 30 Then Return "ObstSammler"
  Return "ZuckerSammler"
End Function
```

Zuerst werden je 15 Sammlerameisen für jede Nahrungssorte erzeugt, dann werden 10 Kämpfer aus dem Bau entlassen, schließlich folgen weitere Zucker- und Obstsammler. Sollte dann noch Platz sein, könnte der z.B. mit Zuckersammlern ausgefüllt werden.

Als Nächstes lassen wir die Sieht-Methoden radikal schrumpfen. Beide Sammlergruppen geben nur die jeweiligen Koordinaten der entdeckten Nahrungsquelle weiter:

```
Public Overrides Sub Sieht(ByVal zucker As Zucker)
  Select Case Kaste
    Case "ZuckerSammler"
      Datenbank.SammleKoordinate(zucker)
    Case "ObstSammler"
      Datenbank.SammleKoordinate(zucker)
      GeheWegVon(zucker)
    Case "Kämpfer"
  End Select
```

```
End Sub

Public Overrides Sub Sieht(ByVal obst As Obst)
  Select Case Kaste
    Case "ZuckerSammler"
      Datenbank.SammleKoordinate(obst)
      GeheWegVon(obst)
    Case "ObstSammler"
      Datenbank.SammleKoordinate(obst)
    Case "Kämpfer"
  End Select
End Sub
```

Zusätzlich wendet sich die Zuckerameise vom Obst und die Obstameise vom Zucker ab, weil sie da nichts weiter zu suchen haben. Diese Anweisungen können aber auch weggelassen werden. Und die Ameisen gehen einfach (wie schon die Kämpfer) geradeaus weiter.

Ich habe hier auf die Markierungen verzichtet. Natürlich können Sie auch die Sprühanweisungen für Markierungen im Quelltext lassen bzw. Sie wieder hinzufügen. Probieren Sie einfach aus, wie sich das im Spiel für Sie als Boss Ihrer Ameisen »anfühlt«.

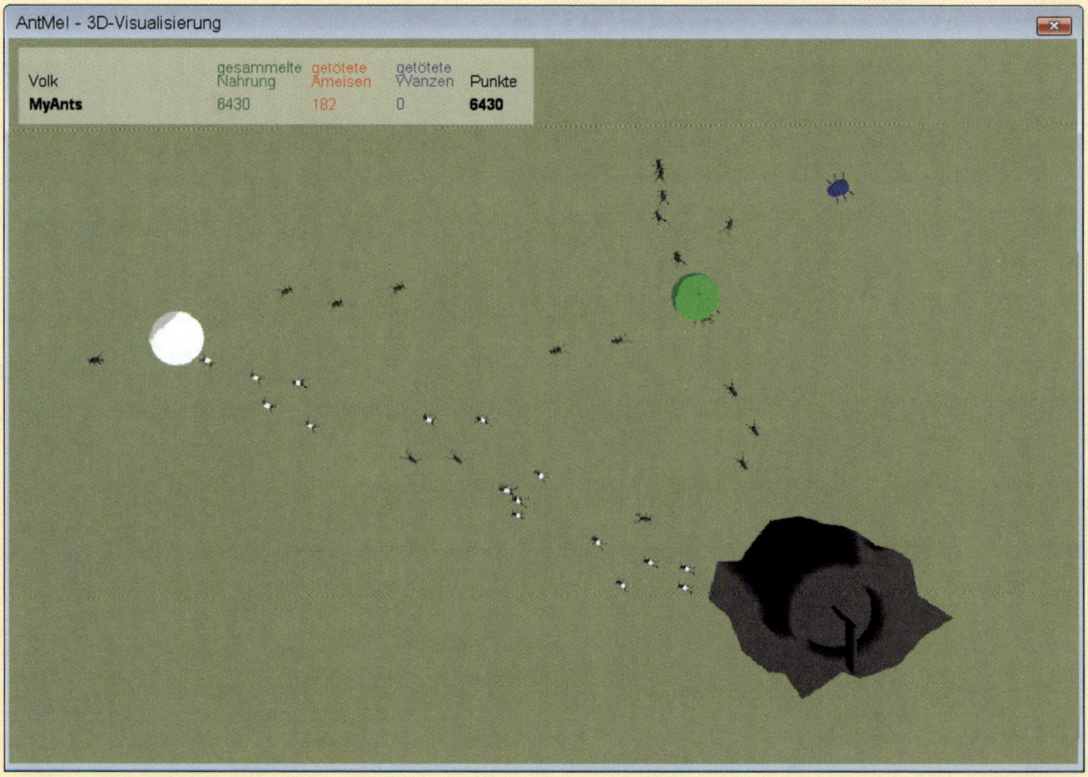
AntMe! - 3D-Visualisierung
Volk
gesammelte Nahrung
getötete Ameisen
getötete Wanzen
Punkte
MyAnts
6430
182
0
6430

Haben beide Gruppen ihr Ziel erreicht, sollen sie natürlich zupacken, aber jeweils nur die Ameisen, die auch zuständig sind:

```
Public Overrides Sub ZielErreicht(ByVal zucker As Zucker)
  If Kaste = "ZuckerSammler" Then
    Nimm(zucker)
    GeheZuBau()
  End If
End Sub

Public Overrides Sub ZielErreicht(ByVal obst As Obst)
  If Kaste = "ObstSammler" Then
    If BrauchtNochTräger(obst) Then
      Nimm(obst)
      GeheZuBau()
    End If
  End If
End Sub
```

Weil es den Typ Sammler so nicht mehr gibt, müssen alle entsprechenden Zeilen so geändert werden:

```
Case "ZuckerSammler", "ObstSammler"
```

Damit werden dann immer beide Typen zugleich erfasst. Verwenden Sie irgendwo eine If-Struktur, so besteht diese aus zwei Bedingungen, von denen eine erfüllt sein muss:

```
If Kaste = "ZuckerSammler" Or Kaste = "ObstSammler" Then
```

Kommen wir endlich zur Tick-Methode, in der wir dafür sorgen, dass die einen Sammler sich nur um den Zucker, die anderen nur ums Obst kümmern:

```
Public Overrides Sub Tick()
  Select Case Kaste
    Case "ZuckerSammler"
      Dim zuckerfund As Zucker = Datenbank.ZeigeZuckerdaten()
      If zuckerfund IsNot Nothing Then
        If zuckerfund.Menge <= 10 Then Datenbank.LöscheKoordinate(zuckerfund)
        If AktuelleLast = 0 Then GeheZuZiel(zuckerfund)
      End If
    Case "ObstSammler"
      Dim obstfund As Obst = Datenbank.ZeigeObstdaten()
      If obstfund IsNot Nothing Then
        If BrauchtNochTräger(obstfund) Then
          If AktuelleLast = 0 Then GeheZuZiel(obstfund)
        Else
```

```
            Datenbank.LöscheKoordinate(obstfund)
        End If
      End If
    Case "Kämpfer"
      Dim wanzefund As Wanze = Datenbank.ZeigeWanzedaten()
      If wanzefund IsNot Nothing Then
        'hier könnte eine Kampfstrategie stehen
      End If
  End Select
End Sub
```

Wer sucht, der findet

Wenn wir uns den bisherigen Quelltext so ansehen, dann kommt irgendwann die Frage: Warum sollen die Obst- und die Zuckersammler in der Sieht-Methode erst einmal nur Daten statt Nahrung sammeln? Könnte man da nicht einen weiteren Ameisentyp einsetzen, der nur für die Aktualisierung der Datenbank zuständig ist? Und die Sammler kümmern sich ausschließlich um das Horten von Obst und Zucker?

Wie soll eine *Sucherameise* sein? Schnell und weitsichtig. Dafür ist sie weder besonders für das Tragen von Lasten noch zum Kämpfen geeignet (▶ *AntMe09*):

```
<Kaste( _
  Name:="Sucher", _
  GeschwindigkeitModifikator:=2, _
  DrehgeschwindigkeitModifikator:=0, _
  LastModifikator:=-1, _
  ReichweiteModifikator:=-1, _
  SichtweiteModifikator:=2, _
  EnergieModifikator:=-1, _
  AngriffModifikator:=-1 _
    )> _
```

Bei der Erzeugung der Ameisentypen finden nun auch 5 Sucherameisen Platz. Und weil sie so wichtig sind, kommen sie gleich als erste aus dem Ameisenbau:

```
Public Overrides Function BestimmeKaste(ByVal anzahl As Dictionary(Of String, Integer)) _
As String
  If anzahl("Sucher") < 5 Then Return "Sucher"
  If anzahl("ZuckerSammler") < 15 Then Return "ZuckerSammler"
  If anzahl("ObstSammler") < 15 Then Return "ObstSammler"
  If anzahl("Kämpfer") < 15 Then Return "Kämpfer"
  If anzahl("ZuckerSammler") < 25 Then Return "ZuckerSammler"
  If anzahl("ObstSammler") < 25 Then Return "ObstSammler"
  Return "ZuckerSammler"
End Function
```

Nun können sich die Sucher um das Auffinden und die Sammler um das Abtragen von Nahrung kümmern. Dazu ist noch eine kleine Änderung in den Sieht-Methoden nötig:

```
Public Overrides Sub Sieht(ByVal zucker As Zucker)
  Select Case Kaste
    Case "Sucher"
      Datenbank.SammleKoordinate(zucker)
      GeheWegVon(zucker)
    Case "Kämpfer"
  End Select
End Sub

Public Overrides Sub Sieht(ByVal obst As Obst)
  Select Case Kaste
    Case .Sucher"
      Datenbank.SammleKoordinate(obst)
      GeheWegVon(obst)
    Case "Kämpfer"
  End Select
End Sub
```

Ob der Einsatz von Sucherameisen wirklich lohnt, das herauszufinden ist wieder Ihre Test-Aufgabe: Beobachten Sie, was im *AntMe!*-Spiel passiert. In der Regel kann eine Ameise, die ein Nahrungsziel entdeckt, auch gleich schon mal zupacken – womit sie allerdings an das betreffende Objekt gebunden ist und erst mal damit zurück zum Ameisenbau muss.

Auf der anderen Seite lässt sich eine Sucherameise spezialisieren, indem sie z.B. noch mehr kann als nur die Koordinaten eines Objekts speichern, etwa zusätzlich die benötigte Anzahl von Trägern oder Kämpfern. Sie könnte vielleicht sogar logistische Aufgaben übernehmen, also Ameisen in Gruppen aufteilen und dann zum Zielort führen. Allerdings sollte man die Ameise befördern und ihr einen anderen Namen spendieren.

Gruppenbildung

Während die Ameisen beim Sammeln von Äpfeln sozusagen an einem »Strang« ziehen oder gemeinsam schieben, laufen sie in der Regel ansonsten ziemlich einsam übers Spielfeld. Aber geht das denn überhaupt, dass Ameisen eine eigene Gruppe bilden und dann gemeinsam auf ein Ziel zu marschieren? Probieren wir aus, was möglich ist (▶ *AntMe10*).

 Am besten ist es, Sie verwenden hierzu eine neue möglichst leere Quelltextdatei *Spieler.vb*, wie zum Beispiel die aus *AntMe01* oder aus *AntMe02*. Denn wir erstellen die Gruppen erst einmal unabhängig von verschiedenen Typen bzw. Kasten. Und auf die Datei *Datenbank.vb* können wir hier verzichten.

Zuerst benötigen wir eine Variable namens `Gruppe`. Sie ist mehr eine Nummer. Anstatt jeder Gruppe einen Namen zu geben, verteilen wir Nummern. Die nächste Variable `Gesamtzahl` gibt die aktuelle Anzahl aller bisher erzeugten Ameisen an:

```
Dim Gruppe As Integer = 0
Shared Gesamtzahl As Integer = 0
```

Beides gehört ganz oben in den Quelltext, direkt unter den Namen der Ameisenklasse. `Gesamtzahl` muss mit `Shared` vereinbart werden, damit ihr Wert global für *alle* Ameisen erhalten bleibt. So ist es möglich, mit Hilfe mathematischer Berechnung eine Gruppenaufteilung vorzunehmen:

```
If Gesamtzahl < 100 Then
  Gruppe = Gesamtzahl / 10
Else
  Gruppe = Gesamtzahl Mod 10
End If
```

Solange die Gesamtzahl aller erzeugten Ameisen unter 100 liegt, wird sie durch 10 geteilt. Weil das Ergebnis (`Gruppe`) ganzzahlig sein muss, wird entsprechend gerundet. So entstehen insgesamt 10 Ameisengruppen.

 Für eine reine Ganzzahldivision kann man auch statt des normalen Divisionszeichens (/) den umgekehrten Schrägstrich (\) verwenden.

Was ist, wenn von den ersten 100 Ameisen draußen einige oder viele gestorben sind? Es kommen neue nach. Und die müssen nun den einzelnen Gruppen möglichst sinnvoll zugeordnet werden. Dazu muss natürlich eine andere Berechnung her. Und hier bieten sich die *Reste* einer Ganzzahldivision an.

Wenn die Gesamtzahl 100 oder größer ist, ergibt eine Division durch 10 immer die ganze Zahl 10 und einen Rest, z.B.:

100 / 10 = 10 Rest 0 ; 101 / 10 = 10 Rest 1 ; 102 / 10 = 10 Rest 2 ; 109 / 10 = 10 Rest 9 ;

111 / 10 = 11 Rest 1 ; 222 / 10 = 12 Rest 2 ; 333 / 10 = 33 Rest 3

Das Wörtchen Mod (eine Abkürzung für »Modulo«, wie man diesen Rest auch nennt) sorgt nun dafür, dass nur der Divisionsrest verwertet wird: 101 Mod 10 ergibt 1 und so weiter.

Die Gruppenzählung beginnt bei 0. Durch die Mod-Berechnung bekommt jede der bereits bestehenden Gruppen nacheinander ein neues Mitglied zugewiesen. Dabei kann und wird es natürlich passieren, dass einzelne Gruppen größer und andere ziemlich klein sind, weil die Anzahl der Ameisen einer Gruppe von deren Todesfällen abhängt.

Wo bringen wir die If-Struktur zur Berechnung der Gruppenzugehörigkeit unter? Ein Konstruktor (New) ist weit und breit nicht zu sehen. Den müssen wir hier in unserer Klasse neu definieren:

```
Public Sub New()
  If Gesamtzahl < 100 Then
    Gruppe = Gesamtzahl / 10
  Else
    Gruppe = Gesamtzahl Mod 10
  End If
  Gesamtzahl = Gesamtzahl + 1
End Sub
```

Zusätzlich wird am Ende die Gesamtzahl um 1 erhöht, weil ja eine neue Ameise hinzugekommen ist. Damit hätten wir rein mathematisch 10 Gruppen a 10 Ameisen. Aber wenn wir das Spiel starten würden, bekämen wir davon natürlich nichts zu sehen. Die Ameisen laufen irgendwo aus dem Bau, und wenn sie einen Zuckerhaufen oder einen Apfel finden, nehmen sie Nahrung mit, von Gruppenbildung keine Spur – mal abgesehen vom gemeinsamen Obsttransport.

Irgend jemand muss hier Ordnung schaffen, dafür sorgen, dass die Ameisen zu ihrer Gruppe gehen und dort gefälligst auch möglichst lange bleiben. Das können Sie nicht alleine, Sie müssen ja schließlich die Kontrolle über Ihr ganzes Volk behalten. Also ermächtigen Sie einige Ameisen dazu, auf dem Spielfeld den Boss zu spielen. Vereinbaren wir also in MeineAmeise gleich zehn von diesen Jobs:

```
Shared Boss(10) As MeineAmeise
```

Die in Klammern gesetzte Zahl 10 bedeutet, dass auf einen Schlag 10 freie Stellen für kleine Bosse zur Verfügung stehen.

Arrays

Werden nicht nur eine oder zwei Variabeln oder Objekte des gleichen Typs gebraucht, so lassen die sich sozusagen in einem Rutsch vereinbaren. Wenn das nicht möglich wäre, hätte das Ganze für zehn gleiche Variablen oder Objekte so aussehen müssen:

```
Shared Boss0, Boss1, Boss2, Boss3, Boss4, Boss5, Boss6, Boss7, Boss8,
Boss9 As MeineAmeise
```

Dabei muss dann im weiteren Quelltext jede Variable einzeln mit ihrem Namen angesprochen werden, es ist also immerzu eine mehrfach Wiederholung der im Grunde genommen gleichen Anweisungen nötig.

Durch die Vereinbarung als Gruppe, auch Feld oder *Array* genannt, macht man es sich leichter. Wie Sie sehen werden, ersparen wir uns damit eine Menge wiederholter Tipparbeit. Dazu ist es nur nötig, dem Namen einer Variablen oder eines Objekts in Klammern die gewünschte Anzahl mitzugeben, z.B.:

```
Dim Zahl(10) As Integer    ' für 10 Zahlen
Dim Text(10) As String     ' für 10 Zeichenketten
```

Der Zugriff erfolgt dann einfach nur über die aktuelle Nummer, wobei zu beachten ist, dass die Zählung bei 0 beginnt: Zahl(0) ist die erste Zahl, Text(1) der zweite String.

Auffällig und für Sie wohl ungewohnt ist allerdings, das *innerhalb* einer Klasse eine Instanz oder gleich mehrere davon vereinbart werden können, die den gleichen Typ wie die Klasse haben. Dazu muss man wissen, dass hier nicht ganze Objekte, sondern sozusagen nur »Namensschilder« oder Posten erstellt werden. Die betreffenden Personen – ich meine natürlich Ameisen – müssen erst noch »befördert« werden.

Wer ist hier der Boss?

Erzeugt werden alle Ameisen wie gehabt in der Methode BestimmeKaste. Dort lässt sich aber nicht klären, wer jeweils der Boss einer Gruppe sein soll. Das wird in der Tick-Methode erledigt. Da können wir dann auch gleich regeln, was passieren soll, wenn eine Ameise aus der Führungsriege stirbt.

Ameisengruppe mit Boss

Als erstes untersuchen wir, ob eine Stelle als Boss frei ist:

```
If Boss(Gruppe) Is Nothing Then Boss(Gruppe) = Me
```

Wenn es keinen Boss gibt, dann machen wir die gerade verfügbare Ameise (Me) zum Boss. Sollte der letzte Anführer der Gruppe auf dem Schlachtfeld gefallen sein, dann muss natürlich ein Nachfolger her:

```
If Boss(Gruppe) IsNot Nothing And Boss(Gruppe).AktuelleEnergie <= 0 Then Boss(Gruppe) = Me
```

Die erste Bedingung ist nötig, weil sich die aktuelle Energie nur überprüfen lässt, wenn es schon ein Boss-Objekt gegeben hat (deshalb die doppelte Verneinung mit IsNot Nothing). Sinkt der Wert von AktuelleEnergie auf 0 oder darunter, ist die betreffende Ameise tot.

Als Nächstes muss der Boss auf seine Gruppe warten, sobald er den Bau verlassen hat, aber wenn nötig, auch immer mal wieder auf dem Spielfeld:

```
If Boss(Gruppe) Is Me Then
   If Not MitDabei Then
     BleibStehen()
     MitDabei = True
   End If
   Return
End If
```

Hier gibt es eine neue Schaltvariable, die wir zu den anderen Vereinbarungen gesellen und erst mal auf »Aus« stellen:

```
Dim MitDabei As Boolean = False
```

Wenn die Ameise, die die Gruppe anführt, nicht MitDabei ist, sollen sie erst mal stehen bleiben. Wobei diese Methode auch bewirkt, dass die Ameise auch ihr Ziel verliert bzw. vergisst. Anschließend wird MitDabei wieder auf True gesetzt.

Die Anweisung Return kommt in der Tick-Methode mehrmals vor. Sie bewirkt, dass die Tick-Methode an dieser Stelle sofort verlassen wird. (Alternativ hätten wir auch Exit Sub verwenden können.)

In der nächsten Runde gelangt die Ausführung wieder an diese Stelle. Wenn MitDabei nicht mehr False ist, wird der Block mit der Return-Anweisung übersprungen und es geht weiter in der Tick-Methode.

Nun folgen Anweisungen, die für alle Ameisen gelten. Zuerst geht es noch einmal um den Tod, diesmal aber den einer Wanze. Wurde eine Wanze gemeinsam erlegt, dann soll die Ameise erst einmal am Ort ihrer Tat stehen bleiben:

```
If TypeOf Ziel Is Wanze Then
  If CType(Ziel, Wanze).AktuelleEnergie <= 0 Then BleibStehen()
End If
```

Ist das Ziel eine Wanze, wird ja normalerweise gekämpft. Darauf kommen wir noch. Ist die Wanze aber bereits tot, brauchen die Ameisen ein neues Ziel. Durch die Anweisung BleibStehen vergessen sie das alte.

Weil der Typ von Ziel ja auch Zucker oder Obst sein kann, muss hier zum Überprüfen von AktuelleEnergie zuerst mit CType(Ziel, Wanze) der Typ des Ziels in den einer Wanze umgewandelt werden. Damit das nicht schief geht, wird vorher getestet, ob es sich überhaupt um eine Wanze handelt: If TypeOf Ziel Is Wanze.

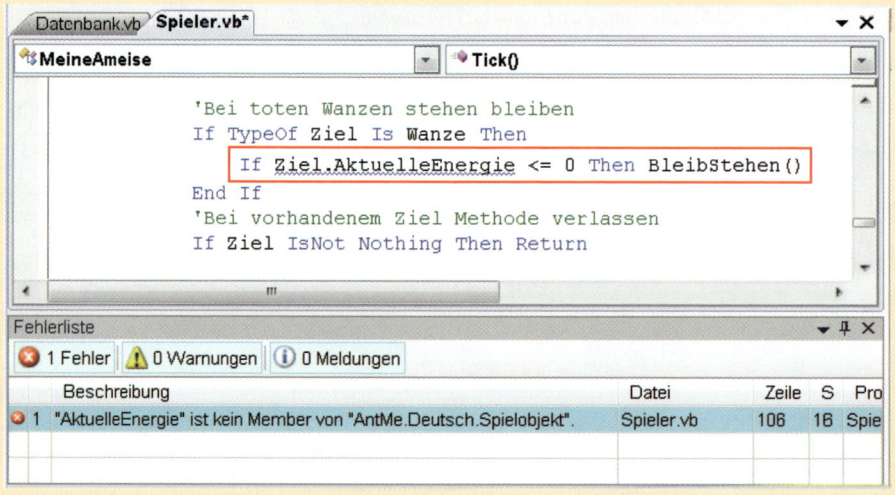

Der Versuch, die AktuelleEnergie des Ziels direkt abzufragen, endet in einer Fehlermeldung: Noch ist das Ziel nicht mit der Wanze »verwandt«. Dies geschieht erst durch die Typumwandlung mit CType.

Hat die Ameise ein anderes Ziel, kann die Tick-Methode erst einmal wieder verlassen werden:

```
If Ziel IsNot Nothing Then Return
```

Ist sie ziellos, dann folgt sie der Anführerin. Diese leitet sie entweder zu feindlichen Wanzen oder zu Zuckerbergen oder Äpfeln. Die kann man beide über den Typ Nahrung abfragen, die Mutterklasse von Zucker und Obst:

```
If TypeOf (Boss(Gruppe).Ziel) Is Nahrung Then
   GeheZuZiel(Boss(Gruppe).Ziel)
   Return
End If
```

Auch hier steht wieder die Return-Anweisung, weil für die Ameise die anschließend folgenden Anweisungsblöcke nicht mehr von Bedeutung sind, denn sie hat ja jetzt ein neues Ziel. Sollte ihr Boss jedoch etwas anderes im Schilde führen, dann gilt für ein Mitglied der Gruppe:

```
If TypeOf (Boss(Gruppe).Ziel) Is Wanze Then
   LasseNahrungFallen()
   GreifeAn(Boss(Gruppe).Ziel)
   Return
End If
```

Steuert die Anführerin auf eine Wanze zu, dann heißt es die Arme frei zu haben, also gegebenenfalls die Nahrung fallen zu lassen, um besser beim Angriff mithelfen zu können.

Anpassungen

Damit alle schön in einer Gruppe bleiben, muss ab und zu – oder besser ständig – kontrolliert werden, wo die Ameisen sich gerade befinden. Dazu benötigen wir in Tick eine lokale Variable für die Entfernung:

```
Dim Entfernung = Koordinate.BestimmeEntfernung(Me, Boss(Gruppe))
```

Damit lässt sich ermitteln, wie weit die aktuelle Ameise (Me) von ihrer Anführerin entfernt ist.

Mit zwei If-Abfragen lässt sich nun der Wert der Schaltvariablen MitDabei aktualisieren:

```
If MitDabei And Entfernung > 64 Then MitDabei = False
If Not MitDabei And Entfernung < 16 Then MitDabei = True
```

Sie können mit anderen Werten experimentieren. Eine Ameise ist 4 Schritte lang, also liegt hier der Testbereich zwischen 4 und 16 Ameisenlängen: Ist der Schalter MitDabei für die aktuelle Ameise auf »An«, die Entfernung zur Gruppe aber zu groß, so wird er ausgeschaltet: Die Ameise gilt erst mal als »verloren«. Hat sie im umgekehrten Fall wieder Anschluss gefunden, dann wird `MitDabei` wieder angeschaltet.

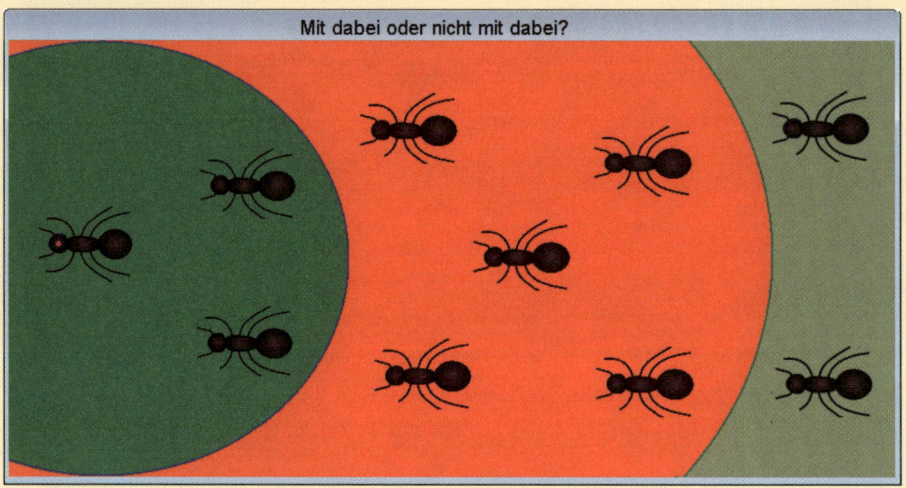

Damit die Ameise wieder aufholen kann, muss sie ihrem Boss zurufen können: »Warte auf mich!«. In der Sprache der *AntMe!*-Völker geht das so:

```
If Not MitDabei Then
  Dim Richtung As Integer = Koordinate.BestimmeRichtung(Me, Boss(Gruppe))
  DreheInRichtung(Richtung)
  GeheGeradeaus(Entfernung)
  Boss(Gruppe).MitDabei = False
  Return
End If
```

Außer der Entfernung wird nun auch noch die Richtung zwischen der aktuellen Ameise (`Me`) und ihrer Anführerin benötigt:

```
Dim Richtung As Integer = Koordinate.BestimmeRichtung(Me, Boss(Gruppe))
```

Dann kann sie sich dorthin drehen und die vorher berechnete Entfernung gehen. Das Stoppsignal an den Boss sorgt dafür, dass alle auf die verloren gegangene Ameise warten. Denn wenn der Boss stehen bleibt, müssen alle stehen bleiben:

```
Boss(Gruppe).MitDabei = False
```

Ist der `MitDabei`-Schalter der Anführerin auf `False` gesetzt, wird die Anweisung im `If`-Block am Anfang der `Tick`-Methode ausgeführt, wo es u.a. heißt:

```
If Not MitDabei Then BleibStehen()
```

Warum steht am Ende der »Aufholanweisungen« ein `Return`. Kommt da noch was?

Ja, eine kleine Korrektur ist nötig. Sie betrifft das Geschehen am Spielfeldrand. Normalerweise prallt eine selbständige Ameise vom Rand ab, wenn sie ihn berührt, ist also schnell wieder in Bewegung. Die einzige selbständige Ameise in einer Gruppe jedoch ist deren Boss. Die andern richten sich nur an ihm aus. Wenn Sie das Spiel im aktuellen Stadium schon mal testen, werden Sie feststellen, dass das Neuausrichten schon mal ein bisschen dauern kann.

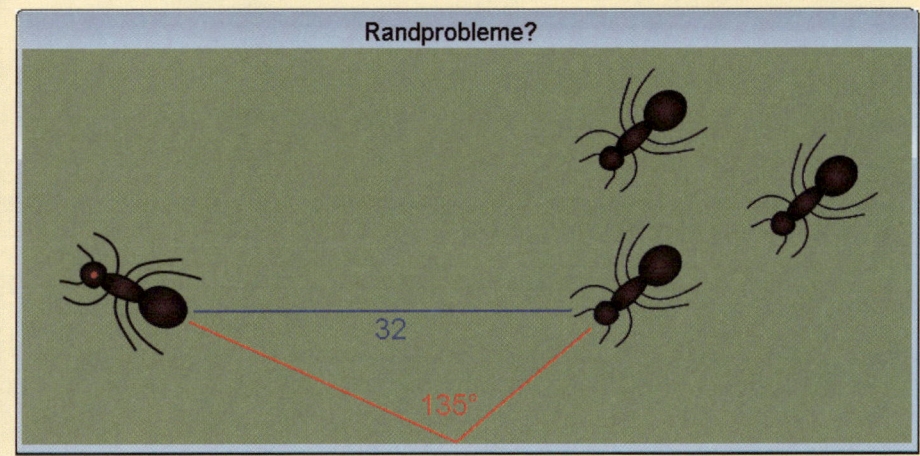

Mit diesem Stück Quelltext sorgen Sie dafür, dass Ihre Ameisengruppe besser die Kurve kriegt, indem sie sich ebenfalls vom Rand abprallen lässt:

```
Dim Rand As Integer = RestWinkel
DreheInRichtung(Boss(Gruppe).Richtung)
If Entfernung < 32 And Math.Abs(RestWinkel) > 135 Then DreheUmWinkel(Rand)
GeheGeradeaus(Boss(Gruppe).RestStrecke)
```

`RestWinkel` und `RestStrecke` geben jeweils einen Restwert an:

- zum einen den Winkel, den eine Ameise sich dreht, bevor sie weiter geradeaus gehen kann,

- zum anderen die Strecke, die eine Ameise zurücklegt, bevor die Methode `Wartet` aufgerufen wird.

Mit Rand vereinbaren wir eine Hilfsvariable, die erst einmal den Wert des Restwinkels aufnimmt:

```
Dim Rand As Integer = RestWinkel
```

Als Nächstes soll sich die Ameise in Richtung Boss ausrichten:

```
DreheInRichtung(Boss(Gruppe).Richtung)
```

Sobald die Entfernung zwischen Folgeameise und Anführerin einen bestimmten Wert unterschreitet, außerdem der Restwinkel zu groß wird, dann soll die Ameise sich zurechtdrehen:

```
If Entfernung < 32 And Math.Abs(RestWinkel) > 135 Then DreheUmWinkel(Rand)
```

Die Werte sind Testwerte, die Sie natürlich ändern können – hauptsache es klappt mit dem schnelleren Dreh. Dabei sorgt Math.Abs dafür, dass der Wert des Restwinkels auf jeden Fall positiv ist. (Für Mathematiker: Abs gibt den *Absolutwert* zurück.)

Nun muss die Ameise nur noch wieder geradeaus gehen:

```
GeheGeradeaus(Boss(Gruppe).RestStrecke)
```

Mit dieser Ausrichtung prallt die Ameise auch vom Rand ab, falls da einer ist.

Alle für einen?

Und damit ist auch die Tick-Methode »erledigt«. Hier nochmal der komplette Quelltext:

```
Public Overrides Sub Tick()
  'Boss festlegen
  If Boss(Gruppe) Is Nothing Then Boss(Gruppe) = Me
  If Boss(Gruppe) IsNot Nothing And Boss(Gruppe).AktuelleEnergie <= 0 Then Boss(Gruppe) = Me
  'Warten auf die Gruppenmitglieder
  If Boss(Gruppe) Is Me Then
    If Not MitDabei Then
      BleibStehen()
      MitDabei = True
    End If
    Return
  End If
  'Bei toten Wanzen stehen bleiben
  If TypeOf Ziel Is Wanze Then
    If CType(Ziel, Wanze).AktuelleEnergie <= 0 Then BleibStehen()
  End If
  'Bei vorhandenem Ziel Methode verlassen
  If Ziel IsNot Nothing Then Return
  'Dem Boss zur Nahrung folgen
  If TypeOf (Boss(Gruppe).Ziel) Is Nahrung Then
    GeheZuZiel(Boss(Gruppe).Ziel)
    Return
  End If
  'Dem Boss im Kampf beistehen
  If TypeOf (Boss(Gruppe).Ziel) Is Wanze Then
    LasseNahrungFallen()
    GreifeAn(Boss(Gruppe).Ziel)
    Return
  End If
  'Kontrolle, ob mit dabei in der Gruppe
  Dim Entfernung = Koordinate.BestimmeEntfernung(Me, Boss(Gruppe))
  If MitDabei And Entfernung > 64 Then MitDabei = False
  If Not MitDabei And Entfernung < 16 Then MitDabei = True
  'Ggf. aufholen, der Boss muss warten
  If Not MitDabei Then
    Dim Richtung As Integer = Koordinate.BestimmeRichtung(Me, Boss(Gruppe))
    DreheInRichtung(Richtung)
    GeheGeradeaus(Entfernung)
```

```
      Boss(Gruppe).MitDabei = False
      Return
   End If
   'Ausgleich am Spielfeldrand
   Dim Rand As Integer = RestWinkel
   DreheInRichtung(Boss(Gruppe).Richtung)
   If Entfernung < 32 And Math.Abs(RestWinkel) > 135 Then DreheUmWinkel(Rand)
   GeheGeradeaus(Boss(Gruppe).RestStrecke)
End Sub
```

Was ist mit den anderen Methoden? Einige davon müssen natürlich an die neue Gruppensituation angepasst werden. `ZielErreicht` und `WirdAngegriffen` gelten weiterhin für *alle* Ameisen:

```
Public Overrides Sub ZielErreicht(ByVal zucker As Zucker)
   Nimm(zucker)
   GeheZuBau()
End Sub

Public Overrides Sub ZielErreicht(ByVal obst As Obst)
   If BrauchtNochTräger(obst) Then
      Nimm(obst)
      GeheZuBau()
   End If
End Sub

Public Overrides Sub WirdAngegriffen(ByVal wanze As Wanze)
   GreifeAn(wanze)
End Sub
```

Für die Sieht-Methoden dagegen ist *nur* der Boss zuständig:

```
Public Overrides Sub Sieht(ByVal zucker As Zucker)
   If Boss(Gruppe) Is Me And Ziel Is Nothing Then
      GeheZuZiel(zucker)
   End If
End Sub

Public Overrides Sub Sieht(ByVal obst As Obst)
   If Boss(Gruppe) Is Me And Ziel Is Nothing Then
      GeheZuZiel(obst)
   End If
End Sub

Public Overrides Sub SiehtFeind(ByVal wanze As Wanze)
   If Boss(Gruppe) Is Me Then
      LasseNahrungFallen()
      GreifeAn(wanze)
   End If
End Sub
```

Der Boss greift zu oder an und die anderen folgen ihm und machen mit. Das gilt auch für die Methode Wartet:

```
Public Overrides Sub Wartet()
  If Boss(Gruppe) Is Me Then GeheGeradeaus()
End Sub
```

Erst wenn der Boss startet, gehen auch die anderen Gruppenmitglieder los.

Nachdem Sie nun so hart daran gearbeitet haben, Ihre Ameisen in Gruppen ausschwärmen zu lassen, sollten Sie sich auch ein bisschen Zeit gönnen, in Ruhe zuzuschauen, wie Ihr Ameisenvolk agiert.

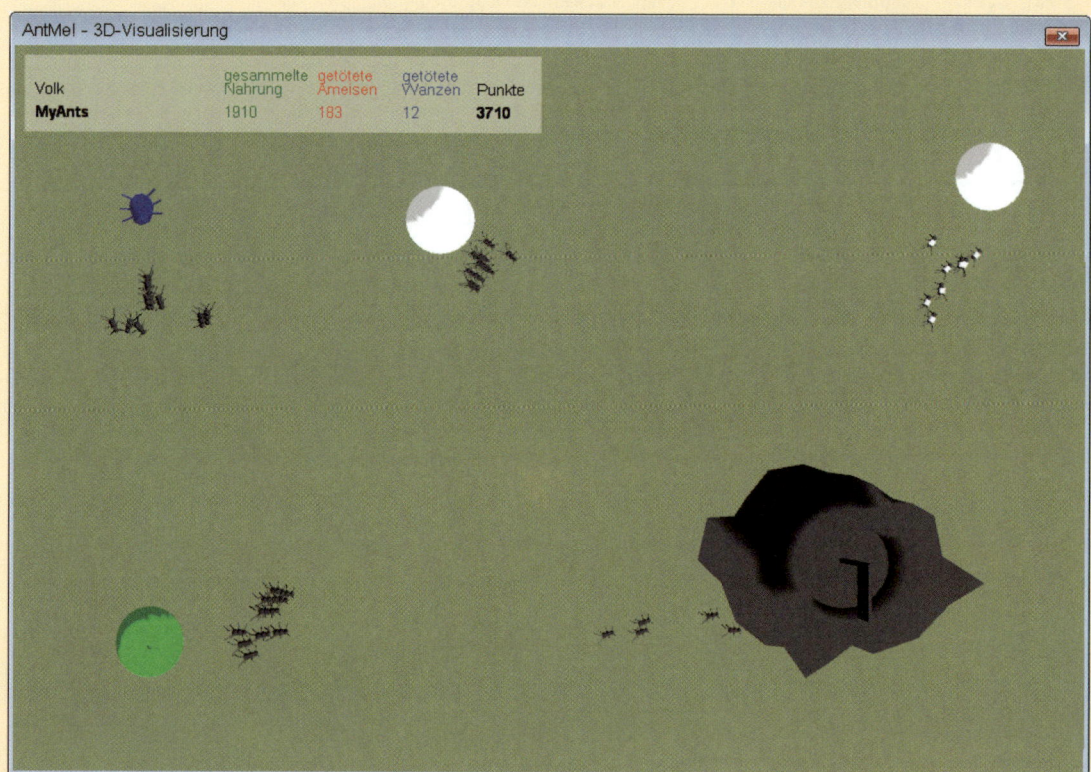

Zusammenfassung

Sie haben nun die Wahl: Sie überlassen es den Ameisen, sich mit Hilfe von Markierungen gegenseitig auf Nahrung oder Wanzen aufmerksam zu machen. Oder Sie spendieren ihnen ein globales »Datenbanksystem«. Und wie Sie sehen, können sich die Ameisen sogar in Gruppen zusammentun, allerdings nicht führungslos. Und das ist hier an Neuem zusammengekommen:

- Eine globale Datenbank-Klasse mit als Shared vereinbarten Elementen kann u.a. Koordinaten von Nahrungsquellen sammeln und allen Ameisen zur Verfügung stellen.

- Nützlich ist es, mit Arraylist einen »Datenbehälter« zu haben, den man beliebig um Elemente erweitern (Add) oder verringern (Remove) kann.

- Von Variablen und Objekten lassen sich in einem Rutsch gleich ganze *Arrays* vereinbaren. Man erweitert den Namen einfach durch Klammern mit der gewünschten *Anzahl*.

- Manchmal sinnvoller als die bisherigen Schleifen zur Wiederholung ist die Struktur For Each, mit der sich z.B. Elemente eines Datenbehälters abfragen lassen.

- Bei kniffligen Typumwandlungen kann CType aus der Klemme helfen.

Schon im nächsten Kapitel erfahren Sie, dass die Ameisen nicht nur Gruppen bilden können. Auch bekommen sie es diesmal mit fremden Ameisen zu tun.

9

AntMe More!

Es gibt noch immer einiges, um dem *AntMe!*-Spiel noch etwas mehr Pepp zu verpassen. So kann man auch verschiedene Ameisentypen in Gruppen ausschwärmen lassen. Außerdem können Ihre Ameisen noch mehr, als nur geradeaus laufen. Schließlich könnten sie auch mal Besuch von anderen Ameisen bekommen.

Sammeln oder kämpfen

Ganz zufrieden stellt mich die letzte Version der Gruppenbildung noch nicht. So würde ich gern wieder eine Unterteilung in Sammler und Kämpfer vornehmen, damit die Gruppen jeweils mit den geeigneten Fähigkeiten ausgestattet sind (▶ *AntMe11*).

Kramen wir also einen unserer alten Quelltexte wieder hervor und leihen wir uns davon diese Kastenvereinbarungen:

```
<Kaste( _
  Name:="Sammler", _
  GeschwindigkeitModifikator:=1, _
  DrehgeschwindigkeitModifikator:=0, _
  LastModifikator:=2, _
  ReichweiteModifikator:=-1, _
  SichtweiteModifikator:=0, _
  EnergieModifikator:=-1, _
  AngriffModifikator:=-1 _
)> _
<Kaste( _
  Name:="Kämpfer", _
  GeschwindigkeitModifikator:=1, _
  DrehgeschwindigkeitModifikator:=-1, _
  LastModifikator:=-1, _
  ReichweiteModifikator:=0, _
  SichtweiteModifikator:=-1, _
  EnergieModifikator:=0, _
  AngriffModifikator:=2 _
)> _
```

Wieder sind die Sammler lastkräftig und die Kämpfer angriffslustig (allerdings mal mit einer etwas anderen Verteilung der sonstigen Fähigkeiten). Die müssen jetzt gut gemischt in der Methode BestimmeKaste aus dem Bau geschickt werden:

```
Public Overrides Function BestimmeKaste(ByVal anzahl As Dictionary(Of String, Integer)) _
As String
  If anzahl("Sammler") < 30 Then Return "Sammler"
  If anzahl("Kämpfer") < 20 Then Return "Kämpfer"
  If anzahl("Sammler") < 60 Then Return "Sammler"
  If anzahl("Kämpfer") < 40 Then Return "Kämpfer"
  Return "Sammler"
End Function
```

Nun werden Kämpfer- und Sammlerameisen im Verhältnis 2 zu 3 auf dem Spielfeld verteilt. Wenn Sie wollen, können Sie experimentieren, ob man es wagen kann, auch mit Fünfergruppen zu spielen. Dann müssten Vereinbarung und Erzeugung so geändert werden:

```
Shared Boss(20) As MeineAmeise

If Gesamtzahl < 100 Then
  Gruppe = Gesamtzahl / 5
Else
  Gruppe = Gesamtzahl Mod 5
End If
```

Nach und nach müssen wir jetzt die Sammler und die Kämpfer auf ihre Aufgaben vorbereiten.
Dabei sollten wir auch allen Ameisen wieder die Möglichkeit geben, Markierungen zu sprühen
und auszuwerten. Hier sind die Sieht-Methoden für die Nahrung:

```
Public Overrides Sub Sieht(ByVal zucker As Zucker)
  If Kaste = "Sammler" Then
    Dim Richtung As Integer = Koordinate.BestimmeRichtung(Me, zucker)
    Dim Radius As Integer = Koordinate.BestimmeEntfernung(Me, zucker)
    SprüheMarkierung(Richtung, Radius)
    If Boss(Gruppe) Is Me And Ziel Is Nothing Then
      GeheZuZiel(zucker)
    End If
  End If
End Sub

Public Overrides Sub Sieht(ByVal obst As Obst)
  If Kaste = "Sammler" Then
    Dim Richtung As Integer = Koordinate.BestimmeRichtung(Me, obst)
    Dim Radius As Integer = Koordinate.BestimmeEntfernung(Me, obst)
    SprüheMarkierung(Richtung, Radius)
    If Boss(Gruppe) Is Me And Ziel Is Nothing Then
      GeheZuZiel(obst)
    End If
  End If
End Sub
```

Innerhalb der Gruppe von Sammlern bleibt es natürlich bei der Führungsrolle *einer* Ameise.
Dasselbe gilt für die Kämpfer:

```
Public Overrides Sub SiehtFeind(ByVal wanze As Wanze)
  If Kaste = "Kämpfer" Then
    Dim Richtung As Integer = Koordinate.BestimmeRichtung(Me, wanze)
    SprüheMarkierung(-Richtung, 200)
    If Boss(Gruppe) Is Me Then GreifeAn(wanze)
  End If
End Sub
```

Damit die Markierungen richtig ausgewertet werden, müssen wir auch in der Riecht-Methode
nach Sammlern und Kämpfern unterscheiden:

```
Public Overrides Sub RiechtFreund(ByVal markierung As Markierung)
   Dim Info As Integer = markierung.Information
   Select Case Kaste
     Case "Sammler"
       If AktuelleLast = 0 And Ziel Is Nothing Then
         If Info > 0 Then
           DreheInRichtung(Info)
           GeheGeradeaus(100)
         End If
       End If
     Case "Kämpfer"
       If Info < 0 Then
         DreheInRichtung(-Info)
         GeheGeradeaus(100)
       End If
   End Select
End Sub
```

 Eigentlich hätten wir auf eine Unterscheidung der Information verzichten können, weil die Handlungen von Sammlern und Kämpfern hier die gleichen sind. Aber so haben Sie die Möglichkeit, später das Verhalten der beiden Ameisentypen weiter zu spezialisieren bzw. eine Information nach »Gut« (= Nahrung) und »Schlecht« (= Wanze) anderweitig zu nutzen.

Haben die Sammler ihr Nahrungsziel erreicht, dann dürfen alle sammeln, während die Kämpfer an Zucker und Obst vorbeilaufen:

```
Public Overrides Sub ZielErreicht(ByVal zucker As Zucker)
   If Kaste = "Sammler" Then
     Nimm(zucker)
     GeheZuBau()
   End If
End Sub

Public Overrides Sub ZielErreicht(ByVal obst As Obst)
   If Kaste = "Sammler" Then
     If BrauchtNochTräger(obst) Then
       Nimm(obst)
       GeheZuBau()
     End If
   End If
End Sub
```

Bei einem Angriff einer Wanze muss jede Ameise irgendwie reagieren. Die Sammler sollten möglichst weglaufen und die Gegenwehr ihren kampfstärkeren Kollegen überlassen:

```
Public Overrides Sub WirdAngegriffen(ByVal wanze As Wanze)
  Select Case Kaste
    Case "Sammler"
      If AktuelleLast = 0 Then GeheWegVon(wanze)
    Case "Kämpfer"
      GreifeAn(wanze)
  End Select
End Sub
```

Auch hier ist es zu überlegen, ob eine ganze Gruppe von Sammlerameisen wirklich grundsätzlich fliehen oder ihren Transport zum Bau fortsetzen soll.

Bleibt noch die Frage, ob die Sammlerameisen eine Markierungsstraße hinterlassen sollen, wenn sie Nahrung zum Bau zurücktragen. Wenn ja, gehört das in der Tick-Methode ganz an den Anfang vor jeder anderen Anweisung:

```
If Kaste = "Sammler" Then
  If AktuelleLast > 0 And TypeOf Ziel Is Bau Then
    Dim Richtung As Integer = Koordinate.BestimmeRichtung(Ziel, Me)
    SprüheMarkierung(Richtung, 25)
  End If
End If
```

Laufen im Kreis

Nun wissen Sie, dass Ameisen in der Lage sind, in Gruppen irgendeinem Führer hinterher zu laufen. Immer geradeaus. Und ist mal ein Richtungswechsel nötig, geht es anschließend wieder geradeaus. Aber können Ameisen sich auch richtig in die Kurve legen oder sogar im Kreis gehen? Diese Frage wird uns jetzt verfolgen, bis wir sie beantwortet haben (▶ *AntMe12*).

 Auch hier ist es am besten, wenn Sie wieder eine neue möglichst leere Quelltextdatei *Spieler. vb* benutzen (z.B. *AntMe01* oder *AntMe02*).

Leider kommen Sie nun um eine kleine Lektion in Mathematik nicht herum. Am Anfang steht eine Behauptung: Ein Kreis ist gar kein Kreis, sondern ein Vieleck, also etwas mit vielen Ecken. Und je mehr Ecken, desto mehr Kreis.

Für unsere Ameisen ist in der Praxis bereits ein Sechseck ein Kreis, jedenfalls sieht es so aus, als wäre es einer. Und allein darauf kommt es an.

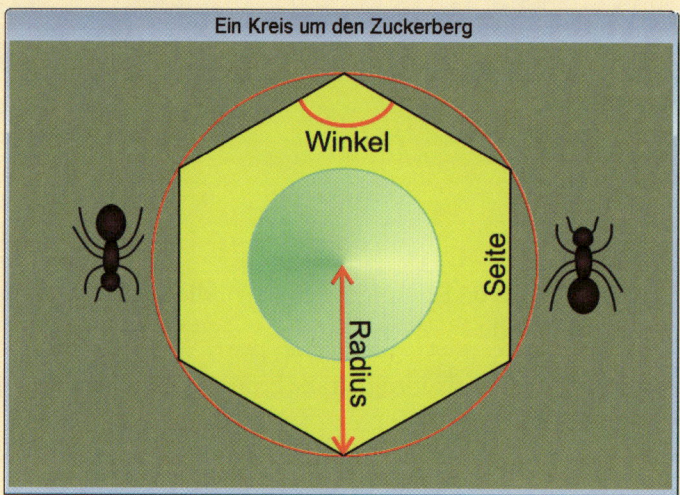

Um den Weg zu berechnen, den eine Ameise zum Beispiel um den Zucker zu gehen hat, brauchen wir zuerst mal drei Variablen:

```
Dim Radius, Winkel, Seite As Integer
```

Den Zucker suchen wir uns auch aus, weil er am besten schmeckt, aber vor allem deshalb, weil er sich nicht bewegt. Denn das Laufen im Kreis um einen Apfel oder gar eine Wanze ist doch deutlich anstrengender als das um einen Zuckerberg.

Ermittelt werden die Größen für den »Zuckerkreis« dann im Konstruktor New, den wir so vereinbaren können:

```
Public Sub New()
  Radius = Zufall.Zahl(16, 32)
  Winkel = 60    '360/6
  Seite = CInt(2 * Radius * Math.Sin(Math.PI / 6))
End Sub
```

Zuerst erzeugen wir einen zufälligen Radius, schließlich soll der Kreis nicht immer derselbe sein. Dabei hilft uns die *AntMe!*-eigene Klasse Zufall, die eine Zahl zwischen zwei vorgegebenen Werten erzeugen kann.

Der Innenwinkel bei einem gleichmäßigen Sechseck beträgt zwar 120 Grad, doch wenn die Ameise diesen »Kreis« durchläuft, muss sie ihre Richtung pro Seite nur um 60 Grad ändern.

Bei der Berechnung der Seite müssen wir nun etwas tiefer in die Mathekiste greifen: Math.Sin ist eine so genannte *Winkelfunktion*, mit deren Hilfe sich Winkel und Seiten berechnen lassen. Und Math.PI ist eine Kreiszahl, die man erhält, wenn man den Umfang durch den Durchmesser teilt.

Sie können versuchen, die Formel mit Ihren eigenen Mathekenntnissen nachzuvollziehen – oder sie glauben einfach, dass sie stimmt. Auf jeden Fall lässt sich damit die Länge einer Sechseckseite bestimmen. Und `CInt` dient dazu, um daraus eine ganze Zahl zu machen.

Diesmal bekommt die Methode `Tick` überhaupt nichts zu tun, sondern die Hauptlast liegt bei der Methode `Wartet`. Voraussetzung ist allerdings, dass die Ameise überhaupt einen Zuckerfund gemacht hat:

```
If zuckerfund IsNot Nothing Then
```

Die betreffende Variable vom Typ Zucker müssen wir erst ganz oben vereinbaren, dabei setzen wir sie gleich auf »nichts«:

```
Dim zuckerfund As Zucker = Nothing
```

Nun wird Maß genommen und wir lassen die Entfernung zum Zucker und die Richtung dorthin bestimmen:

```
Dim Entfernung As Integer = Koordinate.BestimmeEntfernung(Me, zuckerfund)
Dim Richtung As Integer = Koordinate.BestimmeRichtung(Me, zuckerfund)
```

Um in eine Kreisbewegung zu kommen, muss eine Ameise abwechselnd eine Dreh- und eine Geh-Anweisung ausführen. Zur Steuerung benötigen wir jetzt noch zwei Hilfsvariablen, die als Schalter dienen:

```
Dim Ausgerichtet As Boolean = False
Dim ImKreis As Boolean = False
```

Ausgerichtet ist »An« (bzw. `True`), wenn eine Ameise den richtigen Abstand zum Zuckerhaufen für die Kreisbewegung hat. Und wenn `ImKreis` angeschaltet (= `True`) ist, dann befindet sich die Ameise bereits auf der Kreisbahn, wobei die Richtung ja ständig geändert werden muss.

Wenn sich eine Ameise einem Zuckerhaufen nähert, sind beide Schalter noch auf »Aus«. Zuerst muss die Ameise nun in die richtige Distanz zum Zuckerhaufen gebracht werden (in der Methode `Wartet`):

```
If Not Ausgerichtet Then
  Entfernung = Entfernung - Radius
  If Entfernung > 0 Then
    DreheZuZiel(zuckerfund)
    GeheGeradeaus(Entfernung)
  Else
    DreheInRichtung(Richtung + 180)
    GeheGeradeaus(-Entfernung)
  End If
  Ausgerichtet = True
  ImKreis = True
End If
```

Die aktuelle Entfernung zum Zuckerhaufen ist bekannt, wir brauchen die Entfernung zu der Stelle, an der die Ameise ihren Rundgang beginnen soll:

```
Entfernung = Entfernung - Radius
```

Ist diese Entfernung ein positiver Wert (> 0), dann soll die Ameise sich dem Zucker zuwenden und die entsprechende Strecke laufen:

```
DreheZuZiel(zuckerfund)
GeheGeradeaus(Entfernung)
```

Andernfalls, wenn die Entfernung einen negativen Wert hat, etwa weil die Ameise mit dem Rücken zum Zuckerberg steht, soll die Ameise sich zu diesem umdrehen und dann losmarschieren:

```
DreheInRichtung(Richtung + 180)
GeheGeradeaus(-Entfernung)
```

Auf jeden Fall kommt sie dann irgendwann auf der Startposition für den Rundgang an, womit die betreffenden Schalter umgelegt werden können:

```
Ausgerichtet = True
ImKreis = True
```

Was nun? Befindet sich die Ameise in dem Kreis, den sie durchlaufen soll, muss die aktuelle Richtung eingestellt werden:

```
If ImKreis Then
  Richtung = Richtung + Winkel
  DreheInRichtung(Richtung)
  GeheGeradeaus(Seite)
End If
```

Dorthin dreht sie sich dann und geht genau eine Seitenlänge des Sechsecks ab. Anschließend kommt ja der nächste Durchgang der Warten-Methode. Dort wird die Richtung dann wieder um 60 Grad geändert – und so weiter.

Was bleibt, ist der Fall, in dem die Ameise weder einen Zuckerberg sieht noch einen Rundgang macht. Dann steht dort das, was wir sonst von der Methode Warten kennen:

```
GeheGeradeaus()
```

Tanz um den Zuckerberg

Und damit haben wir alles zusammen. Hier sehen Sie den Quelltext nochmal am Stück:

```
Public Overrides Sub Wartet()
  If zuckerfund IsNot Nothing Then
    'Entfernung und Richtung zum Zucker
    Dim Entfernung As Integer = Koordinate.BestimmeEntfernung(Me, zuckerfund)
    Dim Richtung As Integer = Koordinate.BestimmeRichtung(Me, zuckerfund)
    'Wenn noch nicht im richtigen Abstand
    If Not Ausgerichtet Then
      'Position anpassen/einnehmen
      Entfernung = Entfernung - Radius
      If Entfernung > 0 Then
        DreheZuZiel(zuckerfund)
        GeheGeradeaus(Entfernung)
      Else  'falsche Richtung
        DreheInRichtung(Richtung + 180)
        GeheGeradeaus(-Entfernung)
      End If
      'Im richtigen Abstand im Kreis
      Ausgerichtet = True
      ImKreis = True
    End If
    'Wenn schon im Kreis
    If ImKreis Then
      'Richtung anpassen/einnehmen
      Richtung = Richtung + Winkel
      DreheInRichtung(Richtung)
      GeheGeradeaus(Seite)
    End If
  Else  'kein Zucker, kein Kreis
    GeheGeradeaus()
  End If
End Sub
```

Bleiben noch die übrigen Methoden. Welche sind von Änderungen betroffen? Auf jeden Fall die Sieht-Methode für den Zucker:

```
Public Overrides Sub Sieht(ByVal zucker As Zucker)
  Dim Richtung As Integer = Koordinate.BestimmeRichtung(Me, zucker)
  SprüheMarkierung(Richtung, 50)
  If zuckerfund Is Nothing Then
    BleibStehen()
    zuckerfund = zucker
    Ausgerichtet = False
  End If
End Sub
```

Das Sprühen von Markierungen kann eigentlich fast nie schaden. Deshalb setzen wir es auch hier ein, zumal sich dann die Ameisen schneller um den Zucker versammeln. Wurde bisher kein Zucker gefunden, soll eine Ameise erst mal stehen bleiben und sich neu orientieren:

```
If zuckerfund Is Nothing Then
   BleibStehen()
```

Dann wird dem zuckerfund der aktuelle Zuckerberg zugeordnet und der Schalter für die richtige Startposition des Rundgangs auf »Aus« gestellt:

```
zuckerfund = zucker
Ausgerichtet = False
```

Anschließend wird dann im laufenden Programm irgendwann wieder die Warten-Methode aufgerufen. Und die sorgt ja dann dafür, dass die Ameise schließlich von der richtigen Stelle aus im Kreise läuft.

Die Sieht-Methode für das Obst können sie leer lassen oder den Ameisen erlauben, auch mal einen Apfel zum Bau zu bringen – falls sie keinen Zucker finden und nicht am Kreistanz teilnehmen wollen. Eine Auswertung der Markierung ist nur nötig, wenn noch kein Zucker gefunden wurde:

```
Public Overrides Sub RiechtFreund(ByVal markierung As Markierung)
   If zuckerfund Is Nothing Then
      DreheInRichtung(markierung.Information)
      GeheGeradeaus()
   End If
End Sub
```

So, und nun können Sie Ihren Ameisen erlauben, um die Zuckerberge zu tanzen – ungeachtet der Gefahren, die da in Form von Wanzen lauern.

 Wie man die Ameisen auch um Äpfel tanzen lässt, können Sie sich im Beispiel *AntMe12A* auf der DVD ansehen.

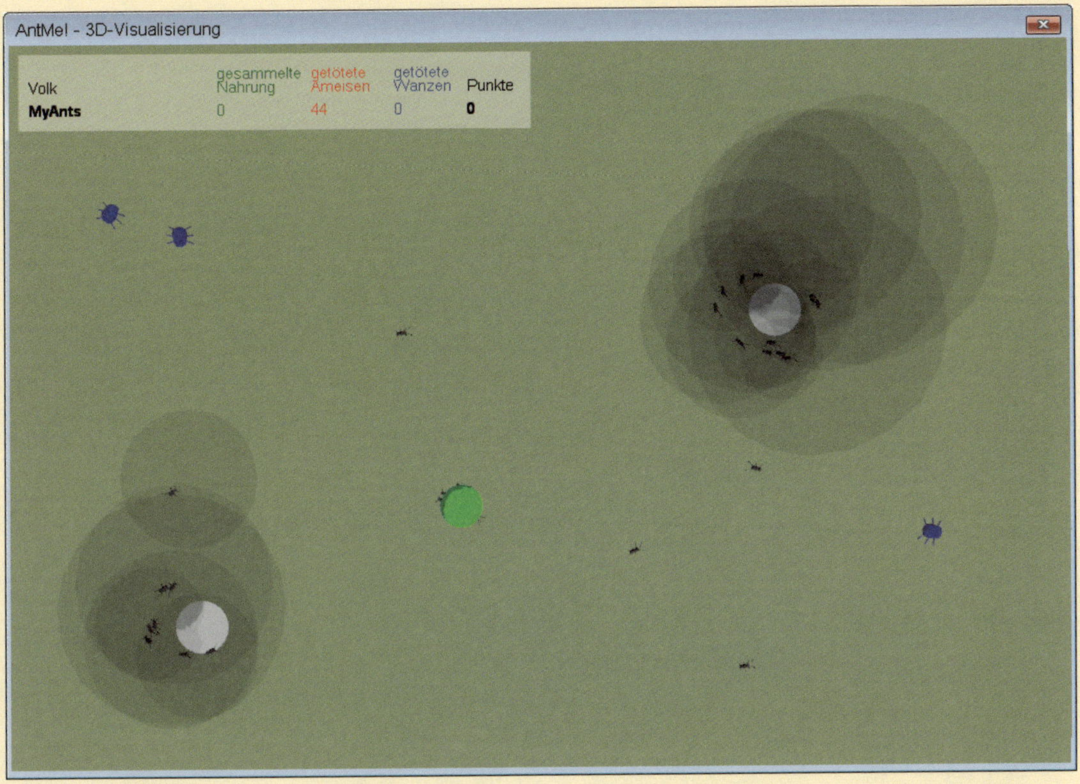

AntMe! - 3D-Visualisierung

Volk	gesammelte Nahrung	getötete Ameisen	getötete Wanzen	Punkte
MyAnts	0	44	0	**0**

Sammler und Tänzer

Eigentlich ist es üblich, nicht nur zu tanzen, sondern die gefundene Beute auch einzusammeln. Doch bisher kreisen die Ameisen eigentlich nur bis zum Umfallen um den Zucker. Und wenn sie gestorben sind, kommen neue, die diesen Tanz fortsetzen. Das kann natürlich nicht so bleiben. Dazu müssen wir unsere Ameisen wieder mal in verschiedene Kasten unterteilen. Nehmen wir die bewährte Mischung aus Sammlern und Kämpfern und machen wir aus der letzten Sorte diesmal Tänzer – mit an die neue Lage angepassten Fähigkeiten (▶ *AntMe13*):

```
<Kaste( _
  Name:="Sammler", _
  GeschwindigkeitModifikator:=1, _
  DrehgeschwindigkeitModifikator:=0, _
  LastModifikator:=2, _
  ReichweiteModifikator:=-1, _
  SichtweiteModifikator:=0, _
  EnergieModifikator:=-1, _
  AngriffModifikator:=-1 _
)> _
<Kaste( _
  Name:="Tänzer", _
```

```
GeschwindigkeitModifikator:=1, _
DrehgeschwindigkeitModifikator:=1, _
LastModifikator:=-1, _
ReichweiteModifikator:=-1, _
SichtweiteModifikator:=-1, _
EnergieModifikator:=0, _
AngriffModifikator:=1 _
)> _
```

Beim Erzeugen der Ameisentypen wäre das z.B. eine Möglichkeit:

```
Public Overrides Function BestimmeKaste(ByVal anzahl As Dictionary(Of String, Integer)) _
As String
  If anzahl("Tänzer") < 10 Then Return "Tänzer"
  If anzahl("Sammler") < 60 Then Return "Sammler"
  If anzahl("Tänzer") < 30 Then Return "Tänzer"
  Return "Sammler"
End Function
```

Da nunmehr die Anweisungen in der Wartet-Methode vorwiegend für die Tänzer gelten sollen, muss die ganze Methode so modifiziert werden:

```
Public Overrides Sub Wartet()
  Select Case Kaste
    Case "Sammler"
      GeheGeradeaus()
    Case "Tänzer"
      '
      'hier stehen die Anweisungen für den Kreistanz
      '
  End Select
End Sub
```

Zuerst – und das ist wichtig – wird ein Zweig für die Sammler eingefügt. Die sollen nämlich einfach nur geradeaus gehen. Wird das vergessen, bleiben die Sammler in ihrem Bau. Der Rest der Methode gilt für die Tänzer.

Auch die Sieht-Methode für den Zucker muss nun unterteilt werden, denn die einen Ameisen dürfen im Kreis herumlaufen, die andern müssen arbeiten:

```
Public Overrides Sub Sieht(ByVal zucker As Zucker)
  Dim Richtung As Integer = Koordinate.BestimmeRichtung(Me, zucker)
  SprüheMarkierung(Richtung, 50)
  Select Kaste
    Case "Sammler"
      If zuckerfund Is Nothing Then zuckerfund = zucker
      If AktuelleLast = 0 Then GeheZuZiel(zucker)
```

```
    Case "Tänzer"
      If zuckerfund Is Nothing Then
        BleibStehen()
        zuckerfund = zucker
        Ausgerichtet = False
      End If
  End Select
End Sub
```

Und was ist mit den Wanzen? Sollen die einfach so herumlaufen? Da die Tänzer ja recht sportlich sind (mancher Kampfsport hat schließlich auch was von einem Tanz), sollten sie das übernehmen, während die Sammler sich heraushalten:

```
Public Overrides Sub SiehtFeind(ByVal wanze As Wanze)
  Select Case Kaste
    Case "Sammler"
      If AktuelleLast = 0 Then GeheWegVon(wanze)
    Case "Tänzer"
      If zuckerfund IsNot Nothing Then
        GreifeAn(wanze)
        Ausgerichtet = False
      End If
  End Select
End Sub
```

Nicht zuletzt bekommt die Tick-Methode nun auch wieder mehr zu tun. Zum einen habe ich die »Ameisenstraße« wieder aufgenommen, damit der Abtransport der Nahrung zügiger ablaufen kann. Zum anderen muss noch geregelt werden, was passiert, wenn der Zuckerberg abgetragen ist:

```
Public Overrides Sub Tick()
  If AktuelleLast > 0 And TypeOf Ziel Is Bau Then
    Dim Richtung As Integer = Koordinate.BestimmeRichtung(Ziel, Me)
    SprüheMarkierung(Richtung, 25)
  End If
  If zuckerfund IsNot Nothing Then
    If zuckerfund.Menge <= 0 Then
      zuckerfund = Nothing
      ImKreis = False
      Ausgerichtet = True
    End If
  End If
End Sub
```

Wenn zuckerfund noch einen Wert hat (also nicht Nothing ist), kann es dennoch sein, dass die Menge des Zuckers aufgebraucht ist. Dann muss zuckerfund auf Nothing gesetzt werden. Sonst tanzen die Ameisen womöglich um ein Nichts herum. Wenn Ihnen das gefallen würde, lassen Sie den Quelltext ab `If zuckerfund` aus der `Tick`-Methode weg.

Ansonsten müssen Sie noch die beiden Schaltvariablen anpassen: `ImKreis = False` ist klar, weil die Ameisen nicht mehr im Kreis laufen. Und `Ausgerichtet = True` bewirkt hier, dass die Ameisen nicht versuchen, sich an einer Stelle neu auszurichten, an der gar kein Zucker mehr ist.

Und nun können Sie Ihre Ameisen tanzen und sammeln lassen.

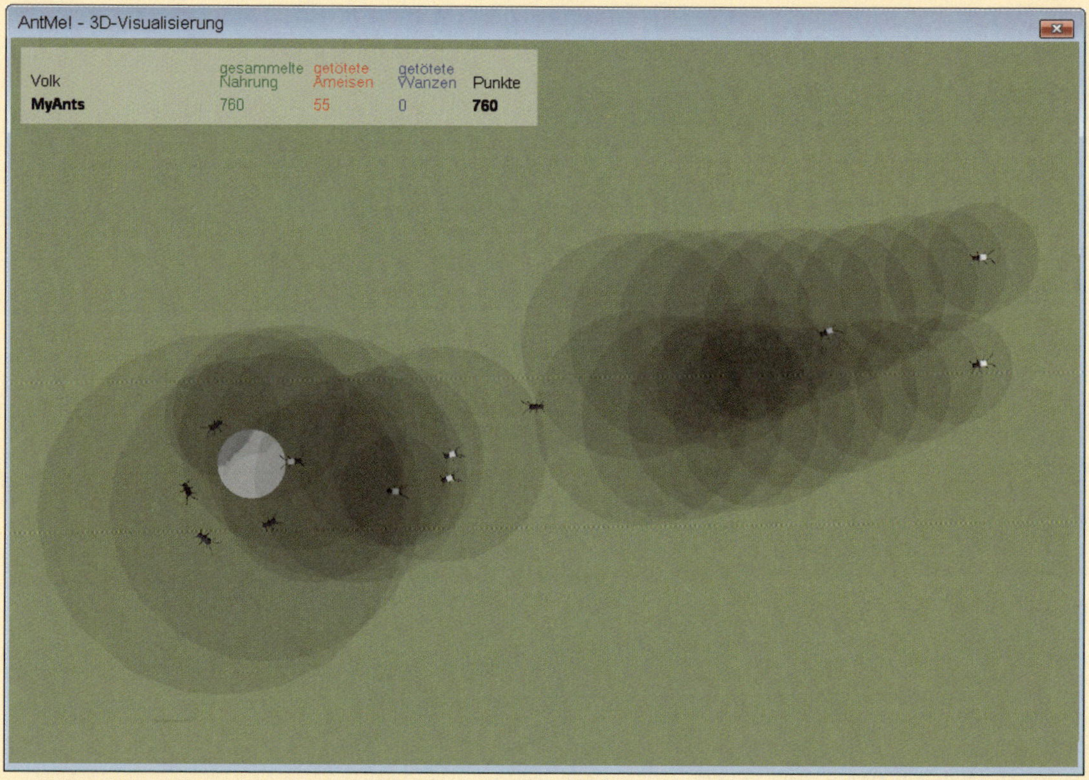

Volk	gesammelte Nahrung	getötete Ameisen	getötete Wanzen	Punkte
MyAnts	760	55	0	**760**

Freundliche Ameisen

Eine Methode in der Datei *Spieler.vb* habe ich bis jetzt noch nicht behandelt: `SiehtFreund`. Auf die möchte ich nicht nur der Vollständigkeit halber noch einen kurzen, wenn auch nicht sehr ernsthaften Blick werfen.

Wenn Sie schon mal in der Originaldatei *Vorlage.vb* nachgeschaut haben, wissen Sie, dass ich da einiges herausgeschnippelt habe, um daraus für dieses Buch eine möglichst schlanke Datei *Spieler.vb* zu machen. In Wirklichkeit ist es nicht nur die Methode `SiehtFreund`, die ich bis jetzt »unterschlagen« habe. Aber ich halte hier nur die Methoden für wichtig, die ich in Kapitel 6 aufgeführt habe.

Das Beispiel passt ganz gut zu den im Kreis laufenden Ameisen. Was tut man, wenn man einen Freund sieht? Man freut sich. Der eine still, der andere tut das durch Körperreaktionen kund. So auch unsere Ameisen. Probieren Sie mal in einem frischen Quelltext (z.B. aus *AntMe01*) diese Methode aus:

```
Public Overrides Sub SiehtFreund(ByVal ameise As Ameise)
  DreheUm()
End Sub
```

Da ja alle Ameisen aus einem Team irgendwie miteinander befreundet sind und sich hier auf dieselbe Weise freuen, geht nach einiger Zeit in Sachen Nahrung sammeln oder Wanzen bekämpfen gar nichts mehr. Warum, kriegen Sie selbst heraus, wenn Sie das Spiel lange genug laufen lassen.

Fremde Ameisen

Bisher waren wir immerzu nur unter uns. Sie hatten Ihr eigenes Ameisenvolk, das Ihnen inzwischen schon so vertraut geworden ist, dass Sie es nicht mehr hergeben wollen. Und nun erfahren Sie, dass es möglich ist, dass in *Ihr* Reich (= das Spielfeld) auch mal ein fremdes Volk eindringen könnte.

Wie das geht? Starten Sie doch einmal Ihre aktuelle Spielversion von Visual Basic aus. Dann wählen Sie im Register *Simulation* außer Ihrem eigenen Ameisenvolk (*Team1*) noch ein zweites aus, es kann auch das eigene sein. Anschließend haben Sie rechts in der Liste zwei Teams stehen.

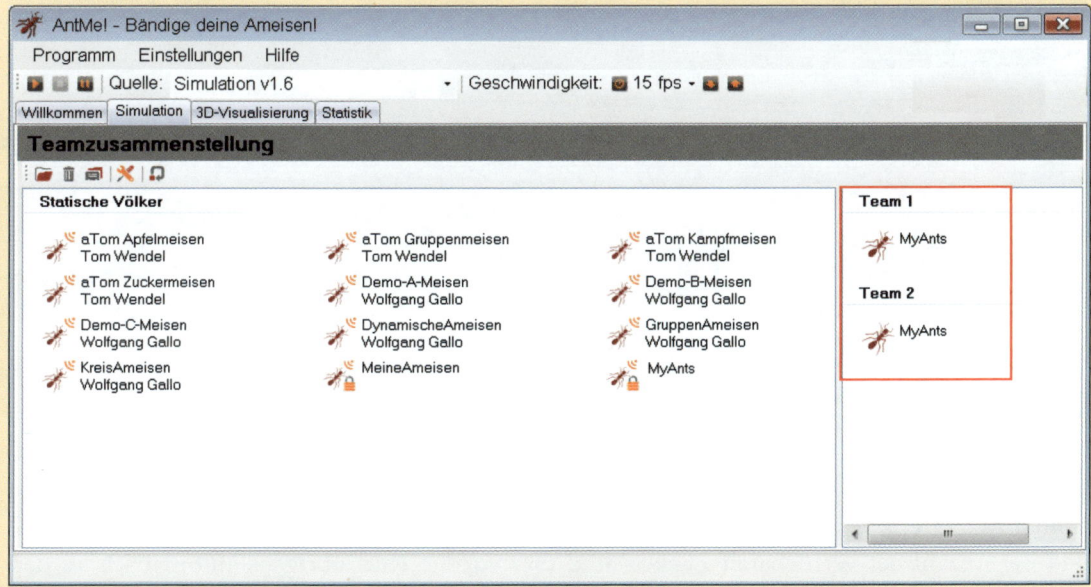

Nun können Sie die Simulation bzw. das Spiel starten.

Reiben Sie sich ruhig die Augen. Es stimmt tatsächlich: Da sind jetzt *zwei* Ameisenhaufen, bei mir ist es ein schwarzer (wie gehabt) und zusätzlich ein roter. Außerdem handelt es sich bei dem zweiten Volk um das der Rotröcke. Munter laufen alle durcheinander und versuchen, Nahrung zu sammeln. Beim Zucker ist es kein Problem, da ist genug für alle da. Nur beim Apfel gibt es Probleme, denn in welche Richtung soll das gute Stück denn nun gehen, wenn zwei verschiedene Parteien daran ziehen bzw. schieben?

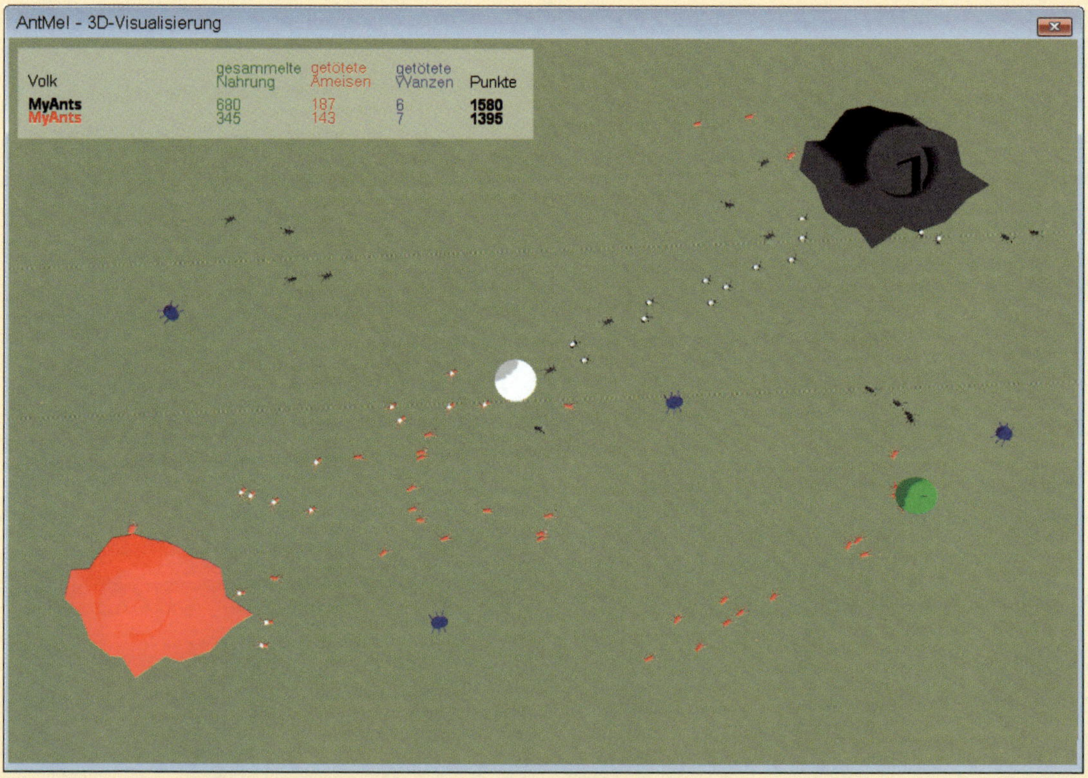

AntMe! - 3D-Visualisierung

Volk	gesammelte Nahrung	getötete Ameisen	getötete Wanzen	Punkte
MyAnts	680	187	6	**1580**
MyAnts	345	143	7	**1395**

Sie selbst sind vielleicht hin und her gerissen, denn es sind ja nun beides Ihre Völker (wenn Sie zweimal *MyAnts* gewählt haben).

Es bleibt Ihnen nichts übrig, Sie müssen Partei ergreifen. Für die Schwarzen oder für die Roten. Vielleicht machen Sie's von Ihrer politischen Einstellung abhängig? Oder Sie starten das Spiel einmal mit Ihrem Volk als Team 1 und mit einem der Demoameisen als Team 2. Die Größe und die Anzahl der verfügbaren Zucker- und Obstvorräte wird übrigens automatisch an den wachsenden Bedarf angepasst.

Wir wenden uns jetzt dem Quelltext zu. Müssen wir nicht, wenn Sie die Fremdlinge akzeptieren. Doch sollten Sie die anderen Ameisen durchaus mit Skepsis betrachten. Denn es kann ja sein, dass die so programmiert wurden, dass Sie Ihre Ameisen als Feinde ansehen. In diesem Falle ist Gegenwehr sogar nötig, um das Überleben möglichst vieler eigener Ameisen zu sichern (▶ *AntMe14*).

Doch wo setzen wir hier an? Denken wir einmal an die Wanzen, da gab es eine Methode, die genau auf sie abgestimmt war:

```
Public Overrides Sub SiehtFeind(ByVal wanze As Wanze)
  Select Case Kaste
    Case "Sammler"
      If AktuelleLast = 0 Then GeheWegVon(wanze)
    Case "Tänzer"
      If zuckerfund IsNot Nothing Then
        GreifeAn(wanze)
        Ausgerichtet = False
      End If
  End Select
End Sub
```

Nicht viel anders sieht es für feindliche Ameisen aus:

```
Public Overrides Sub SiehtFeind(ByVal ameise As Ameise)
  Select Kaste
    Case "Sammler"
      'einfach weitergehen
    Case "Tänzer"
      If zuckerfund IsNot Nothing Then
        GreifeAn(ameise)
        Ausgerichtet = False
      End If
  End Select
End Sub
```

Ich habe hier die Methode SiehtFeind, die es ja auch für Ameisen gibt, direkt in unser letztes Projekt eingebaut. In einem anderen Quelltext könnte sie auch so aussehen – wie die für Wanzen eben:

```
Public Overrides Sub SiehtFeind(ByVal ameise As Ameise)
  GreifeAn(ameise)
End Sub
```

Weil Ameisen in der Regel gleich stark sind, kann man auch einen Angriff wagen, wenn keiner aus dem eigenen Volk in der Nähe ist. Sollte natürlich eine Sammlerameise an eine mit höchster

Kampfkraft geraten, dann wäre es schon besser, eine Bedingung vorzuschalten. Dabei könnte man dann auch gleich noch einige Faktoren mehr berücksichtigen:

```
If AnzahlAmeisenDesTeamsInSichtweite * AktuelleEnergie _
> AnzahlFremderAmeisenInSichtweite * ameise.AktuelleEnergie Then
   GreifeAn(ameise)  GreifeAn(ameise)
Else
   GeheWegVon(ameise)
End If
```

Hier ist die Bedingung so lang geworden, dass sie mit einem Unterstrich (_) auf zwei Zeilen verteilt werden muss. Zuerst wird die Anzahl der Ameisen des gleichen Teams (`AnzahlAmeisenDesTeamsInSichtweite`) mit deren aktueller Energie malgenommen. Damit haben wir das »Kampfgewicht« der einen Seite. Die Anzahl der anderen (feindlichen) Ameisen bekommen wir über `AnzahlFremderAmeisenInSichtweite`. Multipliziert mit deren aktueller Energie erhalten wir den Kampfwert der Gegenseite.

Sind Ihre Ameisen stärker, greifen sie an, sonst trollen sie sich lieber. Im Gegensatz zu Wanzen, die fast immer nur einzeln auftreten, erscheinen die gegnerischen Ameisen meistens in Gruppen. Das gilt es zu beachten.

Völkerverständigung?

Es muss ja nicht grundsätzlich feindlich zugehen, wenn sich zwei oder mehr verschiedene Ameisenvölker auf den Spielfeld tummeln. Es wäre ja auch denkbar, dass alle am gleichen Strang ziehen, sich gegenseitig beim Sammeln der Nahrung und auch beim Vernichten von Wanzen helfen (▶ *AntMe15*).

 Sinnvoll ist hier allerdings wieder die Nutzung einer möglichst leeren Quelltextdatei *Spieler. vb* (wie *AntMe03*).

Was wir noch gar nicht erstellt haben, ist ein reines Volk von Kämpfern. In der Realität würde das zwar verhungern, weil sich ja niemand mehr ums Essen kümmert. Aber in unserem Spiel sollte es schon mal erlaubt sein, im Sinne der Ameisenvölkerverständigung etwas aggressiver zu sein, wenn es um die möglichst gemeinsame Ausrottung der bösen blauen Wanze geht.

Zuerst legen wir daher nur eine einzige Kaste von Ameisen fest:

```
<Kaste( _
  Name:="Kämpfer", _
  GeschwindigkeitModifikator:=-1, _
  DrehgeschwindigkeitModifikator:=-1, _
  LastModifikator:=-1, _
  ReichweiteModifikator:=0, _
  SichtweiteModifikator:=-1, _
  EnergieModifikator:=2, _
  AngriffModifikator:=2 _
)> _
```

In der Methode BestimmeKaste erzeugen wir dann auch nur Kämpferameisen:

```
Public Overrides Function BestimmeKaste(ByVal anzahl As Dictionary(Of String, Integer)) As
String
  Return "Kämpfer"
End Function
```

Nach Nahrung muss sich eine Kämpferameise nicht umsehen, sie hat nur Wanzen im Sinn, deshalb bleiben die Sieht-Methoden für Zucker und Obst leer, während es natürlich bei den Krabbelgegnern anders aussieht:

```
Public Overrides Sub SiehtFeind(ByVal wanze As Wanze)
  Dim Richtung As Integer = Koordinate.BestimmeRichtung(Me, wanze)
  SprüheMarkierung(Richtung, 100)
  If AnzahlAmeisenInSichtweite > 0 Then GreifeAn(wanze)
End Sub
```

Eine Markierung sprühen macht natürlich Sinn, denn gemeinsam kämpft es sich besser, und je mehr Ameisen zusammenkommen, desto schneller ist die Stelle entwanzt. Und für den Beginn eines Kampfes werden nun die fremden und die eigenen Ameisen gezählt, die einen verlassen sich dabei auf die Hilfe der anderen.

Bei der Auswertung einer Markierung machen wir kurzen Prozess und schicken die Ameisen direkt zum Ziel:

```
Public Overrides Sub RiechtFreund(ByVal markierung As Markierung)
  If Ziel IsNot Nothing Then GeheZuZiel(markierung)
End Sub
```

213

Wird eine Ameise angegriffen, muss sie sich natürlich unmittelbar zur Wehr setzen – todesmutig:

```
Public Overrides Sub WirdAngegriffen(ByVal wanze As Wanze)
  GreifeAn(wanze)
End Sub
```

Noch wirkungsvoller kann es sein, wenn beide Völker Gruppen bilden und dann sozusagen mit Doppelkraft einer Wanze entgegentreten (▶ *AntMe16*). Dazu benötigen wir eine Menge Quelltext aus unserem Beispiel mit der Gruppenbildung.

Da wäre zuerst die Vereinbarung von Objekten und Variablen:

```
Shared Gesamtzahl As Integer = 0
Dim Gruppe As Integer = 0
Shared Boss(20) As MeineAmeise
Dim MitDabei As Boolean = False
```

Das Nächste wäre die Gruppenbildung selbst über den Konstruktor:

```
Public Sub New()
  If Gesamtzahl < 100 Then
    Gruppe = Gesamtzahl / 5
  Else
    Gruppe = Gesamtzahl Mod 5
  End If
  Gesamtzahl = Gesamtzahl + 1
End Sub
```

Da in jeder Gruppe nur eine Ameise das Sagen hat bzw. vorangeht, ändert sich die Wartet-Methode so:

```
Public Overrides Sub Wartet()
  If Boss(Gruppe) Is Me Then GeheGeradeaus()
End Sub
```

Und auch in der Methode SiehtFeind gibt der jeweilige Ameisenboss den Ton an:

```
Public Overrides Sub SiehtFeind(ByVal wanze As Wanze)
  Dim Richtung As Integer = Koordinate.BestimmeRichtung(Me, wanze)
  SprüheMarkierung(Richtung, 100)
  If Boss(Gruppe) Is Me Then
    If AnzahlAmeisenInSichtweite > 0 Then GreifeAn(wanze)
  End If
End Sub
```

Nur Markierungen sprühen dürfen und sollten weiterhin alle Ameisen.

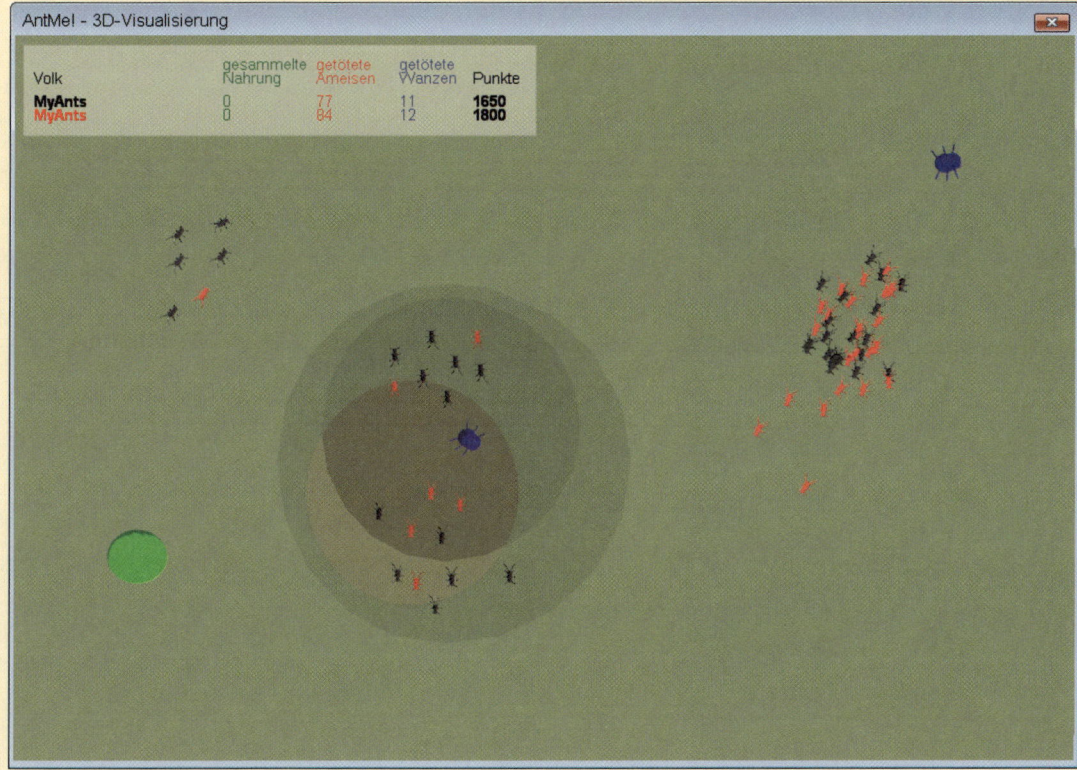

Die Tick-Methode ist etwas schlanker geworden, weil für das Sammeln von Nahrung bei der Wanzenjagd keine Zeit bleibt, ansonsten ist alles beim Alten:

```
Public Overrides Sub Tick()
  If Boss(Gruppe) Is Nothing Then Boss(Gruppe) = Me
  If Boss(Gruppe) IsNot Nothing And Boss(Gruppe).AktuelleEnergie <= 0 Then Boss(Gruppe) =
Me
  If Boss(Gruppe) Is Me Then
    If Not MitDabei Then
      BleibStehen()
      MitDabei = True
    End If
    Return
  End If
  If Ziel IsNot Nothing Then Return
  If TypeOf (Boss(Gruppe).Ziel) Is Wanze Then
    GreifeAn(Boss(Gruppe).Ziel)
    Return
  End If
  Dim Entfernung = Koordinate.BestimmeEntfernung(Me, Boss(Gruppe))
  If MitDabei And Entfernung > 64 Then MitDabei = False
  If Not MitDabei And Entfernung < 16 Then MitDabei = True
  If Not MitDabei Then
```

```
    Dim Richtung As Integer = Koordinate.BestimmeRichtung(Me, Boss(Gruppe))
    DreheInRichtung(Richtung)
    GeheGeradeaus(Entfernung)
    Boss(Gruppe).MitDabei = False
    Return
  End If
  Dim Rand As Integer = RestWinkel
  DreheInRichtung(Boss(Gruppe).Richtung)
  If Entfernung < 32 And Math.Abs(RestWinkel) > 135 Then DreheUmWinkel(Rand)
  GeheGeradeaus(Boss(Gruppe).RestStrecke)
End Sub
```

Ein bisschen Chaos entsteht schon, wenn beide Völker durcheinander laufen, aber schwarze und rote Ameisen bilden nicht selten zusammen eine Gruppe. Ab und zu verlieren einige Ameisen dabei die Orientierung. Und das Warten auf alle Gruppenmitglieder kann auch schon mal dauern – hin und wieder (fast) ewig. Die Verständigung zwischen zwei Völkern ist eben nicht ganz einfach. Warum soll das bei Ameisen besser klappen als bei uns?

Zum Schluss

Nun ist es zuletzt nicht mehr ganz so friedlich geworden, aber ich habe keine Methode gefunden, wie man mit diesen blauen Wanzen verhandeln kann. Immerhin haben wir erreicht, dass wenigstens unter den Ameisen die Roten und die Schwarzen miteinander auskommen.

Damit ist unser Ausflug ins *AntMe!*-Reich auch schon zu Ende. Was nicht heißt, dass Sie Ihr Volk auch schon verlassen müssen. Sie können sich gleich auf die Suche nach weiteren Möglichkeiten machen, wenn Sie mögen.

Hier ist die Adresse im Internet, unter der Sie die Ameisen und ihre Freunde besuchen können:

http://antme.net/

Von dort aus gelangen Sie zu Downloads und Tutorials und werden auch ins *AntMe!*-Forum weitergeleitet, wo Sie sich anmelden und dann mit Leidens- und Freudensgenossen austauschen können.

A
AntMe! – Einstellungen

Normalerweise bestimmen Sie einen Großteil Ihres *AntMe!*-Spiels durch Programmierung. Aber es gibt auch in der Steuerzentrale einige Einstellungen, die wir uns hier näher anschauen wollen. Außerdem befassen wir uns mit Problemen, die Ihren Spielspaß trüben könnten.

Nutzen Sie die Projektbeispiele richtig

Wenn Sie eines der Projekte im Buch ausprobieren wollen, kann es schon genügen, einfach nur die jeweilige Datei *Spieler.vb* zu ersetzen. Es ist aber auch möglich, dass dann plötzlich immer noch die alter Projektversion läuft. Oder es gibt andere Reibereien, die sich in Fehlermeldungen ausdrücken.

Löschen und kopieren

Dagegen gibt es die kleine Radikalkur:

1. Schließen Sie zuerst das aktuelle *AntMe!*-Projekt in Visual Basic.

2. Dann **löschen** Sie auf Ihrer Festplatte im Projektverzeichnis *AntMe!* die Ordner *bin* und *obj* komplett.

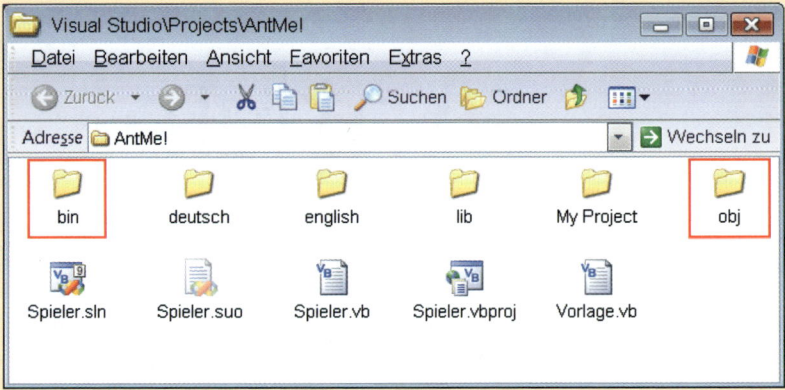

3. Dann **kopieren** Sie sämtliche Dateien **und** Ordner aus dem entsprechenden Beispielordner von der DVD (z.B. *Projekte\Kap06\AntMe01*) in Ihr aktuelles Festplattenverzeichnis *AntMe!*. Dabei werden alle *Spieler*-Dateien überschrieben.

Und wenn Sie wollen, können Sie auch die große Radikalkur durchführen:

1. **Löschen** Sie das Verzeichnis *AntMe!* ganz.

2. **Kopieren** Sie dieses Verzeichnis neu von der DVD auf Ihre Festplatte.

3. **Kopieren** Sie dann alle Dateien aus dem entsprechenden Beispielordner von der DVD (z.B. *Projekte\Kap06\AntMe01*) in das Verzeichnis *AntMe!* auf der Festplatte.

Schnellstart

Für alle Projekte können Sie Visual Basic auch direkt aus dem *AntMe!*-Ordner heraus starten. Dazu doppelklicken Sie auf die Datei *Spieler.vbproj* (= Visual Basic Projekt).

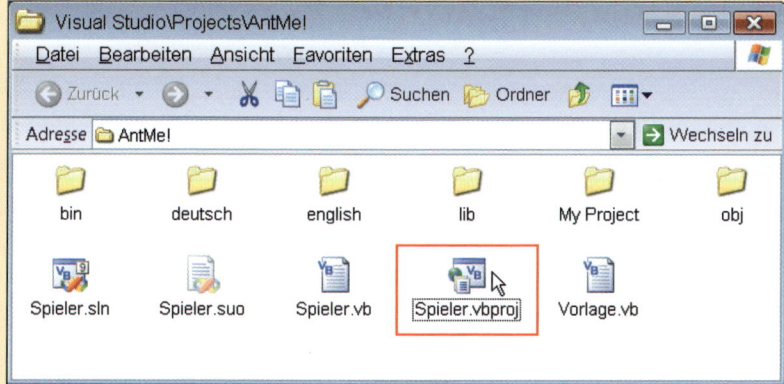

Gehen Sie gelassen mit Pannen um

Meistens funktioniert es mit den Ameisen. Aber nicht immer. Schuld sind in der Regel nicht die armen Insekten – weder die »Guten« (= Ameisen) noch die »Bösen« (=Wanzen). Sondern oft ist es die Umgebung, in der Ihr Spiel stattfindet.

Hier sind ein paar Probleme, die auftreten könnten – und Wege zu ihrer Lösung:

AntMe laden

Sie wollen das *AntMe!*-Projekt laden, doch es erscheint die Fehlermeldung »Der Projektspeicherort ist nicht vertrauenswürdig«.

Lösung: Wenn Sie das komplette Projekt in einen Ordner auf Ihrer Festplatte kopiert haben und es von dort aus laden, dürfte das Problem nicht mehr vorkommen.

AntMe starten

Beim Starten des *AntMe!*-Spiels erscheint folgende Fehlermeldung:

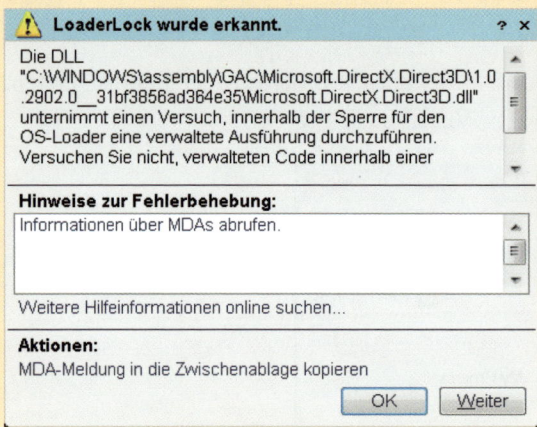

Lösung: Hier muss eine Sperre aufgehoben werden:

1. Dazu klicken Sie im *Debuggen*-Menü auf den Eintrag *Ausnahmen*.

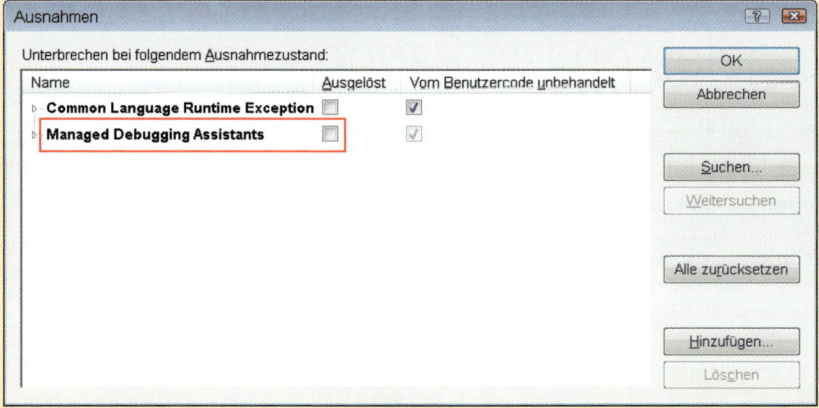

2. Im Dialogfeld *Ausnahmen* doppelklicken Sie auf *Managed Debugging Assistants*.

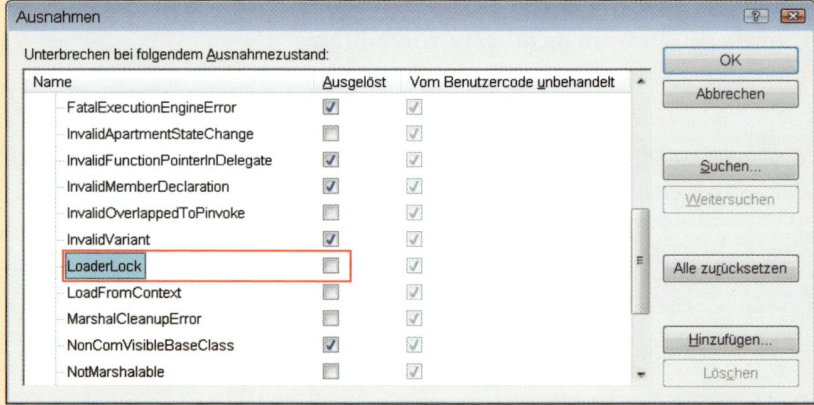

3. Suchen Sie den Eintrag *LoaderLock* und sorgen Sie dafür, dass das Häkchen dahinter verschwindet. Dann bestätigen Sie die Einstellung mit einem Klick auf *OK*.

AntMe spielen

▶   Das *AntMe!*-Projekt lässt sich starten, doch plötzlich erscheint diese Fehlermeldung:

»System.Reflection.ReflectionTypeLoadException wurde nicht behandelt.«

Lösung: Möglicherweise gibt es ein Problem mit *DirectX*. Meist ist nicht die passende Version installiert. Sie können das überprüfen oder Sie installieren einfach DirectX von der DVD (aus dem gleichnamigen Ordner) neu.

▶   Eine andere Fehlermeldung könnte so aussehen:

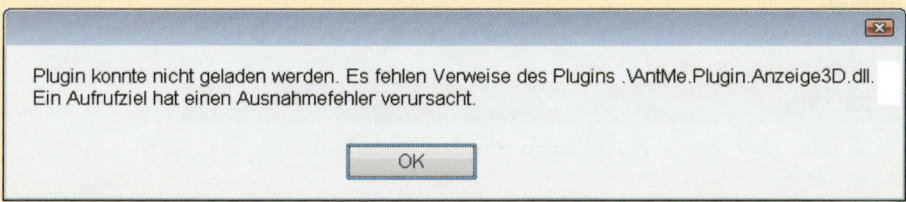

Plugin konnte nicht geladen werden. Es fehlen Verweise des Plugins .\AntMe.Plugin.Anzeige3D.dll. Ein Aufrufziel hat einen Ausnahmefehler verursacht.

OK

Lösung: Dann ist wahrscheinlich die 3D-Option von DirectX deaktiviert.

1. Um das zu überprüfen, klicken Sie im *Start*-Menü von Windows auf *Ausführen*. Geben Sie dann im Dialogfeld *dxdiag* ein. So heißt das Diagnoseprogramm für DirectX.

2. Kontrollieren Sie, ob in der Registerkarte *Anzeige* die *DirectDraw-Beschleunigung* aktiviert ist. Wenn nicht, klicken Sie auf *Aktivieren*. Anschließend klicken Sie auf *Beenden*.

Probleme mit Konfigurationseinträgen

Sollte mal die Meldung »ConfigurationErrorsException wurde nicht behandelt« auftauchen, dann suchen Sie nach dem Ordner *AntMe* im Verzeichnis

C:\Dokumente und Einstellungen\[Ihr Benutzername]\Anwendungsdaten

oder ähnlich (hängt von der benutzten Windowsversion ab).

Dort stehen die Konfigurationsdateien für *AntMe!* (u.a. *AntMe.conf*). Notfalls können Sie die alle löschen, Sie werden bei der nächsten *AntMe!*-Nutzung neu erstellt.

Bestimmen Sie die Geschwindigkeit

Bevor Sie ein Spiel starten, haben Sie ja die Möglichkeit, eines oder mehrere Völker aus einer Liste auszuwählen. Außer Ihrem eigenen Volk gibt es dazu ein paar Demoameisen, die Sie ruhig alle mal ausprobieren sollten – allein und auch mal zusammen mit Ihrem Ameisenvolk (hier im Buch *MyAnts*).

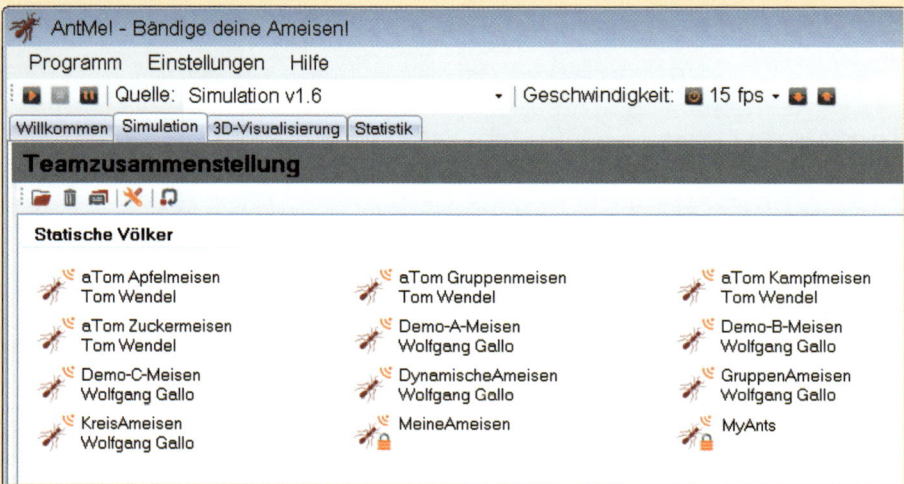

Dazu gibt es die Möglichkeit, die Spielgeschwindigkeit einzustellen, also die Anzahl der Runden pro Sekunde. Dazu klicken Sie auf das kleine Dreieck neben dem Eintrag *Geschwindigkeit*.

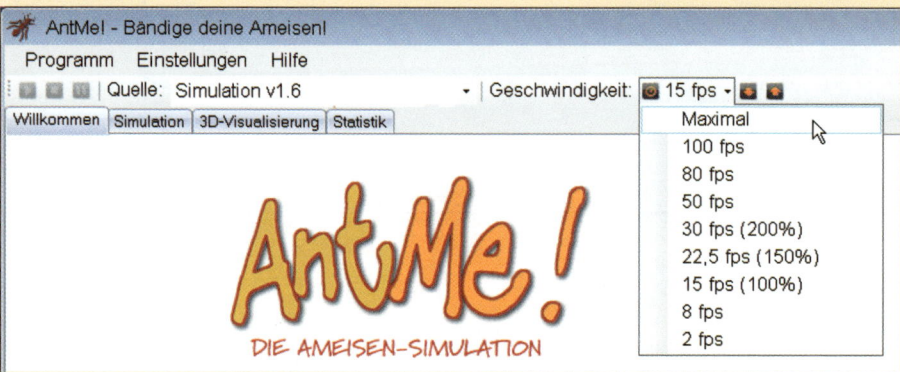

Wenn Sie wollen, können Sie mal ausprobieren, was die Maximaleinstellung so bringt.

B

Der AntMe!-Wortschatz

Basismethoden

Diese Methoden werden alle während des Spiels ausgeführt – je nach Spielsituation. Was innerhalb der jeweiligen Methode passiert, bestimmen Sie mit Ihren Anweisungen.

BestimmeKaste	Eine neue Ameise wird einer Kaste zugeteilt
Wartet	Die Ameise wartet auf Anweisungen
WirdMüde	Wenn die Ameise ein Drittel ihres möglichen Weges gegangen ist, wird sie müde
Sieht	Die Ameise sieht Nahrung (= Zucker oder Obst)
ZielErreicht	Die Ameise wartet an einem Nahrungsziel auf Anweisungen
RiechtFreund	Die Ameise reagiert auf den Geruch von Markierungen
SiehtFreund	Die Ameise sieht ein freundliches Insekt (= Ameise)
SiehtFeind	Die Ameise sieht ein feindliches Insekt (Wanze oder fremde Ameise)
WirdAngegriffen	Die Ameise reagiert auf einen Angriff
Tick	Die Ameise führt Anweisungen in jeder Runde durch

Drehmethoden

Alle Werte sind Gradzahlen. Eine Volldrehung entspricht 360 Grad. Drehen hat immer Vorrang vor dem Gehen.

DreheInRichtung(...)	Die Ameise dreht sich in die angegebene Richtung. Die Drehrichtung wird dabei automatisch bestimmt.
DreheUmWinkel(...)	Die Ameise dreht sich um den angegebenen Winkel. Positive Werte drehen die Ameise nach rechts, negative nach links.
DreheUm()	Die Ameise dreht sich um 180 Grad in die entgegengesetzte Richtung
DreheZuZiel(...)	Die Ameise dreht sich in die Richtung des angegebenen Ziels

Bewegungsmethoden

Eine Ameise ist vier Schritte lang, das Spielfeld misst 1200 x 900 Schritte. Alle Strecken werden in Schritten gemessen.

BleibStehen()	Die Ameise bleibt stehen und vergisst ihr aktuelles Ziel. In der nächsten Runde wird die Methode ▶ `Wartet` aufgerufen.

GeheGeradeaus() **GeheGeradeaus(…)**	Die Ameise geht geradeaus. Das Ziel der Ameise bleibt erhalten. Wird ein Wert übergeben, geht die Ameise die angegebene Entfernung ab und steuert dann wieder ihr Ziel an.
GeheWegVon(…)	Die Ameise dreht sich vom Ziel weg und geht dann geradeaus. Das Ziel der Ameise bleibt erhalten.
GeheZuZiel(…)	Die Ameise merkt sich das angegebene Ziel und geht dorthin
GeheZuBau()	Die Ameise kennt den nächstgelegenen Bau und geht dorthin

Kampfmethode

Gegner können sowohl Wanzen als auch Ameisen eines anderen Volkes bzw. Teams sein.

GreifeAn(…)	Die Ameise merkt sich die angegebene Wanze oder Ameise als Ziel und geht dorthin. Wenn die Ameise beim Gegner angekommen ist, beginnt der Kampf.

Transportmethoden

Zu transportieren gibt es zurzeit Zucker und Obst, davon aber nur eine Sorte: Äpfel.

Nimm(…)	Die Ameise nimmt die angegebene Nahrung auf. Bei einem Zuckerhaufen nimmt sie so viel, wie sie tragen kann (▶ `AktuelleLast` / `MaximaleLast`). Findet sie einen Apfel, beginnt sie erst mal allein das Obst zu tragen (▶ `GetragenesObst`).
LasseNahrungFallen()	Die Ameise lässt die aktuelle Nahrung fallen. Zucker geht dabei verloren, Äpfel bleiben liegen und können wieder aufgenommen werden. Im Bau lässt die Ameise ihre Last automatisch zurück, also fallen.
BrauchtNochTräger(…)	Gibt an, ob das angegebene Obst noch mehr Ameisen zum Tragen benötigt

Markierungsmethode

Die Ameise kann an der aktuellen Stelle eine Duftmarkierung sprühen, um sich so anderen Ameisen mitzuteilen.

SprüheMarkierung(…)	Die Ameise kann in einer Markierung eine Information hinterlassen (▶ `RiecheFreund`) und die Ausbreitung der Markierung bestimmen. Je größer die Ausbreitung, desto schneller verschwindet die Markierung wieder.

Allgemeine Eigenschaften

Volk	Gibt den Namen des Volks bzw. des Teams der Ameise zurück
Kaste	Gibt den Namen des Typs bzw. der Kaste der Ameise zurück
CasteIndex	Gibt den Index des Typs der Ameise in der Liste aller Ameisentypen zurück
Reichweite	Gibt die Reichweite in Schritten an, die die Ameise zurücklegen kann, bevor sie vor Hunger stirbt. Nachdem die Ameise ein Drittel dieser Strecke zurückgelegt hat, wird die Methode ▶ `WirdMüde` aufgerufen und der Wert von `IstMüde` auf wahr gesetzt. ▶ `ZurückgelegteStrecke`.
Sichtweite	Gibt den Wahrnehmungsradius der Ameise in Schritten an. Dieser *Radius* bestimmt, wie weit die Ameise von Spielelementen wie z.B. Zucker entfernt sein muss, damit die Ameise sie sieht. Die Blickrichtung der Ameise spielt dabei keine Rolle.
Drehgeschwindigkeit	Gibt die Geschwindigkeit an, mit der sich eine Ameise drehen kann. Die Einheit ist *Grad pro Runde.*
Angriff	Gibt den Angriffswert der Ameise an. Der Angriffswert bestimmt, wie viele Lebenspunkte die Ameise einem Gegner in jeder Runde abzieht. Die Einheit ist *Lebenspunkte.*

Maximaleigenschaften

MaximaleEnergie	Gibt die maximale Energie der Ameise an. Die Einheit ist *Lebenspunkte.*
MaximaleGeschwindigkeit	Gibt die maximale Geschwindigkeit der Ameise an. Die Einheit ist *Schritte* pro Runde.
MaximaleLast	Gibt die maximal tragbare Last der Ameise an. Die Einheit ist *Nahrungspunkte*. Dieser Wert bestimmt, wie viel Zucker die Ameise auf einmal tragen kann und wie schnell sie ohne die Hilfe anderer Ameisen einen Apfel tragen kann.

Aktuelle Eigenschaften

AktuelleEnergie	Gibt die aktuelle Energie der Ameise an. Die Einheit ist Lebenspunkte. Hat die Ameise 0 Lebenspunkte oder weniger, dann stirbt sie. Dieser Wert ist immer kleiner oder gleich `MaximaleEnergie`.
AktuelleGeschwindigkeit	Gibt die aktuell mögliche Geschwindigkeit der Ameise an. Die Einheit ist Schritte pro Runde. Der Wert wird von der aktuellen Last der Ameise beeinflusst. Ameisen, die unter voller Last bewegt werden, können nur die Hälfte ihrer Maximalgeschwindigkeit erreichen. Diese Eigenschaft liefert immer einen Wert größer 0 zurück, auch wenn die Ameise still steht. Dieser Wert ist immer kleiner oder gleich `MaximaleGeschwindigkeit`.

AktuelleLast	Gibt die aktuelle Last an, die die Ameise gerade trägt. Die Einheit ist *Nahrungspunkte*. Dieser Wert ist immer kleiner oder gleich `MaximaleLast`.
IstMüde	Gibt an, ob die Ameise müde ist. Die Ameise wird müde, sobald sie ein Drittel ihrer maximalen Reichweite zurückgelegt hat. Nach dem Übergang des Wertes dieser Eigenschaft von falsch auf wahr wird die Methode ▶ `WirdMüde` aufgerufen.
Ziel	Gibt das aktuelle Ziel der Ameise zurück. Wenn die Ameise gerade kein Ziel hat, ist der Wert `Nothing`.
RestStrecke	Gibt an, wie viel Schritte die Ameise noch geradeaus gehen wird, bevor sie wieder ihr Ziel anvisiert. Dieser Wert wird in jeder Runde um `AktuelleGeschwindigkeit` verringert.
RestWinkel	Gibt an, wie viele Grad die Ameise sich noch drehen wird, bevor sie wieder geradeaus gehen wird. Dieser Wert wird in jeder Runde um `DrehGeschwindigkeit` verringert.
Richtung	Gibt die aktuelle Blickrichtung der Ameise auf dem Spielfeld an
Angekommen	Gibt an, ob die Ameise an ihrem Ziel angekommen ist
ZurückgelegteStrecke	Diese Eigenschaft gibt die Gesamtanzahl an Schritten zurück, die die Ameise seit ihrem letzten Besuch in einem Ameisenbau zurückgelegt hat. ▶ `Reichweite`
EntfernungZuBau	Gibt die Entfernung in Schritten zum nächstgelegenen Ameisenbau eines Teams an.
GetragenesObst	Gibt das aktuell getragene Obststück zurück. Wenn die Ameise gerade kein Obst trägt, zeigt dieser Verweis ins Leere.

Anzahl von Ameisen oder Wanzen

AnzahlAmeisenInSichtweite	Gibt die Anzahl aller Ameisen im Wahrnehmungsbereich einer Ameise zurück und hängt von der aktuellen Sichtweite ab
AnzahlAmeisen DesTeamsInSichtweite	Gibt die Anzahl der Ameisen desselben Teams im Wahrnehmungsbereich einer Ameise zurück und hängt von der aktuellen Sichtweite ab
AnzahlAmeisen DerSelbenKasteInSichtweite	Gibt die Anzahl der Ameisen derselben Kaste im Wahrnehmungsbereich einer Ameise zurück und hängt von der aktuellen Sichtweite ab
AnzahlFremder AmeisenInSichtweite	Gibt die Anzahl der fremden Ameisen im Wahrnehmungsbereich einer Ameise zurück und hängt von der aktuellen Sichtweite ab
WanzenInSichtweite	Gibt die Anzahl der Wanzen im Wahrnehmungsbereich einer Ameise zurück und hängt von der aktuellen Sichtweite ab

Koordination

Koordinate.BestimmeEntfernung(...)	Bestimmt die Entfernung zwischen zwei angegebenen Spielelementen in Schritten
Koordinate.BestimmeRichtung(...)	Bestimmt die Blickrichtung vom ersten zum zweiten Parameter

Zufallszahlen

Zufall.Zahl(...)	Erzeugt eine zufällige ganze Zahl zwischen zwei Werten. Wird nur ein Wert angegeben, wird eine Zahl zwischen 0 und diesem Wert bestimmt. Der obere Wert ist nicht mit eingeschlossen.

C

Glossar

Ableitung

Eine neue Klasse erbt über `Inherits` die Eigenschaften und Methoden einer bereits bestehenden Klasse. Die abgeleitete Klasse kann alle Elemente nutzen, die in der Basisklasse nicht mit `Private` vereinbart wurden.

Basisklasse

Diese Klasse dient als Grundlage (Basis) für andere neue Klassen, die sich davon ableiten lassen.

Block

Eine zusammengehörige Gruppe von Anweisungen oder Vereinbarungen bildet einen Block. Bei Strukturen wird das oft durch eine zusätzliche End-Zeile markiert (z.B. `End If` oder `End Sub`).

Class

Mit diesem Schlüsselwort werden Klassen vereinbart:

```
Class KlassenName
' hier stehen Eigenschaften und Methoden
End Class

Class AbleitungsName : Inherits BasisName
' hier können weitere Eigenschaften und
Methoden stehen
End Class
```

Dim

Jede Variable und jedes Objekt muss vereinbart werden. Gilt die Vereinbarung *lokal*, das heißt: Ist sie auf einen bestimmten Bereich beschränkt, dann wird `Dim` benutzt:

```
Dim VariablenName As Datentyp
Dim ObjektName As Klasse
```

Eigenschaft

Eine Klasse bietet Variablen oder Objekte als Eigenschaften an. Sind sie privat vereinbart, kann darauf nicht direkt zugegriffen werden. Dazu sind ▶ Methoden da, die öffentlich (`Public`) vereinbart werden müssen.

Funktion

Eine Methode, in der Anweisungen ausgeführt werden und die einen Typ besitzt, weil sie einen Wert zurückgibt.

Inherits

Mit diesem Schlüsselwort lässt sich eine neue Klasse von einer »alten« ableiten:

```
Class AbleitungsName : Inherits BasisName
```

Instanz

Ein neu vereinbartes Objekt ist eine Instanz einer Klasse.

Kapselung

Werden Eigenschaften und Methoden in einer Klasse zusammengefasst und daraus eine Einheit, so nennt man das Kapselung (Englisch: encapsulation).

Klasse

Eine Struktur, die Eigenschaften und Methoden enthalten kann, bezeichnet man als Klasse.

Konstruktor

Eine Methode, die sich um die Erzeugung eines Objekts kümmert, also u.a. für den nötigen Speicherplatz sorgt, heißt Konstruktor:

```
Sub New()
' hier stehen Anweisungen
End Sub
```

Kontrollstruktur

Normalerweise wird in einem Programm eine Anweisung nach der anderen ausgeführt. Ab und zu aber gibt es Bedingungen, unter denen eine andere Anweisung sinnvoller ist oder ein Programmteil wiederholt werden muss. Dazu sind Kontrollstrukturen da – z.B.:

```
If Bedingung Then    ' Zweig
  ' hier stehen Anweisungen
End If

Do While Bedingung   'Schleife
  ' hier stehen Anweisungen
Loop
```

Me

Ein Verweis auf das aktuelle Objekt bzw. eine Verknüpfung lässt sich mit Me herstellen.

Methode

Eine Klasse benötigt Methoden, die u.a. mit den vorhandenen Eigenschaften umgehen. Das können ▶ Prozeduren oder ▶ Funktionen sein. Eine Vereinbarung kann so aussehen:

```
Sub MethodenName (Parameterliste)
  ' hier stehen Anweisungen
End Sub

Function MethodenName (Parameterliste) As
Typ
  ' hier stehen Anweisungen
  Return Wert
End Function
```

Ein Aufruf kann so aussehen:

```
ObjektName.MethodenName (Parameterliste)
   ' Prozedur
Variable = ObjektName.MethodenName
(Parameterliste)   ' Funktion
```

MyBase

Um eine geerbte Methode aus einer abgeleiteten Klasse aufrufen zu können, die eine gleichnamige Methode neu vereinbart, kann MyBase verwendet werden.

Namespace

Ein Bereich mit einem festen Namen, in dem sich mehrere (zusammengehörige) Klassen zusammenfassen lassen. Dadurch sind Klassen mit gleichem Namen möglich, wenn sie in verschiedenen Namensräumen vereinbart wurden.

New

Mit diesem Zusatz wird ein Objekt neu (New) erzeugt und Platz im Arbeitsspeicher reserviert. Auch Variablenfelder lassen sich so erzeugen:

```
ObjektName = New KlassenName
(ParameterListe)
VariablenName(Anzahl) = New Datentyp()
```

Objekt

Die Instanz einer Klasse nennt man Objekt. In ihm sind Daten und Bearbeitungsmethoden miteinander verbunden bzw. gekapselt.

Objekttyp = Klasse

OOP

Abkürzung für »Objektorientierte Programmierung«. Deren Prinzipien sind: ▶ Kapselung, ▶ Vererbung und ▶ Polymorphie.

Overloads

Wenn eine geerbte Methoden überladen werden soll, muss die neue Methode mit Overloads gekennzeichnet werden.

Overridable

Eine Methode, die später beliebig überschrieben werden darf, wird durch eine Vereinbarung mit `Overridable` virtuell.

Overrides

Wenn eine ▶ virtuelle Methode überschrieben werden soll, muss die neue Methode mit `Overrides` gekennzeichnet werden.

Parameter

Werte, die einer Methode übergeben bzw. von einer Methode übernommen werden, heißen Parameter.

Polymorphie

Überschriebenc und überladene Methoden können alle den gleichen Namen tragen. Damit entsteht eine Polymorphie (= Vielgestaltigkeit), die den Einsatz *der* Methode ermöglicht, die zum jeweiligen Objckt passt.

Private

Elemente einer Klasse, die privat (`Private`) vereinbart sind, können nur innerhalb der Klasse selbst benutzt werden, aber nicht in abgeleiteten Klassen.

Protected

Elemente einer Klasse, die mit `Protected` vereinbart sind, können nicht nur innerhalb der Klasse selbst benutzt werden, sondern auch in abgeleiteten Klassen, aber nicht außerhalb.

Prozedur

Eine Methode, in der nur Anweisungen ausgeführt werden und die keinen besonderen Typ besitzt.

Public

Elemente einer Klasse, die öffentlich (`Public`) vereinbart sind, können überall benutzt werden.

Shadows

»Verdeckende« Methoden lassen sich mit `Shadows` kennzeichnen.

Shared

Jede Variable und jedes Objekt muss vereinbart werden. Gilt die Vereinbarung global, das heißt: Soll sie überall nutzbar sein, dann wird `Shared` benutzt:

```
Shared VariablenName As Datentyp
Shared ObjektName As Klasse
```

Statische Elemente

Werden Eigenschaften und Methoden einer Klasse mit `Shared` vereinbart, sind sie statisch und lassen sich ohne Erzeugung einer Instanz direkt aus der Klasse global benutzen:

```
KlassenName.MethodenName (Parameterliste)
   ' Prozedur
Variable = KlassenName.MethodenName
(Parameterliste)   ' Funktion
```

Statische Methode

Jede Methode wird durch ihre Adresse markiert, an der sie sich im Speicher des Computers befindet. Ist die Methode *statisch*, so wird diese Adresse bei der Kompilierung festgelegt, bevor ein Programm startet.

Überladen

Wenn Methoden mehrmals mit gleichen Namen vereinbart werden sollen, müssen sie sich entweder in der Parameterliste oder im Rückgabetyp unterscheiden.

Überschreiben

Wenn eine geerbte Methode mit gleichen Namen neu vereinbart werden soll, muss sie virtuell vereinbart werden. Dann wird beim Programmlauf die jeweils passende Methode aufgerufen.

Vererbung

Wenn eine neue Klasse von einer bereits vorhandenen abgeleitet wird, bekommt sie automatisch alle Elemente der alten Klasse:

```
Class AbleitungsName : Inherits BasisName
```

Das nennt man Vererbung (Englisch: inheritance).

Virtuelle Methode

Jede Methode wird durch ihre Adresse markiert, an der sie sich im Speicher des Computers befindet. Ist die Methode *virtuell*, so wird diese Adresse erst festgelegt, nachdem ein Programm gestartet ist. Dazu ist eine Vereinbarung mit Overrides nötig.

233

Typen, Operatoren, Strukturen

Hier finden Sie in Tabellenform noch einmal die wichtigsten Datentypen, Operatoren und Strukturen in Visual Basic. Darunter ist auch einiges, für Sie Neues, das ich nicht im Kontext der vergangenen Kapitel unterbringen konnte.

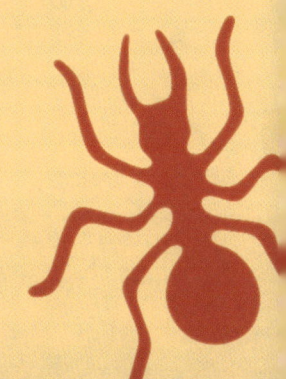

Datentypen

Name	Bedeutung	Speicherplatz/Wertebereich
Integer	Ganze Zahl	4 Bytes (+/- 2 Milliarden)
Long	Große Ganzzahl	8 Bytes (+/-9*10^18)
Single	Normale Dezimalzahl	4 Bytes (bis über +/-10^30)
Double	Dezimalzahl mit höherer Genauigkeit	8 Bytes (bis über +/-10^300)
String	Zeichenfolge	bis 2 Milliarden Zeichen
Char	Einzelzeichen	2 Bytes
Boolean	Schaltvariable	1 Byte (True/False)

Typoperatoren/-funktionen

Name	Bedeutung	Beispiel
TypeOf	Ermittlung des Typs	If TypeOf(Zahl) = Integer
CInt	Variable in Integer umwandeln	Ganzzahl = CInt(Text)
CStr	Variable in String umwandeln	Text = CStr(Tahl)
CSng	Variable in Single umwandeln	Kommazahl = CSng(Text)
CType	Variable in Typ umwandeln	Feind = CType(Gegner, Wanze)

Zuweisungsoperator

Name	Bedeutung	Beispiel
=	Zuweisung (allgemein)	Button1.Text = "Hallo"

Rechenoperatoren

Name	Bedeutung	Beispiel
+	Addition (Zahlen)	Ergebnis = Zahl1 + Zahl2
−	Subtraktion (Zahlen)	Ergebnis = Zahl1 − Zahl2
*	Multiplikation (Zahlen)	Ergebnis = Zahl1 * Zahl2
/	Division (Zahlen)	Ergebnis = Zahl1 / Zahl2
\	Ganzzahldivision	Ergebnis = Zahl1 \ Zahl2

Name	Bedeutung	Beispiel
Mod	Divisionsrest einer Ganzzahldivision	`Ergebnis = Zahl1 Mod Zahl2`
^	Potenzieren (Zahlen)	`Ergebnis = Basis ^ Exponent`

Verkettungsoperatoren

Name	Bedeutung	Beispiel
+	Verketten (Zeichenfolgen)	`Text = Text1 + Text2`
&	Verketten (Zeichenfolgen)	`Text = Text1 & Text2`

Vergleichsoperatoren

Name	Bedeutung	Beispiel
=	gleich	`If Text1 = Text2`
<	kleiner	`If Zahl < 0`
>	größer	`If Zahl > 0`
<=	kleiner oder gleich	`If Zahl <= 100`
>=	größer oder gleich	`If Zahl >= -100`
<>	ungleich	`If Text <> Text2`

Verknüpfungsoperatoren

Name	Bedeutung	Beispiel
And	*Alle* Bedingungen müssen erfüllt sein	`If Note >= 1 And Note <= 6`
Or	*Mindestens eine* Bedingung muss erfüllt sein	`If Note < 1 Or Note > 6`
Xor	*Genau eine* Bedingung muss erfüllt sein	`If Note < 1 Xor Note > 6`
Not	*Umkehrung* einer Bedingung	`If Not ImKreis`

Kontrollstrukturen

Name	Bedeutung	Beispiel
| If Then (Else) | Verzweigung | ```
If Zahl <> 0 Then
   Kehrwert = 1/Zahl
Else
   Text = "nicht teilbar"
End If
``` |
| Select Case | Mehrfachauswahl | ```
Select Case Variable
   Case 1 : Text = "Eins"
   Case 2 : Text = "Zwei"
End Select
``` |
| Do While Loop | Wiederholung | ```
Do While x < 10
   x = x + 1
Loop
``` |
| Do Loop Until | Wiederholung | ```
Do
   x = x + 1
Loop Until x = 10
``` |
| For Next | Zählschleife | ```
For i = 1 To 10
   x = i
Next
``` |
| For Each | Zählschleife | ```
For Each Element In Daten
   Element = ""
Next
``` |
| Try Catch | Fehlerkontrolle | ```
Try
   Ergebnis = 1/Zahl
Catch ex As Exception
   Text = "Zahl = 0?"
End Try
``` |

Datenstrukturen

Name	Bedeutung	Beispiel
| Class | Klasse | ```
Class Insekt
   Private Name As String
   Sub Zeige()
   End Sub
End Class
``` |
| Sub | Methode (Prozedur) | ```
Sub Zeige()
   Dim Text As String
   Text = "Insekt"
End Sub
``` |
| Function | Methode (Funktion) | ```
Function Typ() As String
   Return "Insekt"
End Function
``` |

Stichwortverzeichnis

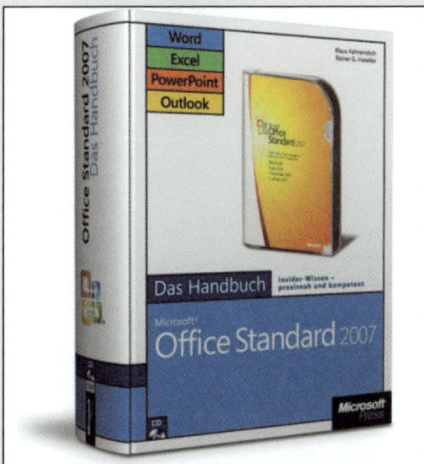